Gruša • Werkausgabe Band 4

Jiří Gruša
Werkausgabe
Deutschsprachige Ausgabe
Herausgegeben von Hans Dieter Zimmermann
und Dalibor Dobiáš
Gesammelte Werke in 10 Bänden

Jiří Gruša

Erzählungen/Dramen

Mit einem Vorwort von Cornelius Hell

Wieser *Verlag*

Die Herausgabe dieses Buches erfolgte
mit freundlicher Unterstützung folgender Institutionen:

Der Verlag bedankt sich überdies sehr herzlich für die Übernahme
der Patenschaft durch Frau Ursula Albrecht und freut sich auf
viele Leserinnen und Leser.

Wieser Verlag GmbH

A-9020 Klagenfurt/Celovec, 8.-Mai-Straße 12
Tel. + 43(0)463 37036, Fax + 43(0)463 37635
office@wieser-verlag.com
www.wieser-verlag.com

Copyright © dieser Ausgabe 2016 bei Wieser Verlag GmbH,
Klagenfurt/Celovec
Alle Rechte vorbehalten
Lektorat: Josef G. Pichler
ISBN 978-3-99029-183-2

Inhalt

Vorwort
Jiři Grušas Erzähl-Spiele
7

Die Leseprobe
13

Verräter
56

Aus dem Roman »Fragebogen«
61

Identitätsfindung
65

Damengambit. Il ritorno d'Ulisse in Patria
68

Onkel Antons Mantel
149

Salamandra
156

Lebensversicherung
180

Schwerer Dienst in N.
192

Vögel zu Fuß
198

Sanfte Landung am Dirigentenpult
216

Leben in Wahrheit oder Lügen aus Liebe
222

Elsa
256

Bibliografie der ausgewählten Texte
295

Kommentar
299

Editorische Notiz
307

Vorwort
Jiří Grušas Erzähl-Spiele

Die zwölf Erzählungen von Jiří Gruša bilden einen wichtigen Strang seines Werkes und sind durch ihre Erzähltechniken wie durch ihre Themen auf vielfältige Weise miteinander verbunden. Elf davon sind in den Jahrzehnten zwischen 1965 und 1986 entstanden, einige sind in der Tschechoslowakei legal, andere im Samisdat und in Exilzeitschriften erschienen und etliche ungedruckt geblieben. Lediglich drei Texte des vorliegenden Bandes konnte man bislang auf Deutsch lesen. Und nur die letzte Erzählung ist nach dem Fall des Eisernen Vorhangs entstanden.

»Damengambit« ist die umfangreichste dieser Erzählungen überschrieben, und man kann die titelgebende Bezeichnung für eine häufig gespielte Schacheröffnung als Signal dafür lesen, wie sehr Jiří Gruša Erzählen als kunstvolles und kalkulierten Zügen folgendes Spiel versteht. In dieser Erzählung ist vor allem die Erotik ein raffiniertes Spiel, und damit auch die Figurenkonstellation: Die Protagonisten werden wie Schachfiguren bewegt, ihre Beziehungen haben etwas von einer Versuchsanordnung. Es geht um ein Spiel, nicht um Gefühle – »seine Gefühle sind so echt, dass sie nur noch langweilen«, sagt ein Protagonist über einen anderen. Zum Spiel gehören auch die Zitate: Sätze, die sich ein Liebhaber von einem anderen ausborgt, oder Anleihen aus dem Rotkäppchen-Märchen. Dennoch ist das Spiel – das Sex-Ritual – ernst, so ernst, dass die lächerliche Wirklichkeit ausgeblendet werden muss, denn »Lachen verdirbt das Ritual«. Was natürlich auch für das Erzählen gilt.

Das Spielfeld dieses Erzählens ist strukturiert durch Orts- und Zeitangaben. Beide sind ebenso präzise festgelegt wie systematisch verunklärt. Die Erzählungen spielen an einem ganz konkreten Ort, doch die Verkürzung des Ortsnamens auf seine Initiale wird geradezu obsessiv ausgestellt. Auch der Zeitpunkt wird immer wieder genau bestimmt, etwa durch Monatsangaben, doch die Jahreszahl wird ausgelassen. Diese systematischen Leerstellen verleihen dem genau verorteten und zu einer ganz bestimmten Zeit spielenden Geschehen eine abstrakte Modellhaftigkeit.

Neben dem kalkulierten In- und Gegeneinander von Präzision und Leerstellen bei den Orts- und Zeitangaben abstrahieren die in die Erzählungen integrierten Textsorten von den konkreten Ereignissen: Protokolle und Briefe verfremden die erzählten Handlungen, sie werden dem Leser nur indirekt zugänglich. Ein geradezu verschrobener Protokollstil (wie ihn in der österreichischen Literatur Albert Drach in vergleichbarer Weise literarisch produktiv gemacht hat), der mehr über die Protokollierenden sagt als über ihre Objekte, zwingt die Details in eine Logik und offenbart gerade dadurch den Wahnsinn des Ganzen, des »Systems«.

Unter den Vorfällen, die protokolliert werden, sticht der Suizid auffällig hervor. »Benda, heute ist es sieben Jahre her, dass du dich im Ambo der Cyrill-und-Method-Kirche erhängt hast«, lautet der erste Satz von »Damengambit«. Noch eine zweite Erzählung setzt den Suizid als Eröffnungssignal: Der erste Satz des Protokolls in »Die Leseprobe« (der nach einem kurzen Begleitbrief des Protokollführers zu stehen kommt) lautet: »Der Apotheker Dolus hat sich am Nachmittag des 25. Juni (nach Arbeitsschluss) bei sengender Hitze

im Hinterraum der Apotheke ›Zur genauen Waage‹ erhängt.«
Die umfangreichen und abschweifenden Erklärung der protokollierten Erforschung der Ursachen dieses Suizids können vor allem eines nicht wegsprechen: die Irritation der Überlebenden, die den Abgang des Apothekers als Verrat empfinden. »Wirklich, Hr. Dolus hat uns sozusagen auflaufen lassen«, konstatiert einer der Disputanten. In ähnlicher Weise wird auch Benda in »Damengambit« von einem Überlebenden angeklagt: »Špilar kletterte auf die Grabfaschine und fragte dich gleich, was du uns da angetan hast – du, Benda, ein ausgezeichneter Mitarbeiter!« Der Suizid erscheint als ein Verstoß gegen die Regeln, der aber nicht geahndet werden kann – gerade das ruft die hilflose Aggression der Überlebenden auf den Plan. Und es zeigt sich die Absurdität eines Lebens, das auf Rollen und Funktionen reduziert ist. In einem solchen Kontext eröffnet die Möglichkeit des Suizids für das Individuum einen Weg der Selbstbehauptung und wird zur wirkungsvollsten Drohung gegen die Gruppe. »Ich drohe ihnen damit, mich aufzuhängen«, sagt das namenlose Ich in dem kurzen Text »Aus dem Roman Fragebogen« – auch hier wieder als Anfangssatz ausgestellt – und bezieht seine (nicht nur) sexuelle Lust aus dem jedes Mal gleich und wie nach Regeln ablaufenden Ritual des Sich-Strangulierens.

Mit dem Sex ist die zweite Fundamentalopposition angesprochen, in die sich Individuen in Jiří Grušas Erzählungen begeben; die Protokolle und Berichte darin fassen sie verbal quasi mit spitzen Fingern an, ohne dabei die Lust der schreibenden Voyeure ganz unterdrücken zu können. Diese Voyeure sind nur der Spezialfall jener allgegenwärtigen

Beobachter, die in diesen Texten am Werk sind. Die perfekte Vivisektion dieses systematischen Beobachtens und Beobachtet-Werdens unternimmt die Erzählung »Verräter«, die in ihren Satzkaskaden erzähltechnisch perfekt jene Paranoia in Szene setzt, die sogar die normale Wahrnehmung des rapportierenden Ichs zerstört: »Aus ihrem Verhalten, sie verhalten sich so, als wäre ich da, kann ich schließen, dass ich auch da bin …«, konstatiert der Ich-Erzähler, der einer Situation ausgeliefert ist, in der jeder potenziell schuldig ist und unbedingt ein Verräter dingfest gemacht werden muss.

Diese Erzählung spiegelt vielleicht am direktesten die Zeit, in der sie entstanden ist, und die von der kommunistischen Diktatur geprägte Gesellschaft, auf die sie als Kunstwerk reagiert, wider. Latent sind jedoch alle Geheimhaltungs-Spiele und alle vorgeführten Bürokratie-Mechanismen auf diesen realexistierenden Surrealismus bezogen – im Fokus der privaten Verhältnisse oder der halböffentlichen Sphäre eines Vereins werden die gesamtgesellschaftlichen Zustände transparent. Oder umgekehrt betrachtet: Die Strategien der Geheimhaltung und der Furor einer sich verselbständigenden Bürokratie schlagen ihre Schneisen auch in die privatesten Beziehungen.

Die letzte der hier versammelten Erzählungen, Jahrzehnte später geschrieben, funktioniert allerdings deutlich anders. »Im Frühjahr war Genosse Stalin gestorben« – schon dieser erste Satz legt den Beginn des erzählten Geschehens klar auf das Jahr 1953 fest. Zudem spielt das Ganze in einer realen (und nicht durch Initialen unkenntlich gemachten) Topografie: Čakovice, der Kleč-See oder später erwähnte Orte wie Zdice, Dubina, Srch oder Severka sind auf der Landkarte zu finden. Dem entspricht, dass auch die Mechanismen und Normen der kommunistischen Gesellschaft nicht mehr in surrealistisch gefärbter Brechung gespiegelt, sondern in realistischen Details und teilweise im Prozess ihrer Entstehung vorgeführt werden: War zuvor die katholische Kirche in Gestalt des Pater Klopil Herr über die Theaterbühne und den Fußballplatz, hat ihn in der Gegenwart der Erzählung der kommunistische Staat in ein Arbeitslager verbracht und selbst eine viel totalere Kontrolle über Kunst, Sport und Gesellschaft übernommen. Liebe und Sex sind zwar auch hier ein wesentlicher Motor des Handlungsganges, werden aber vergleichsweise konventionell erzählt – nicht mehr als Spiel, sondern als Elemente des real vorgeführten Lebens.

Mit diesen fragmentarischen Beobachtungen sind nur ein paar Grundelemente der vielfältigen und mehrdimensionalen Erzählungen von Jiří Gruša angesprochen. Und zu einer weiteren Entdeckung in diesem Band, zu seinem einzigen Drama, das in knappsten Dialogen (Suizid-Drohung und Rotkäppchen-Anspielungen auch hier) eine groteske Familienbeziehung in Szene setzt, ist noch gar nichts gesagt. Aber Jiří Grušas Texte sprechen ja für sich selbst, keine Erklärung oder Interpretation soll sich vor sie stellen und den Zugang zu ihnen okkupieren. Es geht nur um die Lust, sich auf diese komplexen Erzählspiele einzulassen und sich damit auch in ein Gesellschaftssystem involvieren zu lassen, das Vergangenheit ist, dessen Auswirkung auf individuelle Biografien und kollektive Mentalitäten jedoch bis heute reichen.

Cornelius Hell

Die Leseprobe

Lieber Mitbruder,
endlich kann ich dir das Protokoll der letzten Sitzung schicken, ergänzt (vergib mir die Dreistigkeit) um eigene Anmerkungen, Beschreibungen und Erklärungen, die keinen Anspruch auf Vollständigkeit erheben und die ich natürlich für Vereinszwecke weglasse. Wie könnte ich gegenüber einem anderen als Dir behaupten, dass alles so gewesen ist, wie ich es beschrieben habe! – Sicher, außer den angeführten Ansprachen, denn diese wurden mitstenographiert.

Der Protokollführer

Der Apotheker Dolus hat sich am Nachmittag des 25. Juni (nach Arbeitsschluss) bei sengender Hitze im Hinterraum der Apotheke »Zur genauen Waage« erhängt; neben dem Strang – er verwendete sehr geschickt die Gardinenschnüre beider Fenster – trug er noch eine Bastschlinge um den Hals, die auf seiner Brust ein sehr sorgfältig ausgeschnittenes Stück Pappe mit der Aufschrift: *Ich bin unschuldig* befestigte. Pappe und Bast gehörten zu einem Karton mit Schuhen, die sich Dolus zu diesem Zweck gekauft und das erste Mal angezogen hatte. Der Schnitt in der linken Hand des Apothekers (der zwar die Sehne freigelegt, nicht aber die Arterie durchtrennt hatte) zeugt wohl davon, dass der erfolgreichen Selbsttötung noch das Bemühen vorausging, auf eine andere, weniger aufwändige Art aus dem Leben zu scheiden.

Die Öffentlichkeit in *** betrachtete jedoch auch jene aufwändigere Todesart als sinnlos, protzig, ja, fast provokant, trotz allem aber gab es auch Funktionäre, die Dolus' Abgang als nicht sehr nette, gerade mitten in der Saison getimte Überraschung betrachteten. Der Mutwillen des Apothekers störte ihren Arbeitsplan auf das Gröbste, und sie hatten bisher angenommen, Dolus gehöre zu denjenigen, auf die Verlass war. Außerdem kam es zu diesem Vorfall ausgerechnet in der Zeit der Feierlichkeiten zum vierzigjährigen Bestehen der *Theatergesellschaft LUTOBOR* (Laienspielgruppe in ***), und gerade der Herr Apotheker war in der laufenden Amtsperiode einer der Kontrolleure der Konten, über deren Stand er der für den 28. Juni einberufenen Mitgliederversammlung berichten sollte.

Die Direktion des Vereins LUTOBOR, die aufgrund dieses unerwarteten Umstands gezwungen war, noch zu einer vorbereitenden Sitzung zusammenzukommen, beschloss, weil sie keine andere Wahl hatte, den Bericht des Kontrolleurs wegzulassen, somit blieben von den fünf Tagesordnungspunkten noch vier in der Abfolge: Tätigkeitsbericht, Bericht des Geschäftsführers, Bericht der Revisoren (besser: der restlichen verbliebenen) und freie Vorschläge.

»Trotzdem meine ich«, sagte *Fr. Maternová*, »dass wir mit dieser Notmaßnahme die wichtigste Frage unserer Besprechung nicht geklärt haben, denn laut Vereinbarung mit Hrn. Dolus war der Tag der Mitgliederversammlung gleichzeitig der Tag, an dem unser Freund versprach, das Manuskript eines Trauerspiels abzugeben, dessen Aufführung, wie wir uns geeinigt hatten, den Höhepunkt der Feierlichkeiten zum Bestehen von LUTOBOR bilden sollte.«

Hr. Čerych: »Wirklich, Hr. Dolus hat uns sozusagen auflaufen lassen. Dabei hatte er doch so viele andere Möglichkeiten, und dann hing er, bis er anfing zu stinken.«

»Na ja – und die Kinder aus meiner Gruppe sind schon im Stimmbruch …« (*Hr. Wohanka*, Lehrer und Ltr. des Kinderensembles).

In *** hält zwar ein Schnellzug pro Tag, dann aber fährt dieser weiter als Personenzug nach ***, der gesamte Streckenabschnitt führt durch einen Kessel, der allgemein als Erholungsgebiet mit dem geringsten, sogar amtlich berechneten Prozentsatz an Niederschlägen gilt; auch so aber leben hier viele Bürger von Geburt an, was in gewisser Weise günstig ist, vor allem wenn es doch regnet.

»Sie haben recht« (es spricht *Dr. Krsek*), aber der Gestank ist doch eine mehr oder weniger physiologische Gesetzmäßigkeit. Lebewesen auf einer gewissen Bedrohungsstufe … entschuldigen Sie, … machen sich nun mal ein. Auch der Samen ergießt sich. So ist das nun mal, es kommt einfach zu einem unwillkürlichen Rettungsversuch. Auch der Hase, bitteschön, weiß, dass ein Fuchs das frisst, was riecht. Und wenn er nun mal in Bedrängnis gerät, entspannen sich bei ihm die entsprechenden Muskeln … Aber das Trauerspiel sollten wir doch, vielleicht nur aus Pietät, zumindest durchblättern?«

Fr. Maternová, die Herren Čerych, Wohanka und Krsek, hatten bisher, obwohl sie wie immer in den Vereinsräumen verhandelten, noch nicht vorgeschlagen, an der Frontseite des Hauses ein schwarzes Banner aufzuhängen, wenngleich sich dazu nun eine günstige Gelegenheit bot und das Aufhängen eines Banners eine der Formen war, in der LUTOBOR der Stadt seine Aktivitäten kundtat. Auch wenn die Gelegenheit verlockend war, siegte bei allen Anwesenden der moralische Gesichtspunkt, d. h., man war der Ansicht, das Banner würde eigentlich bedeuten, das Pompöse an Dolus'

Akt zu billigen. Dr. Krsek, der tagsüber acht Stunden lang den Hauptvereinsraum zusammen mit dem Alkoven als Praxis nutzte, machte die tagende Direktion erneut darauf aufmerksam (er sagte: »ja, die moralischen Umstände«), wobei er auch bemerkte, dass er es dankbar quittieren würde, wenn die Teilnehmer möglichst auf das Rauchen verzichteten. Fr. Maternová stimmte dem, auch wenn ihre Klimakteriumsbeschwerden eine regelmäßige Nikotindosis geradezu einforderten, ohne Einwände zu. Wahrscheinlich waren alle sehr bewegt.

Hr. Wohanka: »Leider muss ich wieder feststellen, dass die Jungen in meiner Gruppe im Stimmbruch sind – und das ist mit der Aussicht auf eine Platzierung beim Bezirksfestival doch ein ernstes Erfolgshindernis. Letztes Jahr ist nicht dieses Jahr, und auch aus künstlerischer Sicht ist es nicht möglich, die ausgelassenen Stimmpartien durch Tanzeinlagen zu ersetzen.«

Hr. Čerych: »Geben wir offen zu, dass auch wir unseren Anteil an dieser verflixten Sache haben. Es war einfach leichtsinnig, eine solch wichtige Aufgabe Hrn. Dolus zu übertragen. Auch in der Satzung haben wir für eine solche Betrauung keine entsprechende Grundlage gefunden, nun, und jetzt dürfen wir auslöffeln, was wir uns eingebrockt haben. Warum hat man nicht auf unser bewährtes Repertoire zurückgegriffen?«

Dr. Krsek: »Das ist so wie mit dem Fletschern; schon fünf Jahre mache ich darauf aufmerksam, dass nicht nur für die Gesundheit als Ganzes, sondern auch für die kreative Kraft die Art der Nahrungsaufnahme entscheidend ist. Jeden Bissen muss man mindestens fünf Minuten kauen, auf der Zunge und dem Gaumen herumwälzen, damit alle Nährstoffe restlos aufgesaugt werden!«

»Nehmen Sie nur beispielsweise, wie so ein Löwenzahn Ende Herbst stirbt (Anm. *Fr. Maternová*) und er das Gefühl hat, dass ihn etwas wegbläst (fuh, fuh), so ein Passus! Das kann man nachfühlen. Wirklich – warum haben wir nicht auf das bewährte Repertoire zurückgegriffen?«

Hr. Čerych: »Nun, Hr. Dolus hat uns, wie ich gesagt habe, auflaufen lassen, die Schauspieler hätten wir, doch das Drama – das Drama fehlt!«

Wegen der ungewöhnlichen Wohnungsnot beschränkten sich die Räumlichkeiten des LUTOBOR auf das Wartezimmer, die Praxis, den Alkoven und den Probenraum, wobei die Direktion normalerweise in der Praxis saß und nur Hr. Čerych am Ende jeder Sitzung in den Alkoven ging, um den Hektographen in Gang zu setzen, auf dem die Sitzungsprotokolle vervielfältigt wurden, um möglichst kurz den Mitgliedern mitzuteilen, was man ihnen mitteilen musste; nur der Jahresbericht erschien in Druckfassung in einem Sonderheft, auf dessen Umschlag die Losung des LUTOBOR stand:

Hilf – bewähre dich.

Als Hr. Čerych um Erlaubnis bat, sein Jackett ablegen zu dürfen, wurde sich die gesamte Direktion bewusst (zwar noch unklar, aber eine leise Ahnung gab es schon), dass die Sitzung wahrscheinlich weitergehen würde, und zwar über das üblicherweise hohe Maß hinaus.

Dr. Krsek: »Ich lege der geschätzten Direktion anheim nachzudenken, ob es nicht am besten wäre, zur gründlichen

Durchführung der Mitgliederversammlung nach der Tagesordnung vorzugehen. Wir hören gegenseitig unsere Erkenntnisse, d. h., wir hören uns an, wie wem nach Hrn. Dolus' kompliziertem Versagen die Aufgabe an sich erscheint, und dann beurteilen wir, ob die uns für die Mitgliederversammlung zugeteilten Aufgaben in allem der eben eingetretenen Situation entsprechen.«

Fr. Maternová: »Sicher. Eine solche Lösung bietet sich geradezu an. Ich würde also mit dem Bericht des Geschäftsführers beginnen, und nach den Beiträgen der Revisoren würde ich mit den freien Vorschlägen schließen.«

(Da es keine Einwände gibt, geht die Sitzung zu Punkt eins über.)

Bericht des Geschäftsführers

(Einige Anmerkungen zum Bericht des Geschäftsführers für die Mitgliederversammlung – durch Dr. Krsek)

»Ich erinnere daran, dass man von den Folgen der Tat von Hrn. Dolus ausgehen muss, denn mit diesen musste der Hr. Apotheker als gebildeter Mensch (er gehörte zusammen mit Ihnen allen zu meiner Kundschaft!) rechnen. Ich schlage deshalb vor, kurz zur Orientierung das Manuskript durchzublättern, das ich bei der Leichenschau fand, und nach der Beurteilung der Ernsthaftigkeit oder der Mängelbehaftetheit des Textes (ob dieser der Satzung widerspricht oder nicht) Maßnahmen zu ergreifen. Wie Sie selbstverständlich schon bemerkt haben, gehe ich der Sache auf den Grund und lasse den Tätigkeitsbericht unberücksichtigt … allerdings tue ich dies aus der Überzeugung heraus, dass es darin zu keinen Änderungen kommen kann, dass es sich höchstens um einige kleine stilistische Änderungen handeln wird, auf die wir uns sowieso nicht früher einigen können, ehe das ganze Verfahren gelaufen ist. Um jedoch nicht bei einem oberflächlichen Mitgefühl zu bleiben, sondern um gerecht und dabei kompromisslos vorzugehen, fühle ich mich verpflichtet, noch bevor ich Hrn. Dolus' erhaltenes Manuskript dem geschätzten Direktorium vorlege, noch einmal die Zusammenhänge anzuführen: Es handelt sich um einen Selbstmord, d. h. um die durchdachte Zerstörung des eigenen Lebens, vollzogen im Vollbesitz der Sinne und aus freiem Willen. Ich muss niemandem von Ihnen versichern, dass solch eine Tat eigentlich sträflich ist, sowohl aus der Sicht des Vereins als auch aus der Sicht der Eigenverantwortung des Genannten, und dass wir sämtliche Anstrengungen aufwenden müssen, die sich am meisten anbiedernde Auslegung zu vermeiden, nämlich dass wir es mit böser Absicht zu tun haben, mit einer Intrige oder Betrug oder gar mit einer List. Dass sich eine solche Auslegung anbietet, davon zeugen schließlich am deutlichsten die Merkmale, die bis ins kleinste Detail denen entsprechen, die die Medizin beschreibt: – hervorgetretene Augen, Samenerguss, zu Kopfe gestiegenes Blut, eine Verletzung der Halsarterien usw. ... ebenso die Defäkation, von der ich bereits sprach. Das Manuskript trägt den Titel *Fürst Lutobor*, es zählt in etwa achtundvierzig Seiten.«

Unter dem Jackett von Hrn. Čerych ist ein khakifarbenes Hemd zu sehen; Hr. Čerych vergisst an sich immer irgendeinen Teil seiner Uniform (im Winter zumeist den Kapuzenschal – aber ohne Abzeichen); dies erweckt fast den Verdacht, dass er so einen hohen Grad von Stolz auf seinen Beruf zum Ausdruck bringt. In *** ist er in seinem Fach jedoch die höchstgestellte Person, denn weil sein Wachtrupp eine abgetrennte Einheit ist, trifft er nur bei Dienstreisen auf seine höhergestellten Vorgesetzten. Trotzdem bittet er darum, das Schiebefenster zu öffnen; er ist der Ansicht, auch wenn die Sonne nicht direkt brenne, so bewirke dieser vorabendliche Abglanz eine Atmosphäre, in der man nur schwer atmen könne.

Hr. Wohanka: »Achtundvierzig Seiten sind so etwa fünfundsiebzig Minuten reine Zeit, was bedeutet, dass, auch wenn das Manuskript in groben Zügen beendet wäre, man zumindest noch einen Prolog und einen Epilog einfügen müsse, ebenso auch ein paar Lieder. Doch glauben Sie mir, auch für die Regie ist das ein harter Brocken. Höchstens – höchstens, wenn man die Vorstellung für Erwachsene mit einem Volksfest verbinden würde.«

Dr. Krsek (nach einem Hüsteln) zog die Mappe mit dem *Fürst Lutobor* aus seiner Instrumententasche und legte sie auf den Praxistisch; auch Fr. Maternová empfahl, angeregt durch das Beispiel von Hrn. Čerych, alle mögen sich doch Marscherleichterung verschaffen: – schließlich kam auch noch der Kaffee gelegen. Doch ging ihm die Überzeugung voraus, dass es aufgrund der fortgeschrittenen Zeit fast angebracht sei, Licht zu machen, damit sie sich nicht die Augen verdarben; Hr. Wohanka drehte auf Anraten von Dr. Krsek den Schalter des Spiegelreflektors, der über dem Tisch hing – was er so kommentierte, wenn das Licht zu grell sei, werde man eine andere Lösung finden.

»Wir sollten unter uns einen Vorleser wählen.«

Dr. Krsek dankte für das Vertrauen und übernahm diese Ehrenfunktion von den Akklamanten, er versprach, alles in seinen Kräften Stehende gern zu tun, er schickte jedoch voraus, er sei in dieser Richtung keineswegs ausgebildet, somit bitte er gleichzeitig gegebenenfalls um Nachsicht oder man möge ihn austauschen, wenn die Tagenden seine Wahl als inakzeptabel betrachteten.

»Meinen Sie denn, dass ich eventuell besser stimmlich geeignet bin? In meinen Zischlauten hat die Befehlstechnik bereits das Ihrige getan.« (*Hr. Čerych*)

Es wird stiller.

Dr. Krsek nach einer kurzen Pause:

Fürst Lutobor

Die öffentliche Aufführung des Werkes ohne Einwilligung des Autors (Hrn. Arnošt Dolus, Apotheker in ***) ist nicht erlaubt.

Eine düstere, verblasste Dekoration.

Nachdem sich der Vorhang gehoben hat (auf diesem ist ein Volksfest nach einer erfolgreichen Ernte abgebildet), sitzt ein Arzt am Praxistisch. Auf dem Tisch ist eine geöffnete Arzttasche zu sehen, aus der eine Spritze a tire-tête hervorragt. Über der Tür hinter dem Rücken des Arztes eine Aufschrift – *Hilf, bewähre dich*. Entlang der Fenster eine andere Aufschrift, die jemanden aufruft, zusammen mit jemandem ständig irgendwohin zu gehen. Eine Mutter im Klimakterium – eine Zwergin – sitzt in der Nähe des Tisches und durchsticht sorgfältig und mechanisch ihren Dutt mit einer Haarnadel. Von den übrigen Requisiten sind lediglich ein mit gewachstem Leinentuch bezogenes Kanapee, das in Reichweite des Praxistisches steht, ein Arzneischrank und darüber ein Bild, eine mehr als ungeschickte, amateurhafte

Kopie von Rembrandts »Die Anatomie des Dr. Tulp« genauer zu sehen. Der Kapitän (auf dem Kanapee) legt das Jackett ab, darunter kommt ein khakifarbenes Hemd zum Vorschein. Der Lehrer (auf einem Drehstuhl) wirkt zerknirscht. Wenn man Bilder aufhängt, so müssen diese nicht unbedingt etwas abbilden, sie müssen jedoch »wie lebendig« wirken. Alle Personen dürfen nur von einem einzigen Schauspieler gespielt werden – mit Ausnahme des frei baumelnden Fürsten.

Mutter (schluchzt): Also haben sie uns Fürst Lutobor erschlagen.
Lehrer: Ach was, ich dachte, er hat sich erhängt?
Kapitän: Nun, das stimmt, warum hätte er sich nicht erhängen sollen, er hing, bis er zu stinken anfing.
Doktor: So ist das nun mal, Lebewesen auf einer gewissen Bedrohungsstufe ... entschuldigen Sie, ... machen sich nun mal ein.
Mutter (hält sich die Ohren zu).
Fürst Lutobor (immer gedämpft): Und einer schreitet immer weiter und einer schreitet immer weiter aus ...

Dr. Krsek hätte weiter vorgelesen, wenn er nicht einen mahnenden Blick zu Fr. Maternová hätte schicken müssen, die wie ganz selbstverständlich eine Haarnadel aus ihrer Kopfpracht hervorzog und sich eine Zigarette anzündete; Dr. Krsek nutzte wohl eben dies dazu, um zu japsen, was seiner Stimme den von allen erwarteten Bruch verlieh und eine wichtige Pause ankündigte, in der Zeit sein würde, das Erlebnis beginnender Entrüstung voll auszukosten.

»Sieh mal einer an (*Hr. Wohanka*), was für ein unsinniges, primitives Geschwätz?« (Und *Hr. Čerych* schloss sich ihm an mit den Worten:) »Es scheint, der Volksgesundheit wäre es zuträglich, wenn einige notwendige Opfer vorher ausgewählt würden ... per Los; es ist nicht unmöglich, einen solchen Artikel in die Satzung aufzunehmen, und die Vorteile, die dies bringen würde, muss man nicht belegen. Oder glauben Sie etwa, wir würden in solch einer Scheiße (Fürst Lutobor!!) wühlen, wenn wir auf eine bereits kodifizierte, präventive Belangung zurückgreifen könnten?«

Dr. Krsek zog dann all unsere Lustspiele in Betracht, die im letzten Jahr aufgeführt wurden, bzw. die historischen, abendfüllenden Stücke, und zum Schluss sagte er, er verstehe die gerechtfertigte Verbitterung, die Hrn. Dolus' Bösartigkeit bei allen Anwesenden auslöse (»diese würde es auch bei den anderen Mitgliedern auslösen«, fügte er hinzu, »das muss man jedoch verhindern, deshalb sind wir hier ...«), trotz allem warnte er vor voreiligen Schlüssen, denn der Fall, der, wie sich zeigte, Züge annahm, die den gesamten Verein betrafen, sei derart exemplarisch, dass er es verdiene, sorgfältig untersucht zu werden, um (»wie Hr. Čerych richtigerweise anmerkte ...«) Schutz vor einem nicht in die Öffentlichkeit gehörenden Erotismus zu finden, der allen fremd sei. Dr. Krsek ermunterte die Anwesenden, doch im Text des Fürst Lutobor (im Weiteren nur FL) fortzufahren, auch unter Selbstverleugnung, da es empfehlenswert sei, zu einem näheren Sinn zu gelangen ..., und er fasste nach einem Blatt.

Verstummen.

Dr. Krsek nach einer Pause:

Lehrer: Was ist das für ein plumpes und primitives Geschwätz?
Kapitän: Ist jemand bei dir, Mutter?
Fürst Lutobor: Ich bitte um Verzeihung, ich weiß, es ist meine Schuld, wenn ich so von oben herab zu Ihnen spreche, wenn mir vielleicht einer der Anwesenden das Wort abschneiden würde, wäre ich sehr erleichtert. Verehrte Anwesende, denken Sie nur daran, dass nun auf den Feldern die Sommerarbeiten anstehen und die Arbeiter diesen Geruch nur schwer ertragen.
Doktor: Sehen Sie, und Sie hängen hier herum!

Auf die Bitte von Hrn. Krsek hin, jemand möge ihn doch abwechseln, riefen zwei der Anwesenden »Schande«. Es war schon recht dunkel geworden, und *Hr. Wohanka* (einer derjenigen, die das gerufen hatten), stand von seinem Drehstuhl auf, ging energischen Schrittes auf das Schiebefenster zu, und nachdem er die Stirn an das Glas gepresst hatte, wiederholte er zweimal:

»Du Schwein, du Schwein, und draußen ist es so herrlich!«

»Ja (meinte *Fr. Maternová*), vielleicht sollten wir verdunkeln, denn es ist nicht klar, wie lange wir noch das Licht brennen lassen müssen, und das Gerücht von einer langen Sitzung würde in *** unnötigerweise Nachdruck auf Dolus' gestrige Bösartigkeit legen.«

Hr. Čerych schluckte die in ihm aufsteigenden Magensäfte herunter, schüttelte sich vor Ekel und erklärte (im Einklang mit den Gefühlen der gesamten Direktion), es sei schon genug gewesen, dass die verbale Kunst berufen gewesen sei, auch dadurch ihren Beitrag zu leisten, dass sie selbst in die kleinste Hütte vordrang, dass aber die Verwerflichkeiten des Herrn Apothekers niemandem einen Dienst erwiesen hätten; überhaupt habe sich gezeigt, dass der FL in seiner Gänze auf einen Irrweg geraten sei, womit auch der Bericht des Geschäftsführers erschöpft sei.

Auftritt der Revisoren
Erster Teil

(Einige Anmerkungen zum Bericht der Revisoren für die Mitgliederversammlung – durch Hrn. Wohanka, der mit Verve die Rollläden herunterzog und sich mit den Worten: »Gottverdammt, warum muss das ausgerechnet in *** passieren!« an die Direktion wandte.)

»Bürger, Mitglieder der geehrten Direktion des LUTOBOR,
die Revisoren sind sich dessen bewusst, dass der Beitrag des Geschäftsführers streng klang und dass die Mängelbehaftetheit des erhaltenen FL unwiderruflich nachgewiesen wurde. Während des Vorlesens und bei einer fundierten Debatte trat dann eine Reihe von Tatsachen zutage, die darauf hindeuten, dass der Fall, den wir bereits die sechste Stunde behandeln, den Rahmen der üblichen und bedeutsamen Fälle übersteigt. Wenn ich das als Revisor sage, also als jemand, der für die Interessen der materiellen Wahrheit verantwortlich zeichnet, so tue ich dies deshalb, weil ich auf die menschliche Dimension der Sache verweisen und alles anführen möchte, was zumindest etwas dem ehemaligen Apotheker nachgesehen werden sollte. (*Zwischenrufe*: Warum?) Man muss mildernde Motive suchen, denn an diesen lässt

sich am anschaulichsten zeigen, mit welchem Individuum, das sich vor nichts ekelt, wir die Ehre haben … Ich werde mich also mit Hrn. Dolus' Charakter befassen. Waren das nicht eben die Eigenschaften des ehemaligen Apothekers – fehlende Durchsetzungskraft, Inkonsequenz, Feigheit –, die ihn dazu gebracht haben, seine egoistischen Neigungen nicht zu überwinden, und er gleich bei der ersten Probe schwer enttäuschte? …«

(Fr. Maternová schlussfolgerte nach dem Akzent auf »schwer enttäuschte«, dass es zweckmäßig sei, dem Redner etwas Erholung zu gönnen, und unterbrach deshalb Hrn. Wohanka mit einem kurzen, herzlichen Applaus, auf den Hr. Wohanka reagierte – mit veränderter Stimme: »Danke, ein Kaffee wäre wirklich prima, gerade habe ich daran gedacht, wären Sie so liebenswürdig?« Dr. Krsek erkannte an, während er auf die Uhr schaute, dass der Gedanke von Fr. Maternová und Hrn. Wohanka Unterstützung verdiente, und händigte Fr. Maternová die Schlüssel zu den Klubtassen im Alkoven aus. Es ist genau halb elf, als sich Fr. Maternová entfernt, um Kaffee zu kochen.)

»… Nun (Forts. *Hr. Wohanka*), ich muss Ihnen mitteilen, dass das, was gerade diese Charakterzüge von Hrn. Dolus betrifft, ich einen Verdacht hegte …, meine Kollegin Frl. Sporová, mit der ich *ständig* wesentliche Meinungsverschiedenheiten hatte, ist offensichtlich in einen vertraulicheren Kontakt zu dem ehemaligen Apotheker getreten. Ich hätte die geehrte Direktion bereits früher auf dieses Detail aufmerksam gemacht, wenn ich nicht befürchtet hätte, dass ein verfrühtes Gutachten eine Unzulänglichkeit des Beweismaterials zur Folge haben könnte. Nun jedoch ist die Sache sicher; der Hr.

ehemalige Apotheker hat zusammen mit Frl. Sporová diese *unordentliche* Tat *vollzogen*. Vollzogen, ja, darauf würde ich Gift nehmen ...«

(Fr. Maternová öffnet die Tür und fragt Hrn. Čerych, wo der Spiritus vom Hektographen sei, sie benötige etwas für den Kocher – und ansonsten täte sie in jede Tasse nur jeweils ein Stück Zucker, mehr süßen müsse jeder nach Belieben.)

»... Ende letzten Jahres (Forts. *Hr. Wohanka*), irgendwann in der ersten Dezemberhälfte – Entschuldigung, dass ich nicht mit dem genauen Datum dienen kann, doch ich habe meinen Block auf meinem Arbeitstisch gelassen, ich habe einfach nicht angenommen, dass gerade die Notiz über dieses Ereignis in einem solchen Kontext auftauchen würde – hat mich Hr. Dolus im Lehrerzimmer besucht, wie er sagte, in Vereinsangelegenheiten; ich war gezwungen, den Ankömmling auf neun Uhr zu verweisen, da der Unterricht, für den ich in diesem Moment keine Vertretung hatte finden können, um acht begann; Hr. Dolus gab sich damit zufrieden und verblieb die ganze Zeit im Lehrerzimmer ... allerdings in Anwesenheit von Frl. Sporová, die damals, daran kann ich mich noch recht genau erinnern, Aufsätze zum Thema ›Meine Ferien‹ korrigierte. Wenngleich ich an diesem Tag in meiner Klasse nicht prüfte, wurde ich doch auf dem Gang aufgehalten, weil ich ein paar Schüler ermahnen musste (die, statt spazieren zu gehen, wie es die Schulordnung vorschreibt, die Pausen zu schlüpfrigen Debatten nutzen), deshalb bin ich über das Zimmer des stellvertretenden Direktors ins Lehrerzimmer zurückgekommen ..., Hr. Dolus und Frl. Sporová jedoch erwarteten meine Rückkehr über die Tür zum Gang, und so hörte ich also einen Teil eines Gesprächs, in dem Hr. Dolus auf Drängen von Frl. Sporová, er solle endlich sagen, was er davon halte, antwortete, das sei völlig egal, da dies niemanden interessiere, und wenn es doch jemanden interessiere, so sei es nicht der Rede wert, was man allgemein wisse und woran alle bereits gewöhnt seien, und er, Hr. Dolus, wisse nur, was man allgemein wisse und er habe eigentlich Angst, mehr zu wissen, denn wenn er mehr wissen würde, müsse er versuchen zu reden oder müsse er reden, wovor er Angst habe, da er sich so sämtliche anderen Möglichkeiten verschließen würde – und überhaupt, auch wenn es so wäre, dass er mehr wisse und sich dagegen wehrte zu reden (damals verwendete er, glaube ich, den Ausdruck ›rufen‹), werde er trotzdem nicht der letzten Konsequenz all dessen entkommen, nämlich, dass er nichts und niemandem mehr verzeihen könne … Frl. Sporová sagte dann, er sei doch unschuldig, wovor er also Angst habe, und er antwortete ihr, er sei unschuldig, doch er rechne sich dies nicht als Ehre zu. Dabei duzten sich beide, was mich besonders stark überraschte, denn Kollegin Sporová gehört zu den Nichtmitgliedern des LUTOBOR und zahlte als solches auf den gemeinsamen Ausflügen immer 5 Kronen mehr. Als ich hereinkam, wurden beide ganz rot und waren wahrscheinlich aufgeregt. Erst heute kann ich dieses Gespräch richtig werten, und ich bedauere, dass ich nicht schon damals achtsamer war …, doch ich konnte mich nicht aufraffen, ungenau Meldung zu erstatten, es liegt doch auf der Hand, dass ein vorzeitiger, wenngleich energischer Zugriff verhindern kann, dass sich der Fall in voller Breite entwickelt …«

(Fr. Maternová klopft, Hr. Čerych geht ihr entgegen, um die Tür zu öffnen; Fr. Maternová hat nämlich volle Hände, sie trägt ein Tablett mit vier Tassen heißen Kaffees und sagt: »Ja, was die Sporová betrifft, so hat Dolus sie auf der Sieben flach gelegt.«)

»... so viel (Forts. *Hr. Wohanka*) hatte ich auf dem Herzen ...«

Es ist 23 Uhr und 20 Minuten, und Hr. Čerych schlägt eine Pause bis 23 Uhr fünfunddreißig vor; der Vorschlag wird einstimmig angenommen. In das Klirren der Löffel mischt sich ein herzliches, freundschaftliches Gespräch, das nur durch Schlürfen unterbrochen wird. Hr. Wohanka nimmt an, ein richtiger Kaffee »für Männer« werde aus größeren Mengen gekocht, der Löffel werde um einen vollen Inhalt der eigentlichen Vertiefung angehäuft, und das Wasser werde aufgegossen, solange das Pulver noch auf der Oberfläche schwimme, trotzdem aber bewundert er Fr. Maternová für die Sicherheit, mit der sie dosiert und mit der es ihr gelingt, das Aroma zu erhalten. Hr. Čerych fragt, ob Hr. Wohanka wirklich der Ansicht sei, dass der ehemalige Apotheker Hr. Dolus jene unordentliche Tat tatsächlich mit Frl. Sporová vollzogen habe – wie es scheine, könne man doch trotz aller Bedenklichkeit der angeführten Debatte nicht auf etwas so Unerhörtes schließen. Hr. Wohanka atmet tief durch, seine Nasenflügel blähen sich auf, und er erklärt (indem er gleichzeitig mehrmals mit Daumen und Zeigefinger der linken Hand aus der Umgebung seiner Nase jeweils zwei Prisen Luft nimmt): »das müssen Sie hier haben, verstehen Sie ..., es *riechen* ...« Hr. Čerych dankt und fügt hinzu, *eben dies habe er wissen wollen*, da er selbst gewisse Vermutungen habe, die wahrscheinlich den Standpunkt von Hrn. Wohanka stützten, dass man jedoch erst *eins und eins zusammenzählen* müsse!

Fr. Maternová: »Bürger, Mitglieder der geehrten Direktion des LUTOBOR! Mir wurde ebenso wie Hrn. Wohanka das Amt des Revisors angetragen, erlauben Sie also, dass auch ich …« – »Oh, keineswegs (sagt *Dr. Krsek* und klopft mit dem Teelöffel auf den vernickelten Scheinwerferständer), wir haben noch fünf Minuten bis zum Ende der Pause …« (in einem weiteren Teil seiner Rede meint er, trotz der erschütternden festgestellten Tatsachen schreite die Sitzung in einem unvoreingenommenen und streng korrekten Geiste voran).

Fr. Maternová führt zu ihrer Entschuldigung an, sie wolle die Schlüsse von Hrn. Wohanka bezüglich dieser unordentlichen Tat sachlich belegen, denn sie habe als Direktorin des *Grand*[*] sicher feststellen können, dass der ehemalige Apotheker Dolus Frl. Sporová im Zimmer Nr. 7 sexuell missbraucht habe.

Hr. Čerych: »Wissen Sie eigentlich (Lachen und Belehrung), dass man aus dem Kaffeesatz am Boden der Tasse lesen kann?«

Hr. Wohanka: »Ach wo!?«

---

[*]) Das Hotel Grand in *** gehört zu den markantesten architektonischen Sehenswürdigkeiten der Stadt; in einem gut gelösten, schallgedämmten großen Saal – von der Größe her sucht dieser in ganz *** seinesgleichen – finden alle Premieren des Vereins und auch alle bedeutenderen Feierlichkeiten statt.

Auftritt der Revisoren
Teil zwei

(Einige Anmerkungen zum Bericht der Revisoren für die Mitgliederversammlung – durch Fr. Maternová, die ihre vorherige Ungeduld damit erklärte, dass sie so viel zu sagen habe.)

»Bürger, Mitglieder der werten Direktion des LUTOBOR,
   mir wurde ebenso wie Hrn. Wohanka das Amt des Revisors angetragen, erlauben Sie mir also, auch meine Feststellungen anzumerken. Als Frl. Sporová – jetzt ist das genau ein Jahr her – nach *** kam, quartierte sie sich eben bei mir ein … im Grand. Das allein wäre noch nicht so auffällig, die Saison begann, und nach *** kommen auch diejenigen, deren Ziel nicht direkt die Kurkliniken sind; Frl. Sporová nahm sich jedoch ein Zimmer im Hotel, obwohl sie im Ledigenheim hätte unterkommen können …; zumindest so viel Taktgefühl hätte ich von jemandem verlangt, der in der Stadt Arbeit sucht und sich dort niederlassen will; und jenes Zimmer (schon damals war es die Sieben) hat sie sogar für volle drei Tage angemietet; obwohl das von unserer Schule ausgeschriebene Auswahlverfahren nur einen Vormittag dauerte …«

Hr. Wohanka: »Wir haben sie nur aus Mitleid genommen – in der Begründung ihrer Bewerbung für diese Stelle führte sie ihren Gesundheitszustand an und dass das hiesige Klima günstiger sei …, außerdem gab es keine anderen Bewerber!«

»… Und denken Sie bitteschön (Forts. *Fr. Maternová*), dass sie dieses Mitleid gezwungen hat, ihr herausforderndes

Verhalten zu ändern? Denken Sie, dass eine solche Erfahrung, wie sie sie in den drei Tagen ihres Aufenthaltes in unserem Hotel gemacht hat – ich hätte mir gewünscht, die Reaktionen der Kollegen vom Personal zu sehen! – sie dazu gebracht hätte, über ihre Kleidung nachzudenken? Wie sie immer nur ihre Ausgezehrtheit betont hat, wie ostentativ sie zu uns ...«

Hr. Čerych: »Zur Sache bitte! Hat er es mit ihr gemacht oder nicht?«

»... Ich habe doch (Forts. *Fr. Maternová*) gesagt in der Sieben, doch das passierte erst Ende Herbst, bis dahin ...«

Hr. Čerych: »Mich interessieren der Tatbestand, die Schlussfolgerungen, das Übrige klärt sich von selbst ...«

Dr. Krsek: »Hr. Čerych ist, denke ich, auf der richtigen Fährte, wenn man einige Lappalien ausklammert, ich weiß doch auch nicht, wie es passieren konnte, wenn auch zeitweilig, dass ich die Sporová dem Hrn. ehemaligen Apotheker eigentlich in die Arme getrieben habe. Ich habe mich ihr gegenüber zwar von Anfang an in kühler Zurückhaltung geübt, und trotzdem habe ich ihr mit meinen Rezepten fast offizielle Begegnungen mit Dolus ermöglicht!«

»... Wenn die Herren dieser Überzeugung sind (Forts. *Fr. Maternová*), kam es also Ende des letzten Herbstes dazu, am Tage der Reprise unserer siegreichen Inszenierung des Dramas ›Prinzessin Löwenzahn‹ (im Weiteren nur PL). Damals, ich glaube, am 12. Oktober, ja, am 12. ..., fand die erste Aufführung der PL nach unserem Erfolg beim Bezirksfestival hier vor Ort statt. Wie üblich haben wir beschlossen, für die Teilnehmer der Reprise des bewährten *Hlasatel*, ein Bulletin mit den neuesten Nachrichten und interessanten

Aspekten aus der laufenden Vorstellung, herauszugeben …, ich denke, die Zeitung erschien viermal, und die Nummer vier mit dem Untertitel *Merenda* beinhaltete auch die Bedingungen des Wettbewerbs um das gelungenste Lied für den Abschluss des Abends, denn nach der PL stand eine gemeinsame Party auf dem Programm …«

Hr. Čerych: »Zur Sache bitte!«

»Fr. Sporová (Forts. *Fr. Maternová*) wurde für die Zwecke des *Hlasatel* als Schreibkraft bestellt, und weil das Zimmer sieben dem großen Saal am nächsten liegt …, vom Gang des Unterkunftstraktes ist es gerade von Zimmer sieben aus der kürzeste Weg zu den Garderoben und zum Podium – den Ausschussmitgliedern der Direktion zur Herausgabe des *Hlasatel* steht dort somit ihr Exekutivorgan am schnellsten zur Verfügung –, es vervielfältigt hier jedes Jahr seinen *Hlasatel*. … Der ehemalige Apotheker Hr. Dolus hat noch voriges Jahr in der PL den hispanischen König verkörpert. Der letzte Auftritt des hispanischen Königs, wo es heißt …«

Hr. Čerych: »Zur Sache!«

»… und von diesem Bild (Forts. *Fr. Maternová*) blieb Hrn. Dolus bis zum Schlussakt noch recht viel Zeit, die er auch nutzte – für einen Besuch bei Frl. Sporová …«

Hr. Wohanka: »In Zukunft sollte man darauf achten, dass die Schreibkräfte ausgelastet sind, wenn das Drama gipfelt!«

»… was er getan hat (Forts. *Fr. Maternová*), wie ich eigentlich zufällig festgestellt habe. In dem Moment, in dem der Nordwind in die Hütte dringt und die arme Prinzessin wegbläst, pfeift der Nordwind, und ich rufe: Das ist kein Wind, Mama, da singt jemand, da singt jemand über mich …«

Hr. Čerych: »Ich bitte Sie!«

»… ich wollte einfach (Forts. *Fr. Maternová*) die Verbeugungszeremonie am Ende schaffen, und dabei musste ich – *mal um die Ecke*, wobei mir nicht entgangen ist, dass der Schlüssel von Zimmer sieben von außen nicht steckt – das Personal ist nämlich angewiesen, bei der Zimmerreinigung oder bei anderen Arbeiten darauf zu achten, dass der Schlüssel zur Verfügung steht –, ich bin also hellhörig geworden …«

Hr. Čerych: »Mich interessiert der Tatbestand!«

»… nun, aus der Art konnte man schließen« (längere Pause und Belebung), »dass sie *das* nicht das erste Mal zusammen gemacht haben …« (Forts. *Fr. Maternová*).

Dr. Krsek: »Und warum haben Sie so etwas Schwerwiegendes nicht sofort gemeldet?«

»… ich habe in der Illusion gelebt, dass der ehemalige Apotheker Dolus scherzt – zwar unpassend, sicher unwürdig, aber doch, dass er scherzt …, er hatte doch eine bedeutende Stelle …«

Dr. Krsek: »… vielleicht habe ich mich etwas barsch ausgedrückt, doch Ihre Erklärung, Fr. Maternová, hat mich kurz gesagt …«

Hr. Wohanka: »Ach, er hat vor uns mit außerordentlicher Meisterschaft seinen wahren Charakter verheimlicht, er hat den Gipfel der Scheinheiligkeit erreicht …, trotzdem ist es ihm nicht gelungen …«

Hr. Čerych: »Nein, das ist ihm nicht gelungen!«

»… und es ist mehr als wahrscheinlich (Forts. *Fr. Maternová*), dass es ihm auch in Zukunft nicht gelingen wird. Meine Herren, ich bin überzeugt – und damit will ich meine Überlegungen abschließen –, dass gerade dies ein mildernder Umstand ist, den wir berücksichtigen sollten, wenn wir dann die Strafe bemessen. Der Alte tut mir nämlich etwas leid, er war ein außerordentlich guter Spirituosenkenner. Ich hoffe, dass darauf Rücksicht genommen wird.«

(Bedeutungsvolle Stille. Ohne Fragen.)

Dr. Krsek: »Nun, Bürger, Mitglieder der geschätzten Direktion, ich habe das Gefühl, dass wir ein Stück vorangekommen sind. Ihre Aufgabe, Hr. Čerych, wird nach diesen inhaltsschweren Feststellungen wahrlich nicht leicht sein.«
Hr. Čerych: »Ich vergegenwärtige mir dies sehr gravierend, und ich bitte somit um ein kleines Entgegenkommen, dass ich sozusagen den angedachten Vermerk systematisiere. Dieser findet sich nämlich – im Lichte der Aussagen von Fr. Maternová – in neuen, sehr gravierenden Beziehungen wieder ..., und so möchte ich nur ungern etwas überstürzen. Für den Moment, der mir dafür unentbehrlich erscheint, würde ich mir erlauben, ein lustiges Detail zum Besten zu geben.«
Hr. Čerych belehrt die Anwesenden über die Ausführung eines Tricks mit fünf Streichhölzern, und während der Rest der Direktion versucht, der Sache auf den Grund zu gehen – sie lachten, bis sie schwitzten –, durchdachte Hr. Čerych erneut alle möglichen Eventualitäten seines Verdachts.

Auftritt der Revisoren
Dritter Teil

(Einige Anmerkungen zum Bericht der Revisoren für die Mitgliederversammlung – durch Hrn. Čerych, der sich nach

Ablauf der gewünschten Frist an die p. t. tagenden Mitglieder wandte.)

»Sie wissen, dass ich mit dem ehemaligen Apotheker Dolus nicht sonderlich freundschaftlich ausgekommen bin. Kontakte außerhalb des Vereins gab es praktisch nicht, trotzdem musste auch der ehemalige Apotheker manchmal den Behandlungsraum meiner Einheit bestücken, und so kam es vor, dass wir hier und da völlig informell ein paar Worte wechselten. Seinerzeit – etwa drei bis vier Wochen nach der Reprise, von der Fr. Maternová hier gesprochen hat – beschwerte sich Herr Dolus, dass sein Beruf beschwerlicher sei, als sich das manche dachten, da ein Mensch, der nicht völlig herzlos ist und dem es zu passe kommt, in einer so kleinen Stadt, wie es *** ist, eine Apotheke zu leiten, wo jeder jeden kennt …, oft gezwungen sei, auch denjenigen Patienten Medikamente anzufertigen oder auszugeben, mit denen er täglich freundliche Grüße wechsele und deren Krankheiten so geartet seien, dass kein Medikament diese stoppen könne; verstehen Sie, am besten sind die dran, die noch an Aspirin und ein Klistier glauben, seien es ganz einfache Leute oder medizinische Kapazitäten vor Ort …«

Dr. Krsek: »Das hat er gesagt? Ach, diese Dreistigkeit, so eine Dreistigkeit, und dabei hat er sich nicht geschämt, mich zu bitten … auf der Grundlage *meines* Rezepts für die Sporová, ihm zu erzählen, ob es wirklich so ernst um sie stehe!«

»… doch wir (Forts. *Hr. Čerych*), wer sind wir, um es mal so zu sagen, dabei, wir können den Betreffenden eigentlich ab einem gewissen Punkt *anzählen* wie irgendeinen Boxer; denn wenn er eines Tages kommt und Sie ihm statt Aspirin irgendetwas zur Beruhigung verschrieben haben, können Sie ihn ruhig an den wenigen Dosen anzählen! Ich gebe aufrichtig zu, Herr Čerych, dass ich sonst was geben würde für dieses Detail, dafür, diesen Punkt nicht zu kennen, ab dem man anzählt. Aber wissen Sie, das ist so, wenn etwas tragisch sein soll, dann muss es banal sein … Ich habe geantwortet, dass jeder von uns verpflichtet sei zu lernen, wie man Schwierigkeiten überwindet …, dass dies schließlich der höhere Sinn jeglichen Strebens ist und dass ich mich wundern würde, wenn Gott bewahre ein solcher Moment eintritt, in dem wir nicht in der Lage sind, alles auszuweisen, was wir in dem entsprechenden Abschnitt überwunden haben, denn so sind nun mal das Leben und seine Freuden. Dolus wirkte sichtlich verunsichert, und erst beim Gehen raffte er sich zu einer Frage auf, die ich jetzt und mit dem zeitlichen Abstand und nach den Fakten, die wir hier gehört haben, als wesentlich betrachte. Er fragte, was unternommen werden müsse, wenn sich jemand von seinem ständigen Wohnsitz abmelden wolle. Nachdem ich ihm alle Formalitäten aufgezählt hatte, verwies ich Hrn. Dolus auch auf die moralischen Folgen einer ähnlichen Tat, und dabei blieben wir. Heute jedoch, geschätzte Mitglieder der Direktion, heute meine ich, dass der ehemalige Apotheker Dolus die Absicht hatte, von hier fortzuziehen.«

Fr. Maternová: »Ja, aber wohin?«

Hr. Wohanka: »Wohin?«

Dr. Krsek: »Aber wohin denn?«

»… in diesem Sinne war auch meine letzte Bemerkung formuliert, ich sagte – wohin denn bitteschön?«

Es ist 0 Uhr 45 Minuten 27. Juni, als die Direktion nach gegenseitiger Einigung vom Zusatzartikel der Verhandlungsklausel Gebrauch macht und in ihre zweite fünfzehnminütige Pause eintritt.

Dr. Krsek: »Da haben wir aber gelacht; für fünf Streichhölzer so viel Scharfsinn, was sich die Leute aber auch alles ausdenken!«

Hr. Čerych: »Ich habe damit so viele Abende verbracht, dass ich auf mich selbst Wut bekam.«

Hr. Wohanka: »Aber es sieht doch so einfach aus, ich denke, gerade das wärmt den Menschen schließlich am Herzen, nicht wahr?«

Freie Vorschläge

(Um 1 Uhr, als Hr. Wohanka die Pause mit einer treffenden Bemerkung darüber beendete, wie Fr. Maternová diesmal absolut genau beim Kaffeekochen vorging, weshalb ihr zumindest der Anspruch auf eine Zigarette entstehen solle.)

Hr. Wohanka: »Ich fühle mich berufen, eine nähere Charakteristik zu Frl. Sporová abzugeben, denn wie ich meine, ist dies eine notwendige Voraussetzung für eine Rekonstruktion des Falls FL, dessen äußere Bedingungen, d. h. die Debatte im Lehrerzimmer, das Zimmer sieben im Grand und der Versuch, den ständigen Wohnsitz zu unterbrechen, wir bereits geklärt haben. Das Motiv für meine grundlegenden Diskrepanzen mit Frl. Sporová ist früheren Datums. Gleich in ihrer ersten Stunde bin ich hingegangen, um zu lauschen – besonders befremdend war ihr sinnloses Herumlaufen in der

Klasse – ich rief also die Sporová zu mir hinaus auf den Flur und sprach die kategorische Forderung aus, mir ihre schriftlichen Vorbereitungen vorzulegen. Darauf wandte sie ein, dass sie wohl in den Jahren, in denen sie unterrichte, durchaus gelernt habe, was wir wollen, was man den Kindern erzählen solle.«

Hr. Čerych: »Aber, aber, da schauen wir mal!«

Hr. Čerych sprach diesen Satz mit einem besonderen vorausschauenden Glanz in den Augen; er sagte, jetzt sei eigentlich die Frage an der Tagesordnung, wer wen missbraucht habe, denn im Lichte von Hrn. Wohankas Feststellung werde die Interpretation des Koitus in der Nummer sieben zum Diskussionsgegenstand. Dem schloss sich Hr. Wohanka prompt mit der Behauptung an, er möge diese romantisierende Fünfunddreißigjährige auch nicht sehr, und bei seinen Schülern versuche er immer, gelegentliche Verfehlungen zu verstehen – und diesen Menschen zu helfen.

Fr. Maternová: »Also hat die ihn angemacht! Ach, dass ich da nicht drauf gekommen bin, das war doch so sonnenklar!«

Bedeutung des gegenseitigen Blicktauschs zwischen Dr. Krsek und Hrn. Čerych: Aber, dass er sich durch sie so inspirieren ließ?

Beide Herren beriefen sich dann auf die Definition der Charakterzüge von Hrn. Dolus, insbesondere auf seine mangelnde Durchsetzungskraft, und Hr. Čerych schloss die Deduktion mit der Ansicht, es sei ja zu erwarten gewesen, denn der Apotheker habe sich gut gehalten, und dies habe er der ersten Mephistopheles'schen Seele geopfert, die sich ihm in den Weg stellte.

Fr. Maternová: »So eine Sporová kommt doch nicht auf eine öffentliche Ausschreibung hin nach ***, sie kommt, weil hier geeignete klimatische Bedingungen herrschen!«

»Sie hat hier ihre Wehwehchen gepflegt (holte *Hr. Wohanka* aus) und ihr kleines Leiden recht unverschämt ausgewalzt. Das passt zu ihnen, die tun so als ob, und am liebsten würden sie das alles als faustische Beziehung ausgeben.« (er beendete die begonnene Geste, indem er sich an die Stirn schlug, wobei er sich rhythmisch fragte, ob ihm irgendjemand von den werten Mitgliedern sagen könne, was diese seltsame faustische Beziehung eigentlich darstellen solle).

Dr. Krsek versuchte, die ganze Angelegenheit wie einen gutartigen Tumor zu erklären – »Ein gutartiger Tumor, ein Tumor ohne Metastasen, schädigt rein nur durch sein Wachstum, doch so ein Tumor, das ist manchmal ein Filou, ich hoffe, es ist Ihnen nicht entgangen, wie schnell es mit ihr vorbei war.«

Hr. Wohanka: »Sie hat doch bis zum Frühjahr durchgehalten.«

Dr. Krsek: »Ich meinte jenen Zeitraum ab dem Moment, in dem die Schmerzen kamen, bis zur Agonie. Ehe die Kinder aus Ihrer Gruppe kamen, um ihr zu singen, muss es zu einer Metastasenbildung gekommen sein, und das zieht sich manchmal hin.«

Den Einwand von Hrn. Čerych, es sei seltsam, wenn sich der Organismus überhaupt nicht bemühe, in Verteidigungsposition zu gehen, beantwortete Dr. Krsek, indem er etwas weiter ausholte, und er erzählte auch, die Blutgefäße suchten beispielsweise fast immer eine Art Umleitung, damit das Blut trotzdem fließen könne, der Patient nehme jedoch weiterhin ab, da der Tumor mit ihm frühstücke, zu Mittag und zu Abend esse, und so sei dies kein Wunder. Fr. Maternová zerquetschte Tränen in den Augen und dachte daran, wie zeitig am Morgen sie in diesen düsteren Tagen aufstehen musste, und schilderte den anwesenden Herren, ihr Vorbereitungstrupp habe ihre Aufgabe immer noch nicht erfüllt, vier Ober aus ihrem Hotel arbeiteten zwar wie besessen, damit der große Saal richtig ausgeschmückt sei, doch die zwei verbleibenden Mitarbeiter, die als Aushilfen vom Zweigbetrieb geschickt worden seien, legten noch nicht anständig mit Hand an. Über Frl. Sporová äußerte sie sich mit einem treffenden Vergleich: »Sie war spindeldürr, spindeldürr.«

Pause.

Hr. Čerych: »Hören Sie, wenn sie gestorben ist und er das geschrieben hat und sich dann aufhängte, dann ist die ganze Geschichte verdammt abgeschmackt.«

Hr. Wohanka: »Wie oft habe ich das schon gelesen! Mein Gott, Hr. Dolus war Apotheker, er hätte sich doch diese Requisiten dieser Schnellschreiberlinge schenken können.«

»Er hätte mich doch anrufen können, jeden Tag hätte er mich anrufen können (schloss sich *Dr. Krsek* an), doch wenn in einer Stadt wie *** der Apotheker nicht in der Lage ist, das Vertrauen des Arztes vor Ort zu erlangen …, dann muss man sich über das Ende nicht wundern! Und wenn er das, wie Sie sagen, wegen der Sporová getan hat, dann weiß ich nicht, was ich dem noch hinzufügen soll.«

Längere Pause.

Hr. Čerych: »Ich empfehle, noch einmal in diesen Text zu schauen.«

Die Mitglieder der Direktion billigen mit offenem Unwillen, doch im Interesse einer gründlichen Überprüfung den Vorschlag von Hrn. Čerych. Hr. Čerych führte nämlich in der Debatte zum Beweis des positiven Effekts, wenn sich seine Meinung und die Dr. Krseks als begründet erwiesen, so stünden die werten Mitglieder vor etwas wie Fahnenflucht oder Verschlafen im Dienst –, »wenn beispielsweise Hrn. Dolus bei seinem abschließenden Versagen jemand geholfen oder er vielleicht jemanden dazu gezwungen hätte, würde es sich zwar um eine bedauernswerte Unachtsamkeit vonseiten des Hrn. ehemaligen Apothekers handeln, trotz allem gäbe es dann noch einen Täter«, und Hr. Čerych fügte, um diesen Gedanken zum Abschluss zu bringen, hinzu, wenn beispielsweise die Sporová Hrn. Dolus aufgehängt hätte, wäre es für alle einfacher, aber so, er wisse es einfach nicht.

(Dr. Krsek übernimmt wieder die Rolle des Vorlesers.)

Dr. Krsek nach einer Pause:

Doktor: Worüber denkst du nach, Kasper, doch wohl nicht über das neue Rätsel?
Fürst Lutobor (halb erdrosselt): ???
Lehrer: Ha, er schweigt! Ich habe es doch gleich gesagt, man hätte ihm schon am Anfang die Hammelbeine langziehen sollen. (Zieht Lutobor am Hosenbein.)
Mutter (mit dem Gefühl, dass Lutobor keinen Ton mehr von sich geben wird): Ach, wie traurig ist es hier doch ohne Kasper. Mein Gott, so viele Dummheiten hat er angestellt – doch was davon stimmt –, doch er hatte ein gutes Herz. Wenn ich an seine Späße denke …, er hat jeden zum Lachen gebracht.«

Kapitän: He, ihr Berge, ihr Berge so hoch, vielleicht werden wir das kleine Wörtchen noch aus ihm herausprügeln. (Hebt Lutobor an.)

Doktor (hilft dem Kapitän): Das ist eine Plackerei, dass es einen fertigmacht, so irgendein Krümel in den Magen zu schieben, damit man nicht vertrocknet wie eine Pflaume.

Mutter: Jarek, Jungs – ihr Spaßvögel, wie wäre es denn mit einem Kaffee, käme der recht? Ja?

Lehrer: He, Mutter, du bist in Stimmung …, da haben wir wohl gestern wieder jemanden beerdigt?

Fürst Lutobor (die Schlinge um seinen Hals lockert sich und er atmet ein): Ich bin unschuldig.

Doktor: Gib es zu, du hast Pflaumenknödel gegessen!

Fürst Lutobor: Ich bin unschuldig!

Mutter (geht um den Fürsten herum): Doch ist diese Prophezeiung auch wahr?

Fürst Lutobor: Gnade.

Lehrer: Ei, wie kommt es denn, dass du so seltsam redest? Tanz doch lieber zu Ende!

Kapitän (zu Lutobor): Keine Widerrede, tun Sie Ihre Pflicht!

Fürst Lutobor (versucht sich mit einigen abgehackten Bewegungen um eine Tarantella).

Lehrer (schlägt die Hände zusammen): Ich habe es geahnt!

Die Übrigen (mit Ausnahme von Lutobor): Wir haben es geahnt!

Lehrer: Es sollte doch ein Sprungtanz sein!!

Doktor (zu Lutobor): Hören Sie, Sie, haben wir Ihnen etwa nicht alle Möglichkeiten eingeräumt?

Fürst Lutobor: Ach, wahrscheinlich habe ich mich nicht sorgfältig genug um meinen Strang gekümmert.

Mutter: Potzblitz! Solch eine Nachlässigkeit zahlt sich nicht aus!
Fürst Lutobor: Werde ich also erneut unschädlich gemacht?
Mutter (zum Kapitän): Auf Dauer?
Kapitän (zum Doktor): Auf Dauer?
Doktor (zum Lehrer): Auf Dauer?
Lehrer: Auf Dauer? Das kommt darauf an, ob wir ihn so billig davonkommen lassen.
Mutter (zieht sich eine Haarnadel aus dem Dutt): Unschuldig? Oh, welch Unzulänglichkeit …, Fürst …

»Mein armes Seelchen (schluchzte, schluchzte, schluchzte *Fr. Maternová*), da ist ja der Hr. Apotheker richtiggehend verrückt geworden, es stimmt, er hätte Hilfe gebraucht, und zwar gleich am Anfang – etwas Mitleid hätte ja doch in unseren Kräften gelegen. Ich bin nur Laie, aber wenn ich sage, dass diese Sachen durch unregelmäßigen Lebenswandel entstehen …«

»Meine Damen und Herren (*Hr. Wohanka*, den die Inspiration im gasförmigen Zustand heimgesucht hatte, deshalb vertuschte er in diesem Enthusiasmus, dass er seine linke Pobacke angehoben hatte, wodurch er jedoch den Drehstuhl in eine langsame Bewegung versetzte), wer hätte das von ihm gedacht, wir verhandeln und verhandeln hier und verhandeln und verhandeln, bis sich schließlich zeigt, dass er das nicht verdient hat. Der Erotomane.« (Endlich hatte sich der Sitz um ganze dreihundertsechzig Grad gedreht, und dem Sprecher war die ersehnte Erleichterung zuteilgeworden – in einem fast unhörbaren Andante cantabile.) »Behandeln, Doktor, behandeln wäre notwendig gewesen!«

»Ja (*Dr. Krsek* spricht über seine Klientel; Dr. Krsek ist der einzige Arzt in ganz ***, Dr. Krsek hat in den letzten zwanzig Jahren sämtliche Totenscheine ausgestellt), ein Idiot ist nun mal ein Idiot, und der gehört nicht unter die Leute.«

Sehr lange Pause.

Aufschrei von Hrn. Čerych.

Er greift nach dem Rest des Manuskripts des FL, versucht sich auf eigene Faust an einer zusammenhängenderen Lektüre, scheitert jedoch: »Irgendjemand geht irgendwohin, ha, irgendjemand kommt von irgendwo, ha, irgendjemand hängt sich irgendwo auf. Na und? Das ist alles, was von der Deduktion übrig bleibt?«

2 Uhr 15 Minuten 27. Juni. Den dritten Vereinskaffee hat lediglich Dr. Krsek ausgeschlagen; Fr. Maternová merkte an, in diesen Zusammenhängen fiele ihr zu Hrn. Dolus ein, wie dieser einmal durch die Schranktür abgehen wollte.

Hr. Wohanka: »Wenn das Sujet selbst sehr alt ist, kann man nicht davon ausgehen, dass sich die Wahrheit des Lebens in ihm in aller Vielschichtigkeit widerspiegelt, und dann bleibt natürlich ›irgendein irgendwo, irgendein irgendwas‹; das sind Verknotungen auf den Blutgefäßen, durch die das Blut frei rinnen konnte, es ist ein Herumirren in Labyrinthen falscher Gedanken, Elixiere … ein Excessus in Baccho et Venere ist an der Tagesordnung. Bedauern ziemt sich für uns zwar, doch dieses Bedauern muss militant sein, denn einzig und allein so kann man immer weitere bewahren, damit sie nicht zu Opfern dieses, um es mal so zu sagen, Krebsgeschwürs werden. Das ist es dann, was von der Deduktion übrig bleibt, Hr. Čerych!«

Fr. Maternová: »Ich habe gesagt, wir spielen die PL.«

»Die Anmerkung von Hrn. Čerych (das Wort hat *Dr. Krsek*) vermittelt in der Tat den Eindruck zu starker Einseitigkeit. Ich gebe zu, dass ›irgendein irgendwo, irgendein irgendwas‹ den Eindruck einer verblüffenden Ungenauigkeit hervorrufen kann. Doch geht es wirklich darum? Entscheiden denn über den Wert einer Überlegung einzelne Details und nicht die allgemeine Richtung? Ich glaube schließlich, dass unsere Schlussfolgerung die gerichtliche Obduktion bestätigen wird. Wenn wir den Leichnam öffnen … (Dr. Krsek erhebt sich, er entfernt aus der Tasche auf dem Tisch die hervorragende Geburtszange und bekommt erst ganz unten seinen Notizblock zu fassen) …, ich habe bereits den Antrag gestellt, bei der Obduktion des Verstorbenen anwesend sein zu können, ich habe mir … (er blättert im Kalenderteil des Blocks) … für die morgige – ach, eigentlich schon *heutige* – Fahrt zur Prosektur ein Zeitfenster freigehalten … (das rot durchgestrichene Feld mit dem Datum des Siebenundzwanzigsten unterstreicht er noch, indem er es mit dem Zeigefinger berührt) … bei dieser Gelegenheit regele ich dann auch gleich noch die Konsequenzen der eingetretenen Komplikation, nämlich die Änderung des Auftritts des LUTOBOR beim Bezirksfestival … (Ja, die PL – Anm. *Fr. Maternová*), … und wenn wir dann also den Leichnam geöffnet haben, werde ich beim Gutachten anwesend sein, und das wäre doch gelacht, wenn es das nicht wäre!«

Hr. Čerych: »Ich befürchte, dass mich die geschätzten Mitglieder der Direktion nicht verstanden haben; meine Anmerkung ist nicht als Entrüstung darüber zu verstehen, was wir herausgefunden haben, sondern als Abscheu gegenüber den Fällen, zu denen man nichts mehr feststellen kann. Die Summe der Fakten erweitern wir in keiner geeigneten

Weise qualitativ, wir können sie lediglich um weitere Verrücktheiten ausdehnen.« (In der Hand hält er eine Doppelseite des FL und macht sich bereit zu zitieren.) »Das tut mir leid.«

Kürzere Pause.

Hr. Čerych nach noch einem Stoßseufzer:

Mutter:
Doktor:
Lehrer: Lieber fort von hier. (Sie gehen ab.)
Kapitän:

Fürst Lutobor (stärker schwankend): Was für ein Abend, ich kann nichts anderes aussagen und darauf will ich sterben. (Er streichelt den Strang.) ... Zu wissen, dass das in dir arbeitet, so als würde ich mich mit dir verbinden – per Zufall, ein Versehen oder eine momentanen Verwirrung ..., und zu wissen, dass das in dir arbeitet und zu wissen, dass es nicht in meiner Macht steht, diesen Marsch aufzuhalten, ach, zu wissen, dass ich bei dir bin, mit dir in der Hoffnung ..., das schreckt mich, das schreckt mich. Ver-zeih. Ver-zeih-ung. Berühre dich nicht, ach, Nicht-be-rüh-rung!

Eine der bereits normalen Pausen.
Hr. Wohanka: ??
Fr. Maternová: »Ich habe damit die Sporová gemeint und dass er sie gefickt hat.«
Dr. Krsek: »Quatsch, da habe ich ihr schon Morphium gespritzt. Zwingen Sie mich nicht zu glauben, dass er ihre Schmerzen als Schwangerschaft interpretiert hat. Er musste

doch, wie er selbst sagen würde, Frl. Sporová als *angezählt* betrachten.«

Hr. Čerych bezog jedoch keinen Standpunkt zu den Ansichten seiner Vorredner, er sagte nur, vom rein praktischen Gesichtspunkt aus sei dies hinausgeworfenes Geld für die Schuhe, weil der ehemalige Apotheker weitaus billiger hätte zu dem Schild kommen können, trotzdem aber könne man (»nur ungern würde ich verzichten«) die Anhörung als beendet und unterschrieben betrachten, da FL weder Hand noch Fuß habe (»die gehen da alle ab«).

Zustimmendes Nicken.

»Einzig und allein das S (unter *Hrn. Čerychs* Nagel) würde auf etwas Logik verweisen, wenn es Sporová bedeutet.«

»Aber es kann auch Schlinge oder Spielverein bedeuten.« (Anm. *Hr. Wohanka*)

»Aber es kann auch Sarkom bedeuten.« (Anm. *Dr. Krsek*)

S.: Ich kann nicht verzeihen, ich kann nur mit dir nicht rechnen.
Fürst Lutobor (etwas amateurhaft): Aber das ist doch Ver-zei-hen.
S.: Blödsinn – ich muss doch zu meiner Angst noch die deine hinzurechnen.
Fürst Lutobor (eine Stufe amateurhafter): Du wirst also um etwas kräftiger sein.
S.: Erfahrener. (Nach einer Weile und fast weise) …, also unbeweglicher.
Fürst Lutobor: Ich verstehe nicht.
S. (erhebt den Finger): Angst ist wohl eher ein Mangel, denn Verstärkung. Die, die keine Angst haben, leben mit der Sicherheit.

Fürst Lutobor (da er angesichts seiner Position nicht mit einer Geste Unverständnis zum Ausdruck bringen kann, schielt er).

S. (wie ein Mentor): Doch mit dieser Sicherheit zu leben bedeutet, Angst zu streuen und nicht, diese zu haben. Die Angst, die wir haben, macht uns menschlich, während uns die Sicherheit, mit der wir leben, nur mutig macht, was aber keinen Bezug dazu hat, was wir sind.

Fürst Lutobor (sehnsüchtig, mit erloschener Stimme): Und was sind wir?

S.: Ich habe keine Ahnung. La-la-lala. Ich weiß nur, dass es notwendig ist, immer darum Angst zu haben.

Fürst Lutobor (lächelt dümmlich): Deine Angst ist also dieser Art.

S. (düster): Vielleicht.

Fürst Lutobor (es wird immer dunkler): Du sagst nicht sicher?

S. (düster und schicksalergeben): Das kann ich nicht. Ich will nicht, dass auch nur eine Nuance in meiner Stimme wirkt (und da schreit sie sozusagen schon), so als will ich dich überzeugen, mit mir zu glauben.

Fürst Lutobor (brummelt): Aber ich wünsche es zu glauben.

S.: Dann glaube es. Aber allein. Nichts ist mir so zuwider wie ein Verhandeln um den Glauben. Ich zeige nichts, ich gebe keine Richtung vor. Wenn ich den Finger erhebe, tue ich das wie die Blinden. Wir können über nichts verhandeln. Howgh.

Fürst Lutobor (per Rezitativ): Wenn ich mit dir gehe, wird mein Schritt leichter.

S. (per Rezitativ): Vielleicht, aber du wirst ihn doch nicht austricksen!

Fürst Lutobor: Wen?

S.: Den Tod (zieht das o in die Länge).

Fürst Lutobor (ruft freudig aus): Aber dorthin müssen wir doch alle!

S.: Die, die ich als tapfer bezeichne, stellen sich vor, dass sie gemeinsam hinlaufen, das aber ist kein Tod, das ist ein gegenseitiges Im-Weg-Stehen.

Fürst Lutobor (wenn er kann, schüttelt er den Kopf).

S.: Allerdings. Denn der Tod ist Angst vor dem, was wir waren.

Fürst Lutobor: Will dies also perfekt sein? (Zuckt zusammen, und wenn es passt, stirbt er.)

(Den Rest des Dramas wird hartnäckig geschwiegen. Länge dieses Rests nach Absprache mit dem Regisseur.)

Allgemeines Entsetzen.

»So ein Jux aber auch, ich bestehe nicht mehr auf der Erbringung von Beweisen in Urkundenform und entsprechenden Dingen.« (Vorschlag Hr. Čerych)

Dr. Krsek durchschreitet mit einigen wenigen Schritten wortlos den Raum und sagt dann, dem Vorschlag von Hrn. Čerych werde stattgegeben (»Wenn jemand vierzig Minuten …, vierzig haben Sie gesagt, Hr. Wohanka?« – »Fünfundsiebzig, Doktor, so viel würde der FL brauchen, aber keinen Deut mehr!« – »Umso schlimmer! Wenn jemand fünfundsiebzig Minuten nachstellt, dann muss er wirklich schon grottenschlecht aufgehängt gewesen sein.«)

»Ja, machen wir Schluss. Ich konstatiere auch nur noch …, dass der Fall eher verwirrend ist« (kleine Anm. *Fr. Maternová*).

Dr. Krsek: »Nun, gehen wir, ich mache jedoch darauf aufmerksam, dass, so lange die Apotheke nicht vorgerichtet

ist, ich nicht umhin komme, den Probenraum zu nutzen ...,
mir selbst ist es sozusagen peinlich, dass Hr. Dolus eigentlich um die Ecke liegt, aber seien Sie unbesorgt, es besteht kein Ansteckungsrisiko ...«

Die Direktion verlässt die Praxis und geht durch das Wartezimmer in den Probenraum. Dort klappt Dr. Krsek den Deckel hoch und *Fr. Maternová* sagt: »Pfui, der sieht ja aus, als ob er lebt« und Hr. Wohanka fügt hinzu, diese Morbiditäten seien gerade gut, Kaninchen zu amüsieren, nun, er habe es schon hinter sich, aber wir müssten alle dahin.

Die Gruppe derjenigen, die sich über Hrn. Arnošt Dolus, geb. am 9. 4. 1..., ehemaliger Apotheker in ***, zuletzt wohnhaft in ***, Zur genauen Waage, beugt, verbindet das spirituelle Erleben, sie beobachten und nehmen eigentlich nur noch das anatomische Naturmaterial wahr, das zum Studium aufbereitet wurde. (Dr. Krsek demonstriert.) Doch nicht Dr. Krsek, Fr. Maternová oder die Herren Čerych und Wohanka stehen im Mittelpunkt dieses Bildes; der tatsächliche Mittelpunkt scheint die offene, am Rande des Hüftknochens frei liegende Sehne des linken Arms des Apothekers zu sein. Auf sie fällt das grellste Licht der einsetzenden Morgendämmerung.

Die geneigten Gesichter der Betrachter sind zu sehen, wenn sie wirklich damit befasst sind zu beobachten, doch dort, wo die Sorgfalt endet, hört auch die Durchgeistigung auf, die Umrisse werden immer matter und matter, bis sie vollständig ins Helldunkel eintauchen.

Dr. Krsek zeigt mit der rechten Hand auf eine Quetschung am Arm von Hrn. Dolus, doch nicht minder wichtig, wenngleich nicht ganz so faszinierend, ist auch die Geste der linken Hand, sie erscheint wie eine von einem Schnitzer hergestellte Marionette (sie hält eine gedachte Prise fest), bewegt sich nach oben und unten in dem vom Ellbogengelenk bestimmten Winkel, wobei jedes Mal der weiße Rand der Manschette des Apothekers hervorblitzt.

Im Rhythmus dieser immer wieder wiederholten Geste sagt Dr. Krsek, der Anblick eines solchen Endes (»Denken Sie nicht, ich habe Sie aus irgendwelchen spiritistischen Beweggründen hierher geholt.«) rufe sicher in jedem gewisse Emotionen (»Gefühlslagen«) hervor, die es ermöglichten, sich bei der anschließenden Stilisierung des Tätigkeitsberichts an den Grundsatz zu halten, dass Anstand eine der grundlegenden Eigenschaften des modernen Menschen sei – »ich schlage vor, Hrn. Dolus' Ableben als Verlust zu vermerken, den die Direktion (und mit ihr der gesamte LUTOBOR) erlitten hat. Herr Čerych, klappen Sie den Deckel zu und bereiten Sie den Hektographen vor.«

Im LUTOBOR ist es üblich, dass nach dem Tode eines Mitglieds ein anderes Mitglied dessen Lebenslauf und Charakteristik aufschreibt (in Sachen Hrn. Dolus denkt man über Hrn. Wohanka nach), den Verstorbenen wird auf der Basis eines Beschlusses über die Art, wie man den herausragenden Sohn oder die Tochter der Stadt *** zur letzten Ruhe betten solle, Ehre zuteil – dabei bleibt die Regel gewahrt, dass über die Verbringung der sterblichen Überreste des Verstorbenen in den zentralen Teil des Friedhofs (im Weiteren nur ZTF) erst einige Zeit nach dem Weggang all derjenigen entschieden werden darf, auf die sich die Bestimmung der Gründungsurkunde beziehen könnte (in Sachen Hrn. Dolus wird über ein sofortiges Eintreten dieser Vergünstigung nachgedacht).

Die Initiative einer Beerdigung im ZTF ist einzig und allein dem LUTOBOR vorbehalten.

Einige kleine Änderungen

im Stil des Tätigkeitsberichts, auf die sich die Direktion des LUTOBOR auf ihrer Sitzung am 26. Juni geeinigt hat.

Hinter dem Satz, der mit: Mit der Zeit wird, so Gott will, auch unserem LUTOBOR eine solch existenzielle Absicherung zuteilwerden ... beginnt, und mit: in dessen Material sich niemand auskennt, bleibt leider nichts anderes übrig, als die ganze Arbeit noch einmal in Angriff zu nehmen.« endet ... ist einzufügen: Wir erinnern daran, dass man auch die Beschlüsse aus dem vorherigen Zeitraum erwähnen muss, die in den letzten Bericht nicht aufgenommen werden konnten ... anfügen: zuerst verzeichnen wir einen schmerzvollen Verlust, den die Direktion mit dem Tode eines Mitglieds, des ehemaligen Apothekers Hrn. Arnošt Dolus, erlitten hat, der sich mit Eifer und Fleiß in den Angelegenheiten des LUTOBOR auch große Verdienste bezüglich unseres Vereins erarbeitet hat, vor allem als Mitglied verschiedener Jurys. Er nahm fleißig an den Sitzungsverhandlungen teil und war zu allen Diensten jederzeit bereit. Um dem Verstorbenen die Ehre zu erweisen, empfiehlt die Direktion der Mitgliederversammlung, eine Sammelaktion zu starten, deren Erlös in das Grundkapital des LUTOBOR einfließen sollte.
Zwei Minuten Stille.
Fr. Maternová: Drei Stunden, fast halb vier, das hat sich aber hingezogen.«

Hr. Wohanka: »Im Sinne der Prävention ist diese Großzügigkeit fast schon eine Maßnahme.«

Hr. Čerych: »Ich denke, es wäre nützlich, gleich noch eine Klausel hinzuzuhektographieren, dass in ähnlichen Untersuchungen eine ähnliche Vorgehensweise, wie sie Herr Wohanka so treffend formuliert hat, empfohlen wird.«

Dr. Krsek sah, dass man die Sitzung als geschlossen betrachten konnte, und verabschiedet sich von jedem einzeln.

Und während die übrigen Direktionsmitglieder gehen und das, was von der Nacht übrig ist, in ein Blaugrau eintaucht, bleibt der Doktor in seiner Praxis, um auf die Lieferung zu warten, die um halb sieben kommen würde und deren Fahrer darauf aufmerksam gemacht worden war, dass den zweiten freien Platz auf der Rückfahrt der Landarzt einnehmen werde, der wünschte dabei zu sein, wenn es in der Prosektur losgehen würde.

Aber auch am Ort des Bezirksfestivals wird wie anderswo über alle Schritte bei der Obduktion genau Protokoll geführt, an deren Ende ein Gutachten zu den Todesursachen steht.

Und auch die Toilette des Leichnams ist genau vorgeschrieben.

Lieber Mitbruder,
noch eine Anmerkung. Gerade habe ich mein Protokoll durchgeblättert, und ich habe den Eindruck, es könnte durch Streichungen gewinnen. Ich denke, gerade dort, wo ich versucht habe, alle Umstände zu schildern. Wenn ich es jetzt betrachte, scheint mir, dass man mit Sicherheit nur das erfassen könnte, was die Direktion sagt. Das Einzige, was mir in diesen Zu-

sammenhängen in den Kopf kommt, ist die Vermutung, dass durch meine persönliche Sichtweise die Langwierigkeit dieser ganzen Sache betont wird, und das ist gut so.

Der Protokollführer

(1965)

Verräter

Der eine sitzt da und isst Brot mit Schnitzel, der andere läuft von der Tür zum Fenster und wieder vom Fenster zur Tür, zieht eine schauerliche Grimasse und sagt: – das ist alles Scheiße, ich habe hier einen Brief; ein Dritter blättert in Papieren, auf denen, wie es scheint, nichts geschrieben steht, doch er betont ständig, er würde lesen können, was er sich notiert habe. Es sind noch zwei weitere da, deren Gesicht ich nicht sehen kann, die mit dem Rücken zu mir sitzen, sie schauen aus dem Fenster und sind wahrscheinlich stark damit beschäftigt, etwas am Putz des gegenüberliegenden Hauses zu beobachten. Daraus ergibt sich, dass ich auf der entgegengesetzten Seite dieses länglichen Raumes sitze, wo bis zur Decke aufgetürmt Bücherregale stehen, wo jedoch – mit Ausnahme einiger in blaues Leinen gebundener Folianten – wahrscheinlich nie Bücher gelagert wurden. Seit ich hier sitze, bin ich eigentlich das erste Mal in einer Situation, in der ich Personen unterscheide. Bisher haben sie sich darüber amüsiert, an den Wänden entlang geflossen zu sein. Nun aber, da sie essen, hat es den Anschein, dass es jeder anders tut. Man könnte sogar behaupten, dass einer von ihnen geht, zwei aus dem Fenster schauen, ein Dritter in Papieren blättert und ein weiterer durch den Raum läuft. Die ganze Besprechung hat schon begonnen, lange bevor sie zum Essen gekommen sind, doch erst seitdem sie essen, verhandeln sie richtig. Ich denke auch, dass ich das vielleicht verschuldet habe, als ich versuchte, eine Flasche Mineralwasser zu öffnen, als ich mich nämlich über den Tisch beugte, legte ich den Metallverschluss der Flasche an der Kante an und schlug

mit der Faust darauf. In diesem seltsamen Blickwinkel und
bei diesem Zuschlagen erschienen sie mir zum ersten Mal
anders und zeitgleich, kaum dass ich zugeschlagen hatte,
sagte einer jenen Satz über den Brief und der Zweite, dass
er sich etwas notiert habe, und ich sah, wie die zwei, die aus
dem Fenster schauten, aßen – wenngleich sie mir den Rücken
zudrehten, konnte ich doch erkennen, dass sie sehr angestrengt aßen, denn ihre Schultern bewegten sich. Aus ihrem
Verhalten, sie verhalten sich so, als wäre ich da, kann ich
schließen, dass ich auch da bin ..., dies entsprach schließlich meiner Überzeugung, und ich schlussfolgerte, dass sich
die ganze Besprechung danach richtete, wie wohl wer in
welchem Moment irgendein unerwartetes Geräusch von sich
geben würde. Alle waren wohl – und das ist eine weitere
Behauptung – ebenso wie ich zur Besprechung geladen worden, d. h. als Verräter, gleichzeitig aber handelten alle so,
als sollten die Verräter irgendwie abgeurteilt, gekennzeich-
net und aufgeklebt werden. Wenn ich aufstehe und Brot mit
Schnitzel esse, sehe ich den an, der auf die Flasche Mineralwasser einschlägt, um sie zu öffnen, und ich betrachte ihn,
als sei er ein Beweismittel. Ich sage, ich habe einen Brief,
der klarer als die Sonne belegt, dass er ein Verräter sei, und
ich werde sagen, dass es mir nicht gefalle, wie die, die aus
dem Fenster schauen, ständig auf der Hut sind, um sich
rechtzeitig zurückzuziehen, wenn sie jemand fragen sollte,
was sie darüber denken. Ist das nicht eine Art, sich der Verantwortung für etwas Gesagtes zu entziehen, wenn ich aber
am Fenster sitze und den Putz am gegenüberliegenden Haus
betrachte und kaue, bis sich meine Schultern bewegen, so
tue ich das hauptsächlich deshalb, weil ich will, dass alle

sehen, wie ich einen Verräter, der hier um den Tisch herumläuft und verlauten lässt, dass er damals, als verraten wurde, in türkischer Gefangenschaft gewesen sei und dass es eigentlich auch körperlich gar nicht in seinen Kräften stand, den Verrat auszuführen ..., wie ich einen solchen Verräter verachte. Und wenn ich am Fenster neben dem sitze, der auch am Fenster sitzt und auf denselben Punkt auf dem Putz des gegenüberliegenden Hauses starrt und so tut, als schüttele es ihn vor Scham darüber, dass der Verräter da, der durch den Raum läuft und mit einem Brief wedelt, der seinen Aufenthalt in türkischer Gefangenschaft bestätigen soll, ein Verräter ist, wenn ich also am Fenster neben dem sitze, der auch am Fenster sitzt, so weiß ich, dass ich noch eine ganz kurze Weile da sitzen muss, die ausreicht, dass der neben mir endlich nervös wird und sich klar macht, dass er stehen muss, ich laufe um den Tisch und wedele mit einem Brief, der belegt, dass ich in türkischer Gefangenschaft war, immer mehr gelange ich zu der Überzeugung, dass die, die am Fenster sitzen, den Verdacht auf mich lenken wollen, weil sie wissen, dass der schriftliche Beweis meiner Unschuld, den ich in der Hand halte, sie der Tat überführen würde. Es ist doch mehr als selbstverständlich, dass, wenn man den Zeitraum auslassen würde, für den der Verräter ermittelt werden muss, d. h., wenn sich herausstellen würde, dass ich in diesem Zeitraum nicht der Verräter war, dann sie die Verräter sein mussten – gerade sie, denn in den Jahren, die nicht mir nachgewiesen werden können, hätte das auch kein anderer machen können. Mir ist auch klar, dass sie aus demselben Grund schweigen und dass sie durch dieses düstere Schweigen versuchen, diejenigen auf ihre Seite zu bekommen, die noch zögern, eine Flasche Mineralwasser öffnen, sich angeblich etwas in ihren Papieren vermerken, was sie sagen wollen, und die ständig zögern, denn wenn man von der Annahme ausgeht, dass der, der sich immer und allein verteidigt, notwendigerweise sämtliche Verdachtsmomente seiner Umgebung auf sich zieht, rechnet man auch damit, dass ich, der ich einer solchen Stille ausgesetzt bin, schließlich doch unterliege, und auch wenn ich von der Echtheit meines Briefes überzeugt bin, werde ich letztendlich trotzdem zugeben, dass ich nicht in türkischer Gefangenschaft war und dass ich die Kratzer aus meinem Bad habe, wo ich ausgerutscht bin. Ich weiß, dass es überhaupt das Beste wäre, stolz hier zu stehen und auf überhaupt nichts zu antworten, oder sich hinzulegen, eine Hand hinter dem Kopf zu positionieren (da müsste ich allerdings längere Beine haben als jetzt, damit die Position wirklich wie eine Warnung wirkt) und selbst Fragen zu stellen. Sie zu fragen, wo die Türkei liegt, wie viele Einwohner die Hauptstadt hat, wie viele Sultane u. Ä., doch immer genau und immer mit der zweiten, der freien Hand einen Wink zu geben und eine kaum sichtbare Kopfbewegung zu machen und alles, das alles, bis sich die Gelegenheit bietet, eine neue Flasche Mineralwasser zu öffnen, bis man beginnt, weitere Portionen auszugeben, die man, jedem von uns eine Portion – unterschiebt, eher aber (das weiß ich jetzt nicht genau) durch die einen Spaltbreit geöffnete Tür – die zu diesem Zweck einen Spaltbreit geöffnete Tür – durchschiebt. Und alles, das alles bis hierher und so lange, bis irgendeine Flasche wieder zu mir gerollt ist, wenn sie sie so austeilen, dass die eine oder andere über das Parkett bis auf die andere Seite des Raumes rollt …, oder so lange, bis die Portion so klein wird, wie es das absolute Minimum erlaubt, denn in jeder Portion, die nachfolgt, ist weniger Nahrung als in der Portion zuvor, somit werden wir allmählich und sehr wirksam in Richtung Entscheidung ausgehungert, was gut ist, denn bei jedem unvorhergesehenen Geräusch, das sich übrigens immer einstellt, nachdem man sich an eine gewisse Regelmäßigkeit gewöhnt hat, ändert sich die Verhandlungsordnung, und die Besprechung schlägt eine andere Richtung ein, was gut ist, vor allem, wenn die Flasche zu mir rollt und ich sie mit diesem Schlag öffne und wir wieder zu dem Verräter gelangen. Aber was ist, wenn es wieder bei mir beginnt!

(1965)

Aus dem Roman »Fragebogen«

Ich drohe ihnen damit, mich aufzuhängen. Oft stehe ich vom Abendessen mit meiner Familie auf, höre, wie hinter mir der Stuhl umkippt, sehe die besorgten Gesichter meiner Eltern, meine kleine Schwester feixt vor sich hin, und mein Vater ermahnt sie mit Stirnrunzeln ..., da bin ich jedoch schon im Salon (wie viele Male!), schiebe den runden Tisch an die Wand mit dem Bild der heiligen Familie, dann ein Rutschen um meine Taille, ein Druck auf die Ösen, die den Riemen halten, die Knöpfe des Hosenschlitzes aufgeknöpft, die Hosen rutschen mir langsam bis zu den Knöcheln hinunter, ich stecke den Rest des Gürtels durch die Riemenschnalle, stecke den Hals in die Schlinge, dann noch das Ende des Riemens am Nagel befestigen ..., Stille, die ich brauche, einen kurzen Moment der Stille, der nur selten länger ist als eine halbe Minute, ich muss zweimal durchatmen, ehe ich den Tisch wegstoße und ehe ein Knall ertönt, wegen dem meine Eltern jene Gespräche mit Herrn Lauermann führen müssen ..., während ich auf dem Boden liege und mir Putz und aus dem Loch von dem herausgerissenen Nagel auch zu Sand gewordener Mörtel ins Gesicht rieselt, während direkt unter mir der Fußboden unter dem Wummern des Besens bebt, mit dem irgendjemand von Lauermanns auf eine wiederholte Störung der Hausordnung verweist (ich habe schon den Briefträger gefragt, ob er nicht gemerkt hat, dass die Zimmerdecke der Lauermanns von solchen kleinen, kreisförmigen Löchern verbeult ist), ich höre bedächtig abgemessene Schritte; mein Vater, meine Mutter und meine Schwester kommen aus dem Salon und unterhalten sich gedämpft über irgendetwas, meine Schwester pfeift, und als sie im Halbkreis um mich herumstehen, legt mein Vater die Hand auf die Brust und schaut mich (kurz) an, dann richtet er seinen Blick auf das Loch von dem Nagel und prüft, um wie viel es sich vergrößert hat. Meine Mutter, die etwas nervös mit dem Handbesen auf die Kehrschaufel trommelt, hält beides hinter ihrem Rücken, sie schnaubt, beugt sich nieder und beginnt, alles zusammenzukehren, ohne mich mit irgendeiner Gerätschaft zu berühren. Bald ist es – mit Ausnahme des kreisrunden Ausschnitts, den ich mit meinem Körper beanspruche – sauber. Meine kleine Schwester starrt entgeistert auf meine ausgewaschene grüne Unterhose, die, da sie für meine Figur zu überdimensioniert ist, mein Glied durch das linke Hosenbein etwas herauslugen lässt. Wenn ich das Gefühl habe, dass sie ausreichend lange geschaut hat, presse ich meine Knie aneinander und diese wiederum an den Bauch, und meinem Schwesterchen tritt die Schamröte ins Gesicht. Auch das Klopfen unter mir hört auf. (Wenn das mit dem Besen Frau Lauermann gewesen ist, hat sie sicher auf einen Stuhl steigen müssen.) Ich schweige und versuche zu lächeln, meine Mutter bringt den Abfall hinaus. Meine Schwester sucht den Nagel, mein Vater sagt zu mir: Steh auf. Ich erhebe mich langsam, und als habe es erst diese Bewegung vermocht (das Erheben – übrigens nicht anstrengend), gelingt es mir, mein Lächeln zum rechten Schuldbewusstsein zu perfektionieren. – Kopf hoch, Junge, sagt mein Vater, und wenn ich tue, was er verlangt hat, löst sich relativ leicht die Schlinge, und er nimmt sie von meinem Hals. Meine Schwester, die den Nagel gefunden hat, reicht ihn meinem Vater. Er betrachtet den Nagel, bläst ihn ab, hält ihn gegen das Licht und zischt: auswechseln! Meine Mutter kommt zurück, in einer Hand einen Beutel mit Gips, in der anderen eine Porzellanschüssel mit Wasser, in der ein Löffel steckt. – Ich dumme Gans, das sagt sie immer, wenn sie jenes Gerät bringt und feststellt, dass sie vergessen hat, auch den – Saustall – aufzukehren, der an der Stelle verblieben ist, die ich vorher im Sitzen eingenommen hatte. Sie schluckt, gibt die Gerätschaften meiner Schwester – obwohl Eimer und Lappen diesmal überflüssig zu sein scheinen, weil ich – angesichts des relativ schnellen Verlaufs der Sache – weder eingepinkelt noch etwas Größeres unter mir hinterlassen habe. Meine Schwester und mein Vater (meine Schwester hat dem Vater die Gerätschaften gereicht, der Vater stellt sie auf den Tisch und nickt meiner Schwester zu, sie solle ihm helfen) treten zu mir und ziehen mir gemeinsam die Hosen aus. Während mein Vater den Riemen durch die Ösen zieht und auf mich einredet, ich solle ruhig stehen, knöpft mir meine Schwester den Hosenschlitz zu. Ich scharre mit dem Fuß. (Pferde.) Ich schlage die Augen nieder, damit mir die Wimpern Schatten vor dem Abglanz des widerspiegelnden Lichts spenden, das auf dem umgekippten Bild der Heiligen Familie glänzende Pfützen bildet und blendet. Eine in ein Tuch gehüllte Frau, ein bärtiger Mann mit einer Axt für ein Kind, ein Kind, das eine Traube festhält – nackt, wobei ihm ein Schurz, der selbsttätig in der Luft steht, die Scham verdeckt …, ringsherum Trauben, Lauben, um die sich wilder Wein rankt (Lianen), hinten wird es dunkel. (Oder es wird hell.) Doch der Rahmen des Bildes ist unbeschädigt. Die Heilige Familie ist das schwerste Bild im Haushalt, ein schwereres haben wir nicht. An seiner Stelle haben sich alle Bilder vom kleinsten bis zum größten abgewechselt, vom Porträt meiner Mutter als Schülerin und Blumenmädchen mit einer Schleife im Haar bis hin zu der Szene mit den Falknern und zur Anatomie des Dr. Tulp (geschrieben auf einem goldenem Plättchen). Jedes Mal tauschten sie den Nagel gegen einer immer größeren aus, gipsten in ein und hängten wieder ein anderes Bild auf. Meine Mutter bringt einen Eimer und einen Lappen und einen Nagel. – Für die Nacht solltest du nichts mehr essen, damit du ruhig schlafen kannst, bemerken alle mit kleinen Nuancen im Akzent und bringen mich ins Schlafzimmer. Du kannst ruhig das Licht brennen lassen, ich werde dir das Bett zurückschlagen (bietet meine Schwester an). Sei brav. Danke, antworte ich, ich bin euch sehr verbunden. Wenn sie gehen, mache ich kein Licht, sondern gehe auf Zehenspitzen zur Tür, ziehe den Schlüssel aus dem Schloss und beobachte durch das Schlüsselloch, was im Salon vor sich geht. Alle sind sehr beschäftigt. Mein Vater steht auf dem Tisch, es ist derselbe Tisch, den ich bis jetzt für meine Zwecke verwendet habe. Sie haben den Tisch zurück zur Wand geschoben, und nun steht mein Vater darauf und gipst den Nagel ein. Meine Mutter rührt, damit der Gips nicht aushärtet. Meine Schwester wischt. Der Nagel hält. Es ist wirklich ein fester Nagel. Ich bezweifle, dass sie wegen des Nagels ein noch größeres Bild kaufen als die Heilige Familie. Wie sie so fleißig am Werk sind, scheint es mir, dass sie heute schneller fertigwerden wollen als sonst, vermutlich, weil sie Angst haben, das Abendessen könnte völlig auskühlen. Ich lege mich schlafen, es ist Mittwoch.

(1966)

Identitätsfindung

In Wirklichkeit wollen sie nichts von mir, nur, dass ich mir die Tote anschaue, doch gerade das, dass es leicht ist, ihrem Wunsch nachzukommen, zwingt mich, auf der Hut zu sein. Angeblich wollen sie von mir auch nichts anderes, als ihre Identität zu ermitteln, dabei aber – wie sie mir unablässig Fragen stellen – haben sie nicht angeführt, mit wem die Tote identisch sein soll. Ich weiß, hätten sie es mir auch nur angedeutet, um welche meiner Bekannten es sich handelt, hätte ich alles getan, dass diese eigentlich peinliche Unterredung so schnell wie möglich ein für beide Seiten annehmbares Ende nimmt, ich würde sie sogar noch bitten, mich ins Nebenzimmer zu bringen und – wenn sie in einem Sarg liegt – den Sarg zu öffnen. So allerdings erscheint es mir unmöglich, ihnen entgegenzukommen, auch wenn sie ständig betonen, wie einfach die Sache sei und ich solle keine Angst haben. Ich aber, und ich muss das wirklich betonen, habe viel mehr Hunger als Angst, denn in der langen Zeit, die ich hier bin und in der man mich fragt, habe ich nichts zwischen die Zähne bekommen, und wenngleich ich mit den Zigaretten gespart habe – die hier sind Nichtraucher und haben es nur unwillig ertragen, dass ich rauche –, sind diese vor etwa fünf Stunden alle geworden, also habe ich jetzt nichts, womit ich das ständig wiederkehrende Hungergefühl etwas betäuben könnte. Nur am Rande – mit dem wiederkehrenden und sehr dringlichen Hungergefühl werde ich auch weniger widerstandsfähig gegenüber jener ebenfalls wiederkehrenden Anmerkung – nämlich, dass mir nicht mitgeteilt wurde, an wen die Tote erinnern soll. Ich habe mich schon zweimal bei dem Versuch ertappt, mir diese Frage selbst zu stellen – und zwar gerade zu einem solchen Thema. Das erste Mal passierte dies, als einer der Anwesenden, nachdem ich mir die erste (oder letzte?) Zigarette angezündet hatte, zum Lichtschacht ging und diesen öffnete – was, wenn ich mich nicht irre, immer dann passierte, wenn ich mir eine ansteckte. Es war zu hören, wie ich sagte: »Meine Herren, erlauben Sie, dass ich Ihnen eine Frage stelle?« Glücklicherweise schöpfte aber dieser Umstand, d. h., dass sie sich gegenseitig anschauten – nicht dass sie gegenseitig in dieser Form die Zustimmung für eine ähnliche Erlaubnis hätten einholen müssen, sie schauten sich nur so an –, den gerade benötigten Bruchteil einer Sekunde aus, dass ich mir vergegenwärtigte, dass ich mich nach etwas zu fragen anschickte, was im Widerspruch zu meinem Willen stand. Diese Erkenntnis ermöglichte es mir, dem vorherigen Satz folgenden anzuschließen: »Ich wollte nämlich fragen, ob ich nicht etwas zu essen bekommen könnte, zum Beispiel ein Sandwich – die damit verbundenen Auslagen werde ich natürlich selbst zahlen.« Die Antwort lautete, eine solche Möglichkeit sei sicher gegeben und man werde schauen, was man in dieser Richtung tun könne. Trotzdem entfernte sich niemand aus dem Raum, woraus ich schloss, dass man es nicht eilig hatte – und tatsächlich, auch jetzt, da ich wirklich vor Hunger nicht mehr richtig denken kann, erfüllen sie ihr Versprechen nicht. Sie gingen sogar auch bei einer meiner weiteren Bitten ähnlich vor, die ich einige Stunden später äußerte und die die mögliche Besorgung von Zigaretten betraf, und seien es die billigsten. Einer der Anwesenden stand zwar erneut auf und öffnete den Lichtschacht (das bedeutet, dass er ihn in der Zwischenzeit geschlossen hat?), was ich im ersten Moment als Versuch deutete, meiner Bitte nachzukommen, doch dabei blieb es dann auch. Auch diese Bitte wurde leider wieder von der Vorstellung befeuert, dass ich eigentlich wissen sollte, wem die Leiche glich, doch möglicherweise haben sie vor allem deshalb nichts zu essen bringen lassen, weil ich mich nicht konkret geäußert hatte, was ich denn essen wolle. Habe ich überhaupt gesagt, dass es ein Sandwich sein sollte? Vielleicht habe ich bei allem Überlegen vergessen, die Art zu spezifizieren, und nun warten sie eigentlich nur darauf, dass ich es genauer sage, und dass sie wahrscheinlich schon vorher geahnt haben, dass ich auch um Zigaretten bitten würde, und dass sie jetzt zwei Fliegen mit einer Klappe schlagen wollen. Doch sie stellen immer weiter Fragen; an ihnen, an denen, die mit mir in diesem Raum sind, ist überhaupt interessant, dass sie Dinge, die man mit einem Aussagesatz sagen könnte, in Form einer Frage formulieren. Zum Beispiel: »Was würden Sie sagen, wenn sie wirklich dick wäre?« Oder: »Und wenn sie wirklich regelrecht aufgedunsen wäre?« Bzw.: »Was würden Sie sagen, wenn man sie erst im Koffer richten müsste?« – Oder: »Und wenn sie glatte 137 Kilogramm wiegen würde?« In der Zeit, in der ich ihnen antworte, habe ich mich daran gewöhnt, dass die Antworten nicht halbherzig sein sollen, deshalb antworte ich entweder jawohl oder etwas vertrauter: ja.

(um 1966)

Damengambit
Il ritorno d'Ulisse in Patria
Dramma in musica

> Consorte io sono
> ma del perduto Ulisse
> né incantesimo
> o magie perurberan
> la fé, le voglie mie.
>
> *(Penelope in der gleichnamigen Oper von*
> *Claudio Monteverdi)*

Benda, heute ist es sieben Jahre her, dass du dich im Ambo der Cyrill-und-Method-Kirche erhängt hast. Ich bin etwa gegen halb elf vorbeigegangen, nein, da hast du nicht mehr dort gehangen, aber du hast immer auf mich eingeredet. Und wie es aussieht, lässt du dich nicht abwiegeln; du willst eine Antwort.

Ich habe mir Zeit gelassen, das gebe ich zu. Ich habe einfach absichtlich eine andere Arbeit verrichtet, um dich nicht zu hören, und erst heute habe ich den gleichen Einkauf gemacht wie du damals. Ich habe eine Wäscheleine, Gaze und Benzin gekauft. Und auch ein Buch – Die Probleme des Urbanismus. Das kennst du allerdings nicht, weil es ganz neu ist, es kostet 22 Kčs, geschrieben hat es der Diplomtechniker Hromádka.

Ich lese gern darin, ich verschlinge es.

Ich liege darin, so als läge ich auf meiner Z., das ist die Abkürzung für meine Frau, damit dir klar ist, dass ich in diesem Zusammenhang von meiner Frau spreche, d. h., dass ich verheiratet bin. Als du noch lebtest, war dem nicht so, doch kaum warst du gestorben, hat sie mich geheiratet. Sie hat mich geheiratet, sie hat es getan!

Und jetzt liebt sie Hromádka und löst die Probleme des Urbanismus. Sie streicht sich in dem Buch an, was ihr wichtig erscheint, und aus dem Band fallen Notizbögen heraus, auf denen mit der Schrift des Autors, der Schrift von Hromádka, noch Wichtigeres vermerkt ist.

Versteh doch, ich will ihm nicht Unrecht tun, schon deshalb nicht, weil Z. mir böse wäre und ich würde am Abend wieder leer ausgehen. Doch ich behaupte – und damit beruhige ich mich – dass dieser Dipl.-Tech. H. trotzdem ein Hinkefuß sein muss. Ich kam auf der Grundlage einer graphologischen Analyse darauf. Wer solche dahinfließenden Wellenlinien entwickelt und wer so aufrichtig von den »Bedürfnissen des Volkes« berichtet, der kann zumindest nicht anständig tanzen.

Ich sehe ihn im Saal, er beugt sich zu Z. hinunter, lehnt sich an sie und holpert dabei in die Musik, von der er überzeugt ist, mit ihr verwachsen zu sein.

Das genieße ich.

Doch gleichzeitig habe ich Angst, denn in diesem Holpern ist etwas Eigenwilliges, der Mut, die Grenzen in Z. (und in sich selbst) zu berühren, und wenn schon nichts anderes, dann im Feuer, das aufflammt, zumindest die Glatze rot werden zu lassen.

Alles geschieht anders.

Die Straße nach L. ist anfangs trocken, die Herbstsonne herbstlich sonnig, ich freue mich noch, ich steige in den Kombi, wir fahren, ich schaue ins Gesicht meiner Z. – lang, fast ägyptisch, das Auto gleitet wie ein Boot, doch da ist ein Umleitungspfeil und dahinter eine Straße, angeblich der III. Kategorie – im Wald Nebel, Feuchtigkeit und Matsch von den angrenzenden Weiden.

Und noch das Gesicht der Anführerin der Herde, auch Kühe haben Gesichter, in der Kurve, nein, beim Verlassen der Kurve. Ich trat auf die Bremse, mein Bein fuhr von selbst hinab, doch die Bewegung war zu abrupt, die Oberfläche der Fahrbahn aus Seife, und so habe ich die Scheckige förmlich weggeblasen.

Die Herde umringte uns. Muhend und schnaufend. Kuhaugen, groß und sonst weise, schauten durch das Glas, und ihre Nähe und Zahl – brrr!

Meine Frau begann zu weinen. Ein Diabolos hinkte zu uns heran. Ein Krüppel, den Fuß in einem Schuh steckend, der aussah wie ein Schneiderbock ... und wie er sich beeilte heranzukommen, sah es aus, als fahre er Roller.

Er riss die Tür zu mir auf, griff mich am Sakkokragen und brüllte: Du Idiot, du hast meine Kuh getötet!

Er zog mich aus dem Wagen. Atmete mir ins Gesicht; ein weißer Zweitagebart stellte sich mir entgegen, die spitzen Gelenke seiner Finger spürte ich an meinem Kehlkopf. Ich wollte mich frei machen, doch ich habe nicht geahnt, dass ich ihn so leicht abschütteln würde. Er fuhr seiner Scheckigen in die Beine, und als würde er auf einmal alles vergessen, schmiegte er sich an ihren Körper und begann, sie zu streicheln:

»Na komm, meine Alte, hörst du, alles wird wieder gut, hörst du mich, es wird wieder gut«, obwohl die Beine des Tieres schon steif wurden.

Da lief noch ein Hund aus dem Nebel herbei und stürzte sich auf mich, aber es war nur ein Mischling.

Der Hüter war inzwischen aufgestanden und fragte mir nichts, dir nichts, was wir nun machen.

Ich versuchte, den Motor anzulassen oder den Wagen aus dem Graben zu schieben, doch schließlich kehrten wir gemeinsam ins Dorf zurück.

Z. weinte immer noch, sie wischte mir mit einem Taschentusch das Blut von den Augenbrauen, bis ich endlich meine Wunde bemerkte (im Rückspiegel) – und ich bemerkte auch die Tränen meiner Frau, kalt und wütend. Sie war sauer, dass wir nicht ans Ziel gelangten! Verstehst du?

In der Nacht machte sie als Strafe für mich das Fenster auf (wir schliefen im Dorf, ausgesöhnt mit dem Hinkebein, in seiner Hütte), sogleich kamen viele Nachtfalter geflogen, vor denen ich mich ekele, und ich musste sie erschlagen. Das waren Schwärmer mit einem Totenkopf auf den Flügeln. Sechs von ihnen lagen am Morgen neben dem Bett auf dem Fußboden. Aber einen hatte ich in den Haaren, ich ertastete ihn mit der Hand, als ich erwachte.

In L. kamen wir erst gegen zehn an, und etwa zu dieser Zeit begegnete ich auch in der Rezeption des dortigen Hotels Družba (Sanssouci) Hrn. Hromádka.

Am Nachmittag kaufte ich mir seine *Probleme des Urbanismus.*

Und am Abend brach dann das erste Gespräch mit Z. los. Dann folgten vulkanartig weitere, bis ihre Lava zu Melasse wurde und wir beide zu Dummköpfen, die darin ertranken. Doch schon bei diesem ersten Gespräch habe ich gesagt:

»Liebling, das, was er dir sagt (ich wusste noch nicht, wie ich ihn nennen sollte, und ich war nicht bereit, ihn als Subjekt im Satz zu verwenden) …, kann ich dir auch erzählen, und wenn du willst, kann ich das vorher verschriftstellern …, verstehst du, *vorher*, damit du ein Rezept hast für die Marmelade seiner Seele!«

Z. lachte, verlegen und dabei leidend, und ich begriff, dass mich dieses Angebot in ihren Augen sinken ließ, doch ich verstand auch, dass ich die Wahrheit sagte und dass ich das alles tatsächlich konnte, dass ich seinen Schreibstil konnte, seine Sprache, sein Bildmaterial, all das Laub, das er mit kleinen Rechen zu Haufen zusammenkehrte, auf den Scheiterhaufen, von dem aus er dann unter der Möse meiner Z. Feuer machte.

Wie er sie schon anspricht!

Allein die Anrede!

Sie muss sich von meiner unterscheiden, und ich habe ihm schon längst alle anständigen vorrätigen Varianten gestohlen.

Es bleiben nur die verrücktesten aller Verkleinerungsformen! Und da er zu den Menschen gehört (also er!), für die Fühlen eine gewisse Art von Ritual ist, wird er inversiv schreiben:

Meine uška!

und er wird hinzufügen:

ich sitze hier und denke an dich …

und dann:

ich habe mich nicht einmal von dir verabschiedet, und jetzt werfe ich mir das vor …

und schließlich:

wie lange wirst du dort sein? Eine Woche? Glaube mir, ich werde die Minuten zählen, ich werde beten, dass man zwischen uns keine Mauer errichtet.

So wird sein Brief beginnen, und mit der Mauer werde ich gemeint sein.

Und ich werde mich ihm wirklich entgegenstellen. Kaum dass er dies fertiggeschrieben hatte, wurde ich zu der Mauer, die er dachte. Ich werde die Uška umzingeln, sie greifen – und mit ihr fortfahren.

»Wir fahren, Liebling«, sage ich zu ihr, »raus, dort sind nur noch wir beide, wir werden uns aneinander gewöhnen, doch ich bin glücklich, dass du so *zimmerrein* bist (dass ich dich … dass ich dich immer noch ficke …!)!«

Ach, Benda, denk nur nicht, dass mich das erregt, solchen Dipl.-Tech. wie Hromádka nachzuspionieren. Sein Stil ist sehr durchschnittlich, seine Gefühle sind so echt, dass sie nur noch langweilen. Er kann von den Sternen sprechen, vom Inneren und vom Glück, und was er schreibt, das fühlt er gleichzeitig auch.

Doch eben diese geradlinige Grimmigkeit verleiht ihm eine Kraft, der ich nur schwer etwas entgegenzusetzen habe. Ich werde ihm die Uška weit weg entführen! – in den Park. An den wirst du dich sicher noch gut erinnern, wir sind hier über den Teich gefahren und haben uns mit Fernet betrunken.

Ich sage zu ihr: – Meine Liebe, wenn *wir* nun mal schon diesen Schlamassel *haben*, dann fahren wir weg, dort werden wir zusammen sein (in diesem *Weg*), wir werden Zeit füreinander haben, zwischen uns wird sich alles klären, du wirst sehen. Doch dann habe ich die Idee, sie in unser Betriebsferienheim zu bringen.

Jetzt im Winter, Ben! Den Teich hat man abgelassen, es liegt Schnee darin, und die kleine Insel in der Mitte ist zum Hügel geworden. Dorthin führe ich die Uška durch den verschneiten Tag, ich spreche zu ihr, und von meinem Mund steigen kleine Dampffähnchen auf – doch sie, eingehüllt in ihren grauen Wintermantel, in dem sie immer irgendwie zu einer Schachtel wird, stolpert neben mir her, unberührt von dem, was ich ihr sage und was wohl die Wahrheit ist, denn von innen ist da: Angst.

Virgo intacta! Auch ihre Spuren haben sich verloren. Ich stierte vom Hang hinab: Meine Fußstapfen bildeten eine Zickzackspur vom Ufer bis zur Spitze des Hügels und zurück, doch daneben ist nur ein Streifen, so als ob ein kleiner gefiederter Freund hinter mir hergestiefelt wäre.

Erst jetzt, wo er hier oben seine Flügel ausbreitet, wird er zornig und gibt mir zu verstehen, dass er ein Greifvogel ist. Er sagt einen Satz, den ihr der Dipl.-Tech. erst im sechsten, wenn nicht gar erst im neunten Brief schreiben wird.

»Wenn wir da mit dringehangen haben, dann zusammen!«

Hörst du diese Doppeldeutigkeit, Ben? Die Uška beruhigt mich damit und sich selbst wirft sie das vor. Sie hat noch Angst vor ihrer Möse. Sie weiß, dass ich noch dort bin …, vielleicht nur noch so wie der Gartenzwerg, der auf der Seite liegt und Pfeife raucht.

Deshalb kann ich auch mit einer solch stoischen Ruhe ihr inneres Ringen beobachten. Uška bekommt es. Ich weiß, wo es sich verschlungen hat. – Ganz ruhig, meine Dame, sagt der Zwerg, Sie haben schon einen solchen Druck auf der Brust und in den Haaren so was wie Akne.

Ich sage – nimm ein Croissant (da sind wir schon im Speisesaal, und man trägt das Frühstück auf). Ich drehe das Brotkörbchen zu Z. hin, und sie nagt an einem Hörnchen, ich höre dieses nagende Geräusch, mich beginnt das Zermalmen des unschuldigen Essens anzuekeln, aber ich habe das absichtlich so gemacht, damit es mich anzuekeln beginnt, und auch, damit sie sich ihren schon lockeren oberen Zahn ausbeißt.

»Ich habe wirklich nicht mit ihm geschlafen«, sagt Uška.

Und der Zwerg sagt:

– Ja, es sei denn, ich habe gepennt. Und auf seinen Wunsch, seine Anordnung – knusper, knusper! In der Uška knirscht es, und mich – und auch die Welt – gähnt das tote Loch von Zahn Nr. 2, oben links, an.

Ich merke, wie diese kleine Veränderung einen Menschen hässlich machen kann. Die Uška weiß das wahrscheinlich auch, sie ist ganz fleckig durch den roten Grieß ihrer nervösen Röte.

Na sieh einer an, sie flieht. Den Zahn in der Hand.

Der Zwerg ist froh, dass ihm heute alles so gut gelingt.

Doch dann schaut er aus dem Fenster auf den verschneiten Grund des ausgelassenen Teiches und sagt dir, Benda, der Zwerg ist mitteilsam, du mögest mich an den Haaren festhalten, so wie damals, als ich hier fast ertrunken wäre; nicht an dieser permonischen Tschapka, die ich jetzt trage und die mir ständig herunterrutscht.

… Da war der Teich noch bis zum Rand gefüllt, über der Wasseroberfläche stand der Mond (doch schon hingewendet zu den Fröschen und zum Schilf auf der anderen Seite), ich schwamm, Ben, auf dein Boot zu, du hast drin gesessen und aus einer Flasche getrunken, damit wir richtig besoffen wurden. Beide wollten wir aus welchem Grunde auch immer zu der Insel, doch als ich bis in die Mitte des Teiches geschwommen war, spürte ich, dass ich fürchterlich auskühlte.

Ich war sofort nüchtern. Ich drosselte das Tempo und begann zu rufen. Ich rief um Hilfe. Mich berührte Schleim, wie mit Fingern, sodass ich dachte, ich müsse in diesem Moment tot sein! Aber warum jetzt und warum gerade hier?

Du hast mich an den Haaren gepackt.

»Das war Seetang«, sagte ich.

»Quatsch«, sagtest du, »so tief unten!«

Du gabst mir einen Schluck.

»Was war es dann?«

»Ein Fisch.«

»Höchstens ein hirnrissiger.«

»Oder ein toter!«

Ich nahm noch einen Schluck, und mir war zum Lachen zumute.

»Klar, ein Fisch.«

Der Fernet lief mir über das Kinn auf den Hals und die Brust.

»Den hat der Schlag getroffen, er hat sich gerade auf den Bauch gedreht und der Schlag hat ihn getroffen, es zog ihn an die Oberfläche, und gerade in diesem Moment bin ich dort aufgetaucht!«

Wir machten die Flasche leer.

Auch die müsste irgendwo hier sein, wir haben sie auf den Grund geworfen. Auf den mit Schnee gezuckerten …

Von dem aus ich mit der Uška (*de profundis*) in die Federbetten des Zimmers Nummer 106 zurückkehre, zurück auf die Oberfläche (d. h. von Uška zu Uška), die mich bedauert, die mich durchschneidet und sich dann wundert, besonders hässlich mit der Zahnlücke, mit wem da eigentlich verkehrt wurde.

Sie vergräbt ihren Kopf in den Kissen, und nach einem mutigen Moment, in dem sie sich mutig in den Kopf setzt, sich abzuwenden, damit ich nicht sehe, dass sie gekommen war und dass wir gemeinsam ihren Dipl.-Tech. betrogen haben, wird sie sagen, dass sie mich *sehr* liebt.

Und das ist nur noch ein kleiner Schritt zu dem Satz, dass sie mich sehr schätzt.

Dieser, lieber Benda, steht jedoch in dem dritten Brief des Dipl.-Tech.; dort steht etwas von *H.s Frau*!

»Ich schätze Rotkäppchen«, schreibt er, denn der Ton, den er bei den Erwähnungen meiner Frau verwendet, ist derselbe, wie wenn ich meinem Sohn dieses Märchen erzähle. Ich schätze *Rotkäppchen*, es ist mutig und weise. Doch das Wesentliche, das *meine Uška*, fehlt. Ich kann nicht über meine Gefühle sprechen und schon gar nicht darüber schreiben, doch tatsächliche Tiefe in einem Menschen entdecke ich erst jetzt – mit dir, verstehst du? Deshalb will ich dich ganz *haben*!

Ben, er schreibt wirklich so!

Was soll ich nur mit ihm machen?

Es kommt mir vor, als ob er geheime Umrechnungstabellen in der Hand hätte, und kaum melde ich irgendeinen Wert, antwortet er mir mit einem anderen, ausgedrückt in einem anderen, einfacheren Code. Erst dann zielt er, doch im Unterschied zu mir: jeder Schuss – ein Treffer.

Alles gelingt ihm. Er hat mir Amarant geschickt. Von der Stelle, an der mich damals der Fisch gebissen hat, bin ich über die Federbetten des Zimmers Nr. 106 bis zu jenem Ing. Laskavovec zurückgekehrt, der schon die zweite Woche im Speisesaal sitzt, weil er »bei allem dabei sein muss«.

Das hast du über ihn gesagt, und du konntest ihn nicht leiden.

Aber ich bin ihm dankbar. Ich bin froh, dass er hier ist und dass ich in ihm einen Zeugen habe. Sogar das eklige Gefühl ist aus mir gewichen, zu dem unser studentisches Zusammensein mutiert war (wir borgten uns gegenseitig unsere Mäntel und sehnten uns danach, sonnige Städte zu projektieren). Heute bin ich arm, ich hänge an seinem Mund und warte, bis ich von meinen Magengeschwüren wenigstens zu einer meiner Geschichten waten, mich allein an sie erinnern kann, ich hätte Angst, dass ich mir alles ausdenken könnte.

Amarant neigt sich über den Tisch:

»Hör mal, ist deine Z. nicht irgendwie krank?«

»Sie ist richtig krank.«

»Sie pennt, was?«

»Sie hat sich hingelegt.«

»Das ist gut.«

»Warum?«

»Na, ich habe mich«, so Amarant, der Erlöser, »ich habe mich gerade an die kleine Möse aus Chlumec erinnert.«

»Das ist doch schon ewig her«, schäme ich mich dankbar.

»Aber hübsch war sie doch, oder?«

»Wunderschön – eine juicy cunt!«

»Dass du auch immer etwas extra haben musst.«

Ich lache:

»Das ist ein terminus technicus, wenn du sagen würdest saftig, dann sagt das nicht alles. Stani hatte eine mit Grapefruitgeschmack.«

»Dann sag doch gleich ungewaschen.«

»Mit Juicegeschmack war sie, sag ich. Ein solches Mädel hatte ich mein Leben lang noch nie.«

»Ich habe dich um sie beneidet.«

»Ich habe *mich* um sie beneidet, Amarant! Ich war keine fehlerlose Schönheit gewohnt. Stani war absolut frisch, dass du sie angerochen hättest. Sie mochte sich aufrichtig am liebsten. Sie liebte ihre Haut und – die Titten, die ganz besonders, sie berührte sie, als wenn ein Kerl sie anfassen würde.«

»Herrgott, nur weiter so«, sagt Amarant, »seit wann gehst du ins Detail, bist du weise geworden?«

»Ich bin dümmer geworden, aber es geht mir besser damit.«

»Es hört sich besser an – besser als all dieses Gedöns.«

Ich frage ihn welches.

»Deine aus dem Arsch gezogenen Weisheiten«, sagt er, »er hat gelogen, gestohlen und gehangen! Das Gequatsche von Kunst, von Wahrheit usw. Aber wir werden uns *jetzt* nicht streiten.«

»Ich bin wie ein Böckchen«, gebe ich zu, und ein Gedanke zuckt mir durch den Kopf – irgendeiner; denn er hat mir mit diesem kleinen Wörtchen *jetzt* die Tür zu seinem Souterrain geöffnet, und ich als echter Desperado zuckele artig hinter ihm her, dort hinunter.

»*Er hat gehangen, dass er nicht gelogen und nicht gestohlen hat*«, lache ich.

»Also mit dieser Stani«, beginnt er wieder, um mich zu belohnen, »das war wahr. Na, und wie sie hinter dir in den zweiten Stock hinaufgelaufen ist.«

»Sie hatte Angst, der Pförtner könne sie erkennen.«

»Chlumec ist ein Loch.«

»Sie hatte Angst, dass er das ihrem Vater steckt.«

»Sie kroch übers Dach der Garagen nebenan.«

»Ja, und ich stand am Fenster am Ende des Ganges und schaute sie an und hatte Angst – ich konnte immer noch nicht glauben, dass sie das nur meinetwegen macht.«

»Das will mir als Einziges nicht in den Kopf. Entweder war sie verrückt, oder«, zögerte Amarant etwas weicher, »oder du hast einer Jungfrau den Kopf verdreht!«

»IHRE LIPPEN BERÜHRTEN SICH«, sage ich in Versalia.

»Du Sau«, antwortet er, doch es ist eher ein Streicheln, »und zu mir hast du diesen armen Benda getrieben, die gesamte Inspektion über hat er bei mir auf dem Zustellbett zugebracht. Und er musste um ein eigenes Bad betteln.«

»Ihm hat Stani ausnehmend gut gefallen. Am Abend kam er immer mit einem Karton belegter Brote und sagte: – mein Gott, die ist dir aber gelungen, darf ich sie küssen? Und dann hat er sie geküsst …«

»Und du hast ihn rausgeschmissen …«

»Er ist von selbst abgehauen.«

»So ein verdammter Teufel.«

Dazu schweige ich … und Amarant fügt hinzu:

»Der wird teuer.«

Dann fragt er, wohin ich das Geld gestopft habe, das er mir damals zusammen mit Benda geliehen hat.

»Ich habe alles ausgegeben«, sage ich zu ihm, und es stimmt.

Doch das meiste davon war sowieso deins, Benda. Dafür hast du dir Läuterungsküsse gekauft.

Ich wollte es dir sagen, doch dir entflammen bei einer Erwähnung von Fräulein Stani immer so die Augen, dass ich lieber schwieg.

Aber auch ich war damals reingefallen, ich habe überhaupt nicht erkannt, dass Stani eine Nutte war, sie war mir dafür zu klein und ihr Vater wiederum ein zu hohes Tier. Er bewirtete uns, führte uns durch die Fabrik, sagte »mein Betrieb« und malte mit ausschweifenden Bewegungen auf der Kreiskarte (»mein Kreis«) Quadrate von vier Betriebshallen, die wir, darin sah er die Berufung der »jüngsten Schicht«, aus seinem Kopf auf ein Reißbrett übertragen sollten.

»Mein Gott, ist das ein Ochse«, sagte sie von ihm.

Es rutschte ihr so zwischen den Zähnen raus, es zischte und ich nahm sie, nicht gewohnt an eine so verschrobene Meinung über die Mitglieder des eigenen Clans, *väterlich* bei der Hand und fragte, was er getan habe.

Sie sagte:

»Wenn ich ihn sehe, muss ich kotzen.«

Dann ging sie, während wir, obligatorisch aufmerksam, das Gefasel ihres Vaters anhörten. Auch er blickte der Tochter hinterher, für einen Moment nicht, und dann schaute er drein wie ein Garderobier, dem es nicht erlaubt war, einen Mantel zu halten.

Er sah seine Stani etwa einmal pro Jahr, wenn sie ihm, vollgepfropft mit peinlichen Details ehelicher Intimitäten, für ein paar Tage seine damalige Frau borgte.

»Weißt du, was mich an ihm am meisten nervt?«
???
»Dass er so fleißig ist.«
Stani stand da mit einer Zigarette, angelehnt an eine Tafel, die mit den Verpflichtungen der Werktätigen prahlte (wie wir heute arbeiten, werden wir morgen leben), sie stand dort wütend schön, während ihr Vater auf dem großen Foto aus der Hand eines dicken Oberfunktionärs ein Etui mit irgendeinem Orden entgegennahm.

»Du gefällst mir sehr«, sage ich.
Und sie: »Solche gibt's haufenweise.«
»Ich meine es ernst«, sage ich.
»Das kommt darauf an.«
Ich frage, worauf es ankommen soll.
»Ich gehe doch nicht einfach nur so mit jemandem.«
»Und sagt denn jemand nur so?«
Jetzt allerdings zeigt Stani Interesse und verzieht ihren Mund zu einem Lächeln, auf das sie normalerweise im Schlaf geküsst wird.

Da liebe ich sie schon, doch erst in diesem Moment schießt es mir durch den Kopf, dass ich mit einer Nutte rede. Ich schweige. Ich habe Angst vor einer Ohrfeige, wenn ich mir einen Schnitzer leiste. Und gleichzeitig spüre ich die Welle da unten, heiß und kalt – und wie sie sich abwechselt.

»Wie viel also?«, höre ich mich sprechen.
»Dafür bist du zu schwach.«
Ich schlage drei vor. Stani lacht. Dann atme ich die Luft ein, bis es mir an der Nasenwurzel brennt, es zieht mir ins Gehirn und scheuert, mir kommen dir Tränen. Ich bin recht nüchtern, und dabei über der Erde, ganz leicht, glänzend wie ein Dural.

»Dann also für fünf«, sage ich und habe den Eindruck, dass es hart klingt.

Das war am Sonntag; und als der Pförtner rief, wo die junge Frau sei, nahm sie den Weg übers Dach, und ich habe mir von dir fünfhundert geborgt. Sie blieb bei mir und rief ihren Vater an, sie sei schon zu Hause bei ihrer Mutter. Amarant borgte mir etwas und dann Kotyza und schließlich, Ben, als ich mich bei einer Sitzung im Amt beklagte, ich sei schon ganz schön blank, auch noch ihr Vater. Und ich, auch wenn ich stotterte und ein Brimborium machte, nahm die Summe und brachte sie Stani, die lachte und mich küsste:
– Mensch, das ist vielleicht ein Treffer! So viel Knete, da freu ich mich drüber, dafür kriegst du's umsonst!

Und sie hielt Wort.

Der Gott Mars hatte sie mir geschickt, dieser rote Planet, sie gab mir meine juicy cunt, die entflammbare Stani, die Einzige, die ich noch wollte.

Vielleicht deshalb, Ben, du Einziger, bist immer noch hier erkennbar, während die Uška nur so lange auf der Welt ist, wie ich sie sehe, wenn ich die Augen schließe, wage ich nicht einmal, sie zu ahnen.

Dafür aber habe ich Träume – und notiere sie mir.

Der Großschläfer, den du sogar um die Fähigkeit beneidet hast, einen Hagelschlag zu verschlafen, notiert seine Träume! Und vor allem den einzigen, der sich immer wiederholt. Ich spiele darin einen glücklichen Bräutigam:

Ich wohne wieder bei den Ládrs in der Straße Na Hojnosti, in einem gelben Mietshaus aus den zwanziger Jahren und verabschiede mich von meiner Familie.

Ein bewegender Moment, ich verabschiede mich von Uška.

Ich sage zu ihr: – ich liebe dich sehr, aber heiraten *muss ich*. Beide fragen wir uns dann, warum. Ich bitte sie um ein schriftliches Dokument. Ich möchte kurz gesagt von ihr eine Bestätigung, und sie weint. Aber sie gibt sie mir. Sie schreibt sie auf ein Stück Stoff – auf einen Raglan-Mantel. Mit Kugelschreiber, somit schimmert der Text durch, wenn ich den Mantel gegen das Licht halte. Trotzdem wage ich nicht zu lesen. Die Gesichter meiner – wahrscheinlich – Verwandten sind Blasen in einem Teig, trotzdem spüre ich darin Zustimmung zu dem, was vor sich geht.

Und wiederum der Einzige, der zu erkennen ist, bist du, Benda. Du sagst mir, ich solle hinmachen, es sei Zeit. Die Verwandtschaft sagt: – hört ihr nicht das Hupen? Die Hupen gelten mir. Beeil dich, sagst du, und ich gehe zu Uška (sie hat jedoch kein Gesicht!), ich küsse sie unter Tränen, und das Auto unten ist voller Blumen. Auf dem Dach Kränze, nach oben angeordnet. Kränze auf der Motorhaube, Kränze an den Seiten und drin ein Haufen Menschen und auch eine Frau, schwanger und fürchterlich muskulös, mit herunterhängenden Wangenlappen, die Haare splissig in die Stirn fallend. Ich wage mich nicht hinein – dort sind etwa zwanzig Leute, du weist mich an, mich neben die Frau zu setzen. Du schlägst die Tür zu und rufst: – yeah! – und läufst neben dem Auto her, Zügel in der Hand, uns zieht ein Apfelschimmel, während die Dicke, die uns wohl trauen soll, mir die ganze Fahrt lang zwischen die Beine greift und dort herumhantiert.

Dann steigen wir die Treppe zu einer Marmortür hinauf, und kaum hat sie sich geöffnet, kommen ein Raum zwei mal zwei Meter und die Aufschrift III. Preisklasse zum Vorschein. Dort befinden sich Kleiderständer, ich trinke Kaffee und verdecke mit dem bekritzelten Mantel, dass es mir die Braut doch besorgt hatte.

Du aber sagst, dass sich das wieder einrenkt.

»Alles renkt sich wieder ein«, sagst du zu mir, Benda, »doch erst mit der Zeit.«

Dann bin ich munter, ich öffne die Augen und stelle so die Uška wieder ins Licht. Ich schaue sie an, wie sie hier liegt, und wiederum ist sie lebendig. Und ich amüsiere mich darüber, dass ich es mir diesmal selbst »besorgt« habe. Ich lasse die Spuren austrocknen, krieche aus dem Bett, krame im Zimmer herum – und mache der Uška Lärm:

»Und weißt du denn«, sage ich, als sie, durch mein Herumkramen geweckt, zwinkert, »warum dir dieses Croissant den Zahn ausgebrochen hat?«

Sie zieht die Augenbrauen hoch; sie versteht mich nicht und öffnet unwillkürlich die Einöde ihres Mundes.

»Um dich«, sage ich, »nicht *ganz* haben zu können!« (Und wieder läuft es!)

Um neun Uhr trete ich Schnee; ich laufe mit Uškas Koffer den Hügel hinauf.

Dort auf dem Weg, wo die Allee der Lindenbaumstümpfe beginnt, haben sie in der Lederboutique eine Handtasche. Die Linden sind vernichtet, verkrüppelt, abgesäbelt, sie haben sie mit Säge und Axt bearbeitet, doch die Handtasche ist aus Schlangenhaut und kostet fünfhundert, wie die Nummer bei Stani.

Ich lege die Knete auf den Tisch.

Und wie ich nun gleich in allem irgendeine Bedeutung sehe, scheint es mir, dass das Schmiergeld ist, kurz gesagt:

Sprunggeld, und ich könnte schwören, dass sich die Handtasche wieder in eine Schlange verwandelt.

Am Ende der Baumstümpfe bin ich mir dessen sicher.

Dipl.-Tech. Hromádka formuliert seinen zwölften Brief.

– Ich bin ein anderer Mensch, schreibt er darin, noch als Konzept – wie die erfrorene Echse, als würde sie nach Tausenden von Jahren wieder lebendig werden!

Gerade kamen wir an einer Fleischerei und dann an einer Gerberei vorbei: Bis zum Kiosk kannte ich nur das Konzept. Erst im Park am Abfallkorb erschloss sich mir der vollständige Wortlaut:

»– meineUšenka

(das war inbrünstig)

– das ist das größte Ereignis in meinem Leben. Und überhaupt nicht der Versuch, den Problemen zu Hause zu entfliehen. Glaube mir, ich achte Rotkäppchen, doch du bist gekommen und ich hatte das Glück! Ich bin ein anderer Mensch. Wie die Echse, die vor Jahrtausenden erfroren ist …, jetzt scheint sie wieder lebendig zu werden. Das alles durch dein Licht! Deine Liebe – ist für mich ein Geschenk. Befiehl mir, ich werde alles tun, um dich zu verdienen.

Liebe diese Echse! Liebe sie, sie ist dein.

Tschüss!«

Da stiegen wir schon ein, und ich half Uška auf den Treppen.

Damals hielt ich ihre Hand in der meinen und sagte bittend:

»Ušenka!«

Sie blieb stehen.

»Uška«, wiederholte ich *ihr Rufzeichen*, »ich bitte dich, mach keinen Quatsch!«

Ihre großen Augen weiteten sich noch mehr. Wahrscheinlich versuchte sie, in meine zu blicken oder nett zu mir zu sein, und wahrscheinlich verstand sie, wie schlecht es mir ging.

Doch der Bus fuhr los, und die Echse schrieb dazu: – ich freue mich so sehr auf Montag, weil wir uns gleich früh sehen.

Benda, ehe wir unsere F 4/2 gefunden haben, deine Grabstelle, lagst du im Leichenschauhaus. Und die, die dich gesehen haben, beschrieben den anderen das verbrannte Fleisch. Ich hatte keinen Mut, mir das anzuschauen. Ich wollte auch nicht am Grab sprechen, vor allem als man mir sagte, ich müsse den Eingang für die Trauerredner nehmen. Ich sah hinter diesem blau-silbernen Vorhang das A bis Z des Bestatterhandwerks, ganz selbstverständlich und alles Mögliche, wie Hobel in der Tischlerei.

Drei für später vorbereitete Särge und dann einen Mann, der an einer Wurst kaute, eine Frau, die aus Magnetbuchstaben den Namen des nächsten Passagiers baute.

Irgendjemand sagte zu mir: – Sie haben ihn noch nicht gesehen, aber dann schnell, um Viertel fangen wir an.

»Danke«, log ich, »ich bin schon hier gewesen.«

»Dann mache ich ihn zu«, sagte der Mann mit der Wurst, und Špilar trat ein (er hielt für die Leitung die Rede).

»Traurig, was«, sagte er zu mir.

Und ich sagte zu mir – mit diesem Schwachkopf will Gott mich strafen!

Das Defilee begann.

Du wurdest getragen von Písecký, Amarant, Škára und Kotyza. Dein Sohn war da, doch er nahm nichts wahr, irgendeine Frau streichelte ihm durchs Haar, ihm gefiel das

Pluviale des Pfarrers, in dessen Quasten er gerade so hineingewachsen war.

Und es waren dort alle Frauen deines Lebens – und alle weinten.

Alle aus unserer Branche waren dort, alle anständigen Architekten, und langsam gewöhnten sie sich an den Geruch von Friedhof, denn es begann die Zeit der Selbstmörder.

Špilar kletterte auf die Grabfaschine und fragte dich gleich, was du uns da angetan hast – du, Benda, ein ausgezeichneter Mitarbeiter!

Ich schaute auf den Priester, und es war Velebil, *unser Pater Velebil*, doch er hielt seine schwarze Mappe irgendwie unbestimmt und gleichgültig, er zuckte erst, als er irrtümlich das Totenglöckchen läutete.

Auch Špilar schaute zur Friedhofskapelle auf und dann zu mir herüber, so als hätte ich geläutet. Peinlich, eine Weile wartete man, doch als es immer noch läutete, verneigte sich Špilar verlegen, nahm eine Handvoll Erde und bewarf dich damit.

Als ich nach oben kletterte, vergaß ich das Papier mit der Ansprache in der Hosentasche, und es war mir zu dumm, danach zu suchen. Die Glocke läutete immer noch. Doch sie übertönte mich nicht. Die Pfötchen des Sarges griffen in die Erde, und auf einmal waren es die Pfoten einer großen Sphinx, sie blickte unverwandt gen Westen, d. h. zu den Kojen des Kolumbariums. Sie schwieg mit einem Schweigen, das ich erraten soll, wenn ich recht haben will. Sie schwieg, die Wahrheit. Und ich hatte Angst. Ich bekam einen trockenen Hals, ich erzählte etwas von meiner Angst. Und ich redete, bis mich der Gesang des Pfarrers erlöste, Velebil begann mit dem Lied »Aus der Tiefe«, und sein Gesang schien doch von Gott zu kommen.

Ich weinte nicht einmal. Ich weine überhaupt nach einem seltsamen Schlüssel. Ich bin ausgedörrt, wenn ich am meisten fühle, und ich beginne beispielsweise zu weinen, wenn ein Tor fällt. Die Tränen stiegen mir also zweimal hoch. Zuerst beim Singen des Beerdigungstrios (»Näher, mein Gott, zu dir« ist für hundertsechzig Kronen im Budget, also kann jede dieser drei Damen, alt und mit roten Nasen, netto maximal zwanzig bekommen.) Zum zweiten Mal, Benda, als du in die Erde fuhrst, eigentlich erst, nachdem sie den Sarg aufgesetzt und die vier Bestatternapoleons die Gurte abgestreift hatten.

Doch ich schaffte es; ich schaffe es immer. Auf den Friedhof ging ich dann nicht mehr. Selbst jetzt (das habe ich aber schön abgeschrieben – ich habe Angst, als Erster zu Hause zu sein, und Uška lässt sich mächtig Zeit) durchschreite ich das Friedhofstor nicht aus langer Weile.

Ich laufe von uns bis zu dir, so lege ich täglich sechs Kilometer zurück, und wenn ich zurückkomme, verfolge ich besonders aufmerksam den siebten Stock, die Gardinen, die Fenster; um nicht aufzufliegen, so wie mich einmal ein mattes Licht angezogen hatte und ich froh herbeieilte, dass die Uška zu Hause war, doch sie hatte nur auf dem Klo das Licht brennen lassen, wie es ihre Unart ist.

Ich roch durch mein Warten so sehr, dass mich ein Hund aufspürte. Er steckte mir seine Schnauze von hinten zwischen den Beinen hindurch und erschreckte mich sehr.

Es war eine Dogge, ganz leise war sie zu mir herangekommen, oder es war ringsum so laut, dass ich sie nicht bemerkt hatte.

Der Hund hatte ein mesmerisches Frauchen (eigentlich ein Fräulein), denn sie begann nur mit mir zu sprechen, weil ich angeschnüffelt worden war.

Ich sagte: »Ihr Hund ist ein Lyriker.«

Und sie: »Das ist nicht meiner, ich führe ihn nur Gassi.«

Darauf stellte ich mich vor, und sie stellte mir den Hund vor.

Er hieß Alfi … oder besser: er hieß Alf, Sieger von Högerhaus, sein Vater war ein gewisser Bert vom Schwarzen Pfad, seine Mutter Dita von Lucia.

»Haben Sie die Mutter gekannt?«

»Ach nein«, sagt das Fräulein, »das war eine Deutsche«, aber sie setzt hinzu, »ich heiße nur wie sie.« Sie redet und hat kräftige, weiße Zähne. Keine Einsiedelei!

»Wie sie also?«, frage ich.

»Nein, wie im Kalender.«

»Ach, Dita«, fühle ich mit ihr mit.

»Die Leute vernachlässigen sich, die Leute vernachlässigen sich fatal!«

Und wieder ihre Zähne. Die sind aber auch! Sich von denen totbeißen zu lassen. Ich lobe sie und schaue über sie hinweg zum siebten Stock, ob sich die Gardine vielleicht doch noch bewegt.

»Warum gefallen sie Ihnen?«

»Sie sind das Tor zur Seele.«

Sie will mir nicht glauben.

»Wahrscheinlich haben Sie nicht gelesen, was Paradentos geschrieben hat.«

(Oder bin ich auf einen anderen Namen gekommen?)

Und ich erzähle ihr, wie dieser Grieche, wenn er misstrauisch die Augen zusammenkneift, setze ich schnell hinzu, der die chaldäische Schule durchlaufen hat, in einer seiner Schriften (Charaktere nach Körpermerkmalen?) genau ein solches Gebiss beschrieben hat.

»Und wissen Sie, dass das bedeutet: ein Mensch mit Liebe zu allem Lebenden?«

Das gefällt Dita dann schon, sie spitzt die Lippen, sie sind etwas wulstig, zieht die Nase hoch, sie ist etwas flach, und rollt die Augen nach oben, sie sind sowieso immer etwas verdreht.

»Und Sie wiederum müssen Tiere lieben«, meint sie.

»Die mag ich«, ich bin bescheiden, »und sie duften für mich.«

Dita:

»Na, ich rieche das schon deutlich.«

Ich frage sie also:

»Könnten Sie mich also lieben?«

Die Gardinen hängen immer noch unverändert, doch Dita ist durchgebacken und knusprig wie ein Hörnchen.

»Das kommt darauf an«, sagt sie mir im Tonfall meiner Stani, »legen Sie sich einen Hund zu, und wir werden sehen.«

»Ja, Dita«, verspreche ich ihr, »ich kaufe mir einen Spitz. Wir werden ihn Gassi führen, bis zwischen uns ein echtes Band geflochten sein wird.«

Ich spüre, dass ich sie in dieser Verzögerung, es soll eine Bedeutungspause sein!, auch küssen könnte, doch wir kennen uns *so kurz* (oh), unser Gefühl ist noch *zu zart*, und überhaupt ist es noch zu kalt, und so hat der große gelbbraune Alf von Högerhaus Angst, sein Frauchen könne sich draußen erkälten, und er macht sich bereit, sie mir zu entführen.

»Tschüss Alfi«, sage ich.

»Gute Nacht, mein Herr«, sagt Alf, »und haben Sie mein Frauchen lieb.«

Er führt sie fort, und beide haben lange Beine, deshalb *schreiten* sie eigentlich. Das gefällt mir, und ich versuche auch zu schreiten, nur lasse ich beim Gehen meine Arme zu sehr schwingen, ich lege den Kopf rechts auf die Seite, meine Knie entfernen sich voneinander. Ich bin nicht majestätisch.

Es ist fast Nacht, ich gehe zu der Frau, die auf den Sohn meiner Uška aufpasst, doch er schläft.

Die Frau bäckt ihrem Kerl große Buchteln und sagt von ihm: Ihr kleiner, schlauer Kchon. Ihre Buchteln gehen immer so schön auf, dass etwas wie Liebe darin sein muss. Doch sonst fragt sie nur mit den Augen, und dafür bin ich ihr dankbar.

(An Herrn Dipl.-Tech. Hromádka um halb eins in der Nacht am 23.2.)

Sie Echse, ich habe Sie gehört. Ich habe es ans Telefon geschafft, und Sie haben darin geschnauft. Sie haben mir nichts gesagt, Sie wollten mich nur hören, dann fiel der Hörer auf die Gabel, und es war still.

Und so kam mir in den Sinn, dass Sie mich kontrollieren könnten. Und ich dachte auch daran, dass Sie überhaupt keinen Grund dazu haben. Ich bin nicht ihr Feind, sondern nur dumm. Ich will Ihnen immer noch auf die Hand hauen, die meiner – uška (oder der Uška, die bisher noch mir zugewandt auf der Seite liegt) zwischen die Beine greift. Ich könnte Ihnen ja erzählen, was Sie dort finden, vor allem aber: *was nicht*. Doch statt dass ich Sie in Ruhe lasse und versuchen würde, jedes Detail dieser Lokalität aus mir herauszuradieren, macht es mich wütend, wie Sie dabei aussehen, und es bringt mich fürchterlich auf die Palme, was Sie sich dabei sagen, wenn Sie ihr dahin greifen. Reicht ihr wirklich ein solches Entepente (aus Liebe, liebevoll), damit sie froh ist?

Ich werde es für Sie dichten ..., aber Sie sollten schweigen, Sie Echse, ehe ich wütend werde! Und geben Sie acht auf einen Menschen, der Sie sieht. Ich sehe Sie an und mache kein Licht, ich verfolge Sie ständig und habe Angst. Würde ich jetzt noch den Schalter betätigen, wäre ich hier wirklich allein, ich habe Angst, diese Menschenleere – diese Seelendunkelheit aufzulösen. Und ich habe Angst um Sie. Sich so mit mir zu prügeln! Das schadet uns beiden. Sie fassen die Uška an, wir veranstalten ein Tauziehen um sie, streiten uns, und dadurch produzieren wir *in ihr* Gift. Wenn Sie davon voll ist, löst sie uns in sich auf. Sie wird zu einer Wanne voller Säure, und wer sich da hineinlegt, wen sie da hineinlegt, der verzichtet, verflüchtigt sich! Ich gehe als Erster, doch Sie folgen mir nach. Sie wird uns beide durch dieselbe Röhre verdampfen lassen.

Oh, sie wird sehr perfekt sein! Schon jetzt hat sie mich mit Ihnen verwechselt (sie liebt Mittigkeit), also sind Sie *aufgeflogen* ... Nur weiß ich schon, dass sie Sie auf den Boden der Tatsachen zurückholen wird, sie erträgt nämlich keinen Höhenflug, Sie wird Sie und Ihr Dipl.-Tech. verschlingen, und wenn Sie sich schon einmal danach gesehnt haben, größer zu sein, dann wird von Ihnen buchstäblich ein *hromádka* – ein Häufchen Elend zurückbleiben.

Dies schreibe ich Ihnen, es ist halb eins, ich schnappe die Geräusche der Motoren auf, ob wenigstens einer zu stottern und zu stolpern beginnt, um stehenzubleiben und man dann den Aufzug hören könnte ... u. Ä., dies alles in der Hoffnung, dass mir von Ihnen *unsere Sache* (cosa nostra) gebracht wird. Und ich werde sie nicht umbringen, sondern ich werde sie küssen, und ich werde froh sein, dass sie trotzdem gekommen ist.

Du Echse, was fehlt da noch in der Sprache deiner Verzärtlichung? Sag es mir, sag deinem Seeleningenieur, ich werde es für dich zu Ende dichten, Alfi wird es übersetzen. Schon lange versuche ich, ihm das Prinzip deiner Liebesreize: »Wau, Uška – (Alf bellt) – du nicht hier sein! Wau – ich traurig sehr! Mir schnell hierher schreiben – wau! – Minus du, nicht leben, wau! Plus du, ich das – wau! in dich reinstecken – wau! Wann?«

Du Echse, tschüss!

Ich bin fertig mit schreiben, es ist halb zwei, doch wahrscheinlich schon im März. Das schließe ich aus dem Gewitter, im Winter blitzt es nicht so. Die Luft ist feucht, die Nachtwolken doppelt schwarz, wenn von oben ein Blitz hindurchzuckt. Die Affen im Zoo onanieren sicher. Ich öffne das Fenster und sauge das Wetter ein. Ich schlief für einen Moment ein, bevor der Krach begann. Jetzt sehe ich auf dem Tisch bekritzelte Seiten liegen, herausgerissen aus einem Kalender.

Korrespondiere ich wirklich mit diesem Menschen?

Bezeichne ich ihn ernsthaft als »diesen Menschen«?

Ich koche mir eine Flüssigkeit. Es sollte Tee sein, doch aus dem Rest in der Kanne lässt sich nicht mehr auslaugen. Ich zerreiße den Brief und lege die Reste in den Aschenbecher. Dann zünde ich sie an, und als sie sich entzünden, betritt den Raum – ja, UŠKA.

Ein Wunder! Würde ich das Feuer ausblasen, verschwände sie.

Ich decke das Feuer mit einem Zinnteller ab, um mich zu überzeugen, ob das funktioniert.

Vom Feuer steigt langer, qualmiger Gestank auf, doch Uška, ist, unveränderlich, wirklich gekommen.

Und so kann ich ihr eine Ohrfeige geben.

Als sie auf dem Boden liegt, sage ich zu Dr. Krsek (Senatsvorsitzender) – ich wollte sie nicht schlagen, glauben Sie mir, aber sie ist gleich nach dem ersten Schlag zu Boden gegangen.

Als Uška den Kopf hebt, sehe ich, dass sie nicht *äußerst* wütend ist. Und sie schien mir sogar ein gewisses Recht zuzugestehen, sie zu schlagen.

Hier haben Sie mich, deshalb mache ich Dr. Krsek auf die mildernden Umstände aufmerksam: – Herr Vorsitzender, sage ich – unsere Ehe war von Beginn an glücklich, sogar als sie schon am Boden lag, dachte ich, sie, das Luder, sei ausgerutscht. Erst einen Moment später brachte ich ihre Position mit der Ohrfeige in Verbindung. Es tat mir aufrichtig leid! ... Doch unter uns, Dr. Krsek, haben Sie schon irgendwann einmal eine Frau geschlagen? Gut, was?

»Was ist gut?«, fragt Uška.

Und ich sage: »Ausixen!« (Zu der Frau, die auf einer alten Underwood das Protokoll schreibt.)

Und die Uška sagt:

»Das war das letzte Mal, dass du mich geschlagen hast.«

»Ach, ja, Liebling«, verspreche ich ihr, und gleich versetze ich ihr noch eine zweite, eine kräftigere Ohrfeige.

Dann küsse ich sie auf die Haare, fahre mit dem Aufzug hinunter, öffne den (leeren) Briefkasten und weiß, dass Mittwoch ist, der Tag, den ich nicht mag.

Mittwochs sitze ich im Auto und lasse den Motor sinnlos laufen. Ich habe einen Horror davor, ins Atelier zu gehen, und einen Horror davor, heimzukehren. Ich blättere die Telefonnummern im Taschenverzeichnis durch, doch ich kann mir niemanden vorstellen, mit dem ich würde sprechen wollen. Grün eingerahmt auf der Seite Adressen wartet jedoch die Nummer 45 05 14 auf mich.

Ich lege den Gang ein und fahre zur nächsten Telefonzelle. Ich wähle die Nummer, und der Mann am anderen Ende stellt sich mir mit dieser Nummer vor. Es gibt Leute, die sich so melden.

»Guten Tag«, sage ich, »ich weiß, dass Sie mich nicht kennen, ich habe Ihre Nummer von Fräulein Dita.«

»Von wem?«

»Von Dita. Sie sagte, Sie könnten vielleicht …, nun, wie erkläre ich Ihnen das am besten …«

»Und Dita weiß nicht, dass ich das nicht mehr mache?«

»Sie sagte, in gewissen Fällen …«

»Nein«, sagt die Nummer ganz entschieden und abweisend, ich mache das wirklich nicht mehr. – Aber wenn es Ihnen *wirklich* schlecht geht …«

»Ich kann nicht behaupten, dass es mir glänzend geht.«

»Droht Ihnen irgendwas?«

»Nun, wie man es nimmt.«

»Geht es um Ihr Leben?«

Ich schweige. Und er:

»Das müssten Sie wirklich wissen.«

Ich schweige weiter. Und er sagt: »Wissen Sie, ich nehme meine Hilfe äußerst ernst! Draußen kostet das viel Geld.«

Ich sage, ich würde gern bezahlen, Hr. 45 05 14 sagt, ihm gehe es vor allem um die menschliche Seite der Angelegenheit, dann spricht er von Dita, woher ich sie kenne, er redet, und ich schaue auf den Kombi, wie er in der Pfütze steht, und auf die große Auslage der gegenüberliegenden Molkerei, auf der geschrieben steht, Milch ist gesund.

»Hallo, sind Sie noch dran?«

»Ja«, sage ich und frage noch, ob ich mich wohl, wenn ich mir sicher sei, dass es sehr ernst um mich stehe, noch einmal melden könne.

»Na, dann rufen Sie mich an.«

Ich bin dankbar dafür, und er fügt in einem Ton zur Beruhigung hinzu:

»Ja, in diesem Monat sieht es überhaupt schlecht aus, Neptun steht in Konjunktion zu Mars und Saturn im Quadrat mit Venus. Das betrifft vor allem Steinböcke. Sie sind was?«

»Ich bin ein Hornochse«, sage ich und lege auf …, doch ich werde mir einen Onyx-Ring besorgen, meine Farbe wird schwarz sein, mein Metall Blei, und verwandelt in Saturns Atem betrete ich dein achtes Haus – das Haus des Todes!

Lieber Benda, wie soll ich denn Klarheit haben, wenn ich mich wirklich nicht niederlegen kann? Wenn ich das doch nur könnte! Aber ich bin eine Katze, immer auf den Beinen, immer lebendig. Hätte ich nicht die Augen, die ich ständig mit mir herumtrage, würde ich eigentlich immer alles schaffen. Doch die Augen sind hier, kalt, unverwandt blickend und vielleicht organisch mein, sie fühlen nicht mit mir und schauen nur.

Ich fliehe, die Augen wissen wohin.

Und sie sind schon dort vorn.

Wenn sie jedoch zu sehr schauen, entledige ich mich ihrer: sie stehlen in der Selbstbedienungsfiliale riskant große Dinge oder (und das noch lieber) ich fahre meinen Kreisverkehr, ich kreise mein Kreisen.

Ich muss es jedoch recht lange machen, damit der Polizist in der Telefonzelle den mit dem Motorrad anruft und der kommt und sich mir an den Wagen hängt. Ich leite ihn dann und führe ihn in die Irre. Er denkt, ich versuche, ihm davonzufahren, und tritt aufs Gas, und dann regelt er die Sache mit mir auf Polizeimanier. Doch ich kreise ruhig weiter.

Wir kreisen also beide. Und auf einmal: Die Augen sind fort, und mir geht es gut, ich lache, und als mich der Polizist schließlich anhält, bin ich sehr entgegenkommend, und damit bringe ich ihn auf die Palme.

Er fragt mich, was ich getrunken habe. Ich bin peinlich nüchtern. Er fragt, ob ich den Verbandskasten und Glühlampen dabeihabe.

»Werden Sie nicht frech«, meint er wütend, ich habe nämlich alles. »Ich bin nicht zum Amüsement für die Karnickel hier!«

Dem stimme ich zu, aber ich kann sagen, was ich will, alles sieht verrückt aus. Außerdem ist der Polizist ein Furz, über den die Polizeiglucke wirklich nur den Arsch gehalten hat. Selbst ein Karnickel würde kichern. Das Motorrad hört auf zu stottern, ein Mistkäfer mit einem großen Helm und X-Beinen steigt ab.

»Das setzt eine Geldstrafe«, beschließt er, entschlossen, dass ich das ausschlage und er dann doch noch zum Zuge kommt.

Ich nicke auch jetzt. Er fragt mich also, ob ich weiß wofür. Als ich schweige, erdenkt er einen Paragraphen:

»Sie dürfen hier nicht«, meint er, »im Kreis fahren wie ein Verrückter.«

Dann nimmt er meine fünfzig Kronen mit, doch er ahnt nicht, was ich mir dafür hätte kaufen dürfen.

Und er weiß nicht, dass ich mich hier an den Platz des Herrn Dipl.-Tech. Hromádka gewöhne.

Rechts ist der Gemüsehändler, gegenüber ein Gebrauchtwarenhandel (das ist recht bezeichnend), ein Zeitungsladen, eine Tankstelle und direkt im Haus ein Café.

Ich parke und trete ein. Ich betrachte die Briefkästen. In seinem (Nr. 36) ist nur eine Zeitung. Ich rassele mit dem Schlüssel und versuche aufzuschließen. Dann kehre ich um, überquere die Straße und kaufe mir im Zeitungsladen seine Zigarettenmarke. Schließlich gehe ich zur Bushaltestelle, um die beste Verbindung zu finden. Ich bestimme die Linie, und eine der Frauen, die an mir vorbeigehen, ist wohl Rotkäppchen.

Auch an sie muss ich mich zuerst gewöhnen.

An Rotkäppchen, P. T. Hier!

Gnädige Frau, glauben Sie mir, ich habe lange gezögert, ehe ich Ihnen schrieb, und wenn ich nicht Ihre Tochter wollte und ich Sie nun um Ihre Hand bitten muss, würde ich sicher noch jetzt zögern. An Ihrer Zustimmung liegt mir jedoch sehr viel. Wir müssen nutzlose Verleumdungen vermeiden, und ich weiß nur zu gut, welche Leute mich gern bei Ihnen anschwärzen würden. Doch glauben Sie Ihnen nicht! Trotz allem, was sie Ihnen über mich sagen, ist es die *Wahrheit*, dass ich ein aufrichtiges Leben geführt habe. Ich war bekannt als mustergültiger Vater, treuer Ehemann und anständiger Mensch. Auch habe ich ganz hübsch Geld verdient, selbst wenn ich heute etwas ärmer bin (und in gewissem Sinne auch etwas weniger geordnet), bin ich in der Lage, mich um Ihre Tochter zu kümmern.

Ich bin jetzt dreiunddreißig, der Altersunterschied ist somit akzeptabel, ich habe stark abgenommen und sehe jünger aus. Ich habe noch alle Haare, und es scheint, dass ich ihre Menge im Grunde behalte. Ich bin knapp 174 cm groß und wiege 69 kg. Mein Penis ist 23 cm lang, und ursprünglich habe ich an Sie gedacht.

Sie aber sind schon zu alt. Ich habe Sie heute eine Tasche schleppen sehen, aus der ein Brot und Sardinen für den Echsenmann herausschauten, und ich habe gleich zu mir gesagt, dass es besser wäre, Ihre Tochter zu haben – das Echslein. Wir können aber trotzdem gute Freunde sein. Wir können in einer dauerhaften, vielleicht ungeschlechtlichen Beziehung verharren. Ich werde Sie zum Beispiel regelmäßig informieren! Und zum Beweis meines guten Willens fange ich gleich damit an. Ich verrate Ihnen, gnädige Frau, was schon heute Abend passieren wird.

Schauschau: ich werde meine Uška streicheln (und gleich wieder damit aufhören, um mich p. t. dem Fräulein Tochter zu widmen), Uška hält sich fest. Da werden wir schon auf die alte Couch geklettert sein, ich habe mich dann schon ausgezogen und die Unterhosen der Marke Adonis über die Handtasche aus Schlangenhaut, mein Geschenk an Uška, geworfen. Um diese Handtasche ging es mir eigentlich. Schon einen Monat lang kümmert sich Uška zu sehr um sie.

Sie stellt sie auch über Nacht gleich neben die Couch, um mit der Hand heranzukommen.

Das kommt mir verdächtig vor.

Ich hatte meinen Plan, mich Uška zu bemächtigen (ich entschuldige mich noch einmal, bald hört das auf) – zusammen mit der Handtasche. Je eifersüchtiger ich nämlich werde, desto mehr erregen sie mich – er und sie. Ich kann mir nicht vorstellen, wohin diese Proportionalität führt, wenn ich dann weiß, dass Uška und der Dipl.-Tech., also Ihr geschätzter Herr Gatte, schon zusammen kohabitieren. Sagen Sie mir (doch es muss die Wahrheit sein!), erregt Sie das auch? Mich sehr stark. Es reicht, wenn ich Uškas Ellbogen berühre, und schon durchfährt es mich wie einen Quartaner, wenn er zu einem Mädchen darf. Gleich habe ich einen Ständer, und in einem gewissen Sinne könnte ich diese Feststellung als eine Art Satisfaktion sehen.

Und hoffentlich mache ich es auch besser. Nach der ersten Nummer verrät mir Uška, sie habe »DAS« gern. Da hat sie sich wohl versprochen. In der früheren Zeitrechnung sagte sie immer, sie möge mich gern. Und ich war es wiederum, der von ihr wollte, dass sie sagte, sie möge »DAS« gern. Nun würde ich alles für eine kleine Erwähnung meiner Person geben. Aber ich habe keinen Erfolg, auch wenn Uška recht zärtlich ist und sogar zu sich sagt, ich solle sie halten.

Rotkäppchen, ich muss nicht besonders schildern, wo ich fast die ganze Hand hatte. Uška lag auf der rechten Seite, d. h. mit dem Gesicht zur Wand, wie sie es schon gewohnt ist, und ich konnte mit der Linken in die Handtasche greifen.

Und ich ging auf Nummer sicher. Ich wusste, wo sie es hatte.

Man könnte sagen, ich wusste es doppelhändig.

Ich ertastete ihren Taschenkalender, seilte ihn ab und zog ihm den Adonisslip über.

Uška hatte es auch schon.

Sie entspannte die Beine, scheuchte meine Hand weg und atmete durch.

Sie war sehr schön. Im Mund schon betoniert und mit diesen weichen Zügen nach dem Orgasmus.

Ich muss das so sagen, auch wenn ich Ihnen, Rotkäppchen, damit keine Freude bereite.

Ich liebte sie und habe in der Dunkelheit geweint. Und so küsse ich sie jetzt und nicht aus Spaß. Ich spüre, wie sie atmet. Ihr Herz schlägt, und es zuckt in ihr, dass man sie unten nicht berühren darf. Ich bin für einen Moment glücklich, dann aber denke ich über den Terminkalender nach. Und wie ich ihn zusammen mit dem Slip aufheben will. Ich wünsche mir nur, dass Uška zufrieden hier liegt, um allmählich durchzuatmen, bis sie tief schläft und mir Zeit gibt.

Unter dem Nachthemd schimmerte die Lampe, und ich stand auf.

Was ich Ihnen jetzt erzähle, Rotkäppchen, behalten Sie bitte nur für sich: auf der Toilette erlebte ich einen großen Schock.

Es hätte gereicht, zuzuschließen und Licht zu machen, da wusste ich schon, dass ich das in der Hand halte, wonach ich suchte. In dem geheimen Taschenbuch lagen sechs Bögen vom Format A5, Briefe Ihres Echsenmannes.

Ušenka, Uška,

(– so redete er sie an –)

– das ist ein großes Ereignis.

Das größte im Leben und kein Versuch, Problemen zu entrinnen, ich bin ein anderer Mensch usw. usf.

Es hat keinen Sinn, weiter zu zitieren, es war wortwörtlich das, was ich ihm geschrieben habe. Die Abschrift füge ich bei, damit Sie sehen, dass ich nicht lüge.

Sie – oder du –, ich denke, die Zeit ist gekommen, Ihnen das Du anzubieten, du weißt ja gar nicht, Rotkäppchen, wie schlecht ich mich gefühlt habe. Was alles ich für eine Abweichung von meinem Urtext gegeben hätte, sie hätte mich gerettet! Ich würde sofort auf die Couch zurückkehren, die Augen schließen (meine und die da) – und mit diesem Duzen würde ich auch aufhören.

Doch dein Mann, Rotkäppchen, war lakaienhaft gehorsam, ich habe alles getan, nicht mit einem Wort hat er sich meinem Diktat widersetzt.

Überwältigt ließ ich mich so heftig auf die Toilettenbrille fallen, dass die Spülung in Gang gesetzt wurde. Doch weil das Wasser hochspritzte und sehr kalt war, wurde ich dadurch wach.

Auch die Uška stand schon hinter der Tür und hatte Angst um mich.

Ich musste laut werden, ich muss wirklich lange drin gewesen sein.

»Hast du etwas, Slint?«

(Ja, wir redeten uns in zärtlicheren Zeiten mit diesem Piratennamen an, und wenn sie mich jetzt so anredet, bedeutet das, dass sie mit mir mitfühlt. Wie mir dieses Mitgefühl mundet!)

»Slint, dir geht es schlecht!«

Und wieder spritzte ein Strahl hervor – doch mir ins Gesicht. Ich kniete über der Schüssel, in der Zwischenzeit war ich auf die Knie gegangen in der Hoffnung, ich könne mich übergeben.

Und auch mit dem Gedanken, das Notizbuch zwischen Klobürste und Saugglocke unten, hinter dem Abflussrohr, zu verstecken.

Ich antwortete Uška nicht. Möge dieses Mitgefühl möglichst lange andauern! – Doch sie beeilte sich, sogleich den Schraubenzieher zu holen und den Riegel von außen zu drehen.

Dann fällt das Licht auf mich, und ich muss meine Sitzposition ändern, angelehnt an die Wand und aufgespritztes Wasser auf den Wangen, das glänzt.

»Du weinst?«, fragt Uška, oh, das ist mein Liebling, in der Hand hält sie einen schwedischen Schraubendreher, er ist sehr lang.

»Nein«, sage ich, aber so, dass es klingt, als verleugne ich aus männlicher Scham Tränen.

Sie tritt mit dem Schraubendreher zu mir heran, doch sie sticht mich nicht damit, sondern wischt mir weitere zwei Wasserspritzer aus dem Gesicht. »Slint, erlaubst du?«

»Was«, sage ich.

Uška aber spricht das Objekt nicht aus. Sie ist nämlich gut erzogen. Deshalb küsst sie mir den dritten Spritzer sogar weg, und wie sie das tut, beginne ich wirklich zu weinen. Verflixt, wie konnte das nur passieren! Ich habe einfach die Übersicht verloren. Vorher habe ich meine Tränen zur Schau gestellt, jetzt bei den zweiten erscheint es mir dumm, dass sie sie sieht.

Ich laufe ins Schlafzimmer und trockne sie an der Gardine ab. Hier ist es noch dunkel.

In dieser Dunkelheit sehe ich Benda, wie er sich dort, da alle gegangen waren, einen Kaffee kocht und eine Zigarette nach der anderen raucht, dies alles mit einem klaren Kopf. Er will nüchtern sein, wenn er stirbt, damit in den Obduktionstests weder Alkohol noch Drogen festzustellen sein würden. Der Dummkopf hat Angst, man könne ihm sonst den Selbstmord möglicherweise nicht glauben. Er hat Angst, ausgelacht zu werden. Deshalb kauft er sich auch die neuen Schuhe; er zahlt dafür vierhundert Kronen und geht darin fünfhundert Schritte vom Atelier zu dieser Sakristei. Deshalb braucht es die Aufschrift auf dem Deckel der Schuhschachtel, aufgetragen mit schwarzem Filzstift, damit dieser ihm wie ein Zettel auf der Brust von Erhängten auf Kriegsfotos hängt. Bei denen stand darauf »Bandit«.

Bei Benda stand die Aufschrift »ICH BIN UNSCHULDIG«.

»Also Slint, was ist?«, ruft Uška zu mir herüber und macht Licht.

Ich versuche zu lächeln. Eigentlich scherze ich. Ich knie mich hin, falte die Hände und bettele mit piepsiger Stimme: »Vernichte mich nicht, oh – Prinzessin Alceska, verschone mich, schon wegen der hungrigen Mäuler! Wer soll sie stopfen?«

»Du spinnst«, sagt sie, doch sie legt die Waffe weg, d. h. den Schraubendreher, und was seltsam ist, ich bin dadurch erleichtert.

Ich bin nett zu ihr und führe sie zum Bett, damit sie schlafen kann. Ich lege Uška hinein und mache es ihr wieder, damit sie besser einschlafen kann. Und dann stehe ich wieder leise auf, ziehe die Sandalen an, ziehe die Hosen hoch und das T-Shirt über. Ich habe Appetit auf etwas Kaltes, ich kratze im Kühlschrank Eis ab. Und begebe mich nach draußen auf meine Trasse.

Es ist Freitag, eigentlich zu früh, noch nicht einmal Mitternacht, die vertikalen Fensterreihen sind blau und werfen einen beweglichen Schein auf das Gras vor mir. Es irritiert mich, wie die Tschechen im selben Zimmer dasselbe Programm schauen. In diesem Blau hört man Schüsse, Steine fallen; Menschen schreien.

In stärkeren blauen Blitzen sehe ich mich selbst – eine Gestalt in der gegenüberliegenden Tür. Sie ist verglast und geht über die gesamte Breite des Hauses.

Und wieder ein Schuss. Die Gestalt macht einen Schritt. Ich schreite ebenfalls aus und gehe ihr entgegen.

Ich höre Salven und wieder Steinschlag und Geschrei.

Die Gestalt schreitet aus und hebt den Arm. Sie geht lauernd geduckt, elastisch wie ein Katzenprinz.

– *Tybalt*, sage ich zu ihm, doch er verschwindet. Der Lärm ebbt ab, das Licht wird schwarz, und ich spüre im Bauch einen kalten Stich. In einem reglosen Moment, in dem vor dem Sturz, erscheint mir Tybalt erneut. Ich zücke. (Was?)

– Er darf mich nicht kriegen! Doch ich bin niedergeschlagen worden, ich knie und ohne zu erbrechen strömt das Blut aus mir heraus.

Schwarz, vermischt mit dem Wasser von dem Eis, das schon geschmolzen ist.

An Ritter C. August Dupin, Paris
Sehr geehrter Herr,
ich bin nun krank, ans Bett gefesselt, und ich habe viel Kraft verloren. In der Nacht bin ich vors Haus gelaufen, und einfach so begann das Blut zu rinnen, also dauert es eine Weile, ehe ich mich wieder grüße. Doch bin ich immer noch zu kleineren Arbeiten fähig, und, was das Wichtigste ist, ich habe Zeit, all meine Erkenntnisse zu ordnen, sie zu einer Art System zusammenzusetzen. Ich versichere Ihnen, dass Sie nicht enttäuscht sein werden, wenn Sie es kennenlernen, denn die Erfahrung, die ich nun lebe, wird in ein Verbrechen münden, für dessen Aufdeckung ich sie gewinnen möchte.

Erlauben Sie mir jedoch erst einmal, übrigens ganz im Geiste der analytischen Grundsätze, die Sie abgesteckt haben, zum ersten Glied der Kette zurückzukehren, also zu dem Augenblick, in dem ich mir vergegenwärtigte, dass die alte Lehre von der Zweieinigkeit der Seele gilt. Ich weiß, dass ich Ihnen wahrscheinlich nichts Neues sage, denn auch Sie haben ein kreatives Geschöpf von einem forschenden Geschöpf unterschieden, die die erste unbarmherzig obduziert, ohne jedoch aufzuhören, ein Teil von ihr zu sein: meine Erfahrung jedoch geht noch weiter, ich bin zu der Ansicht gelangt, dass diese Zweihäusigkeit auch durch äußere Materialisierung zu realisieren ist; zuerst spüren wir sie, dann ist sie eine Tatsache. Ich gehe anschließend davon aus, dass eine solche materialisierte Zweihäusigkeit (wiederum eines einzigen und einzigartigen Lebens) allgemeiner ist, als allgemein zugegeben wird, ich würde sogar behaupten, die Fähigkeit zur Zweihäusigkeit ist eine wesentliche und tragende Seite unserer Existenzen, während die Einmaligkeit und Eigenwilligkeit, auf der wir so basieren und mit deren Vorstellung wir irgendwie auch lebensfähig sind, in Wirklichkeit nur ein unverstandenes und unerkanntes Ausstrahlen eines inneren Drucks sind. Jedes Wissen um die eigene Einzigartigkeit und das eigene Wesen bedeutet nur diese ausgeatmete und ausgestrahlte Unwesentlichkeit und Austauschbarkeit. Und nur durch das Wirken des Gesetzes einer *Versicherungsabstoßung* (so wie sich gleiche Pole eines Magneten abstoßen) leben wir, befreit von der Zweihäusigkeit, und wir erscheinen uns als wir selbst. Übrigens erträgt nicht jeder die Konfrontation, denn wann immer sich die Magnetfelder auch nur einander nähern (d. h., wenn sie die Versicherungsabstoßung überwinden), kommt es zur Explosion.

Sicher wissen Sie selbst aus ihren Erfahrungen von Fällen geheimnisvollen Verschwindens, wenn ein Mensch wie vom Erdboden verschluckt wird, so als habe er sich in Luft aufgelöst, und kein Zeugnis und auch kein Umstand verweist auf eine akzeptable Erklärung. Warum schreibe ich Ihnen das? Nun, ich spüre, dass das Niveau meines Wesens sinkt, dass ich aufgesaugt werde, so als hätte man mich entkorkt, durch eine Art Öffnung, durch die mein gesamter Inhalt und schließlich auch das Gefäß selbst fließen. Das ist der Punkt, den die alten Seefahrer als *mare tenebrarum* bezeichneten und der jedoch in keinem jener nicht erforschten Bereiche ist, sondern überall sein kann, zum Beispiel beim Briefkasten Nr. 36 oder in dem kleinen Park gegenüber dem Bahnhof.

Ich spüre also, wie mein Level durch den Trichterwirbel entflieht, und ich weiß von einigen Stellen in der hiesigen Stadt, die mich anziehen wie die Tiefen einen Schwimmer. In diesem Sinne, teurer Dupin, erlaube ich mir, Ihre geschätzte Aufmerksamkeit auf den Ambo der Kirche St. Cyrill und Method zu richten, vor allem auf den dritten Verbundpfeiler des Gewölbes, denn dies ist der Ort, an dem es mir gefallen hat.

Ich habe mit ihm meine Pläne; ich bin nämlich gezeichnet. Mein Zeichen habe ich auf dem Weg nach L. erhalten. Man ließ mir ein Fenster offen, durch das ein Schmetterling namens Totenkopfschwärmer (Acherontia atropis) hereinflog, um sich mir in der Dunkelheit auf die Stirn zu setzen oder besser, um an mein Gesicht zu stoßen und die Stirn zu berühren.

Ist Ihnen je eingefallen, mein Ritter, warum dieser Schwärmer mit seiner Zeichnung einen Totenkopf nachahmt? Von anderen Schmetterlingen weiß man beispielsweise, dass sie ihre Form und ihre Färbung der Umgebung anpassen, in der sie leben (sie ahmen beispielsweise trockenes Laub oder eine Blüte nach). Der Totenkopf muss also auch das nachahmen, wo er es gewohnt ist zu leben. Darüber hinaus piepst er wie eine Maus. Er spricht mit ihnen, er gibt Ihnen seine Marke und wenn Sie ihn beispielsweise erschlagen wie ich, dann sind Sie trotzdem gezeichnet und somit: *verurteilt*.

Sie werden doch nicht glauben, dass diese Welt bisher überdauert hätte, wenn nicht von Zeit zu Zeit ein Mensch gezwungen (verurteilt) worden wäre, Gerechtigkeit zu schaffen. Nicht jene kosmische, sondern die betreffende, von mir gemeinte.

Zumeist aber bedeutet das – gerecht sein um jeden Preis!

Ordnung auf eine mehr oder weniger verbrecherische Art zu schaffen, also: *circulus vitiosus*, würden Sie sagen, und mir bliebe nichts anderes übrig, als Ihnen zuzustimmen.

An dieser Stelle wissen Sie wahrscheinlich schon, warum ich Ihnen geschrieben habe. Ich will einfach von Ihnen, dass Sie diesen Kreis durchbrechen oder dass Sie zumindest vor den Menschen die Zwillinge vertreten und ihr seltsames Los klären. Sie geben der Welt die Gerechtigkeit zurück, weil Sie eine außerordentliche Strafe erhalten haben, Sie geben ihr Anmut zurück, da Sie in ihr eine Art nicht reduzierbar Verbrecherisches erhalten, und gleichzeitig haben Sie Anspruch darauf, dafür belohnt zu werden, da Sie wegen der Perfektion Ihrer Verbrechen der Rache entgehen – und somit auch dem Applaus. Einige von ihnen geben sich damit zufrieden, denn es reicht ihnen, das Böse in seiner bösen Form erreicht zu haben. Mich allerdings, mein lieber Dupin, interessiert das Positive. Ich will Gutes *anrichten*, verstehen Sie?

Und deshalb sollen Sie wissen, dass die Grabnummer F 4/6 nicht den Ort bezeichnet, wo die Urne mit meiner Asche liegen soll, und es ist auch nicht richtig, dass ich mich am zwanzigsten des nächsten Oktobers im Ambo erhängt habe wie Herr Benda, sondern es stimmt, dass ich an demselben Oktobertag am selben Ort persönlich den Dipl.-Tech. H. erhängt habe, nachdem ich ihn vorher in einen Zustand versetzt habe, in dem die Hinrichtung dann nur noch ein Kinderspiel war.

Die ganze Geschichte begann mit einem Brief. Einmal hatte ich festgestellt, dass H. der Uška schreibt, und es hat mich gerührt, dass sie in der Lage ist, ihn mit mir zu verwechseln. Eigentlich hat es mich aufgeregt, dass es überhaupt möglich ist, *mich* zu verwechseln. So habe ich die Möglichkeit völlig akzeptiert und ihr dadurch die Stirn geboten, dass ich sie für mich nutzte. Ich machte mich daran, Uška seine Briefe zu schreiben – ich wurde zu H. Einige Zeit später gelang es mir sogar, ganze Ansprachen im H-Stil zusammenzustellen, und ich amüsierte mich darüber, dass ich versuchte, ein besserer H. zu sein, als er es selbst wagen würde. Ich gewann diesen Wettbewerb und erlangte so das Bewusstsein von Übermacht.

Ich erlangte ebenfalls die Fähigkeit, mich an verschüttete Geschichten aus der H-Kindheit zu erinnern. Ich spann sie also weiter und schuf in mir ein *H-Depot*, von dem aus ich etwas später beliebige Requisiten hervorholen konnte.

Die Folgen einer solchen Symbiose zeigten sich beim körperlichen Verkehr mit Uška; ich verwendete nämlich mehrmals die H-Stimme so gekonnt, dass sie sich mir völlig hingab, wobei sie, wenn sie sich vergegenwärtigte, dass sie eben doch mit mir zusammen war, Weinkrämpfe bekam und zu zittern begann. Sie erkannte genau, dass etwas Unechtes da war, wenngleich sie jedoch nicht ahnte, woher dieses Übel kam, sie suchte die Ursache in sich selbst, sie hielt sich ungenügende H-Liebe vor, und ich amüsierte mich. Leider begann ich nach ein paar Monaten, selbst eine starke Unsicherheit zu spüren, und mit Schrecken stellte ich fest, dass mir immer mehr der ursprüngliche Teil meines Wesens im Wege stand. Außerdem merkte ich, dass sich auch mein Äußeres veränderte, und so blieb mir nichts anderes übrig, wenn ich dieser (langsamen, dafür aber umso ausdauernderen) Veränderung die Stirn bieten wollte, mit möglichst auffälligen Korrekturen (Bart, Brille, Frisur) die Aufmerksamkeit davon abzulenken. Einzig und allein auf diese Art blieb ich einigermaßen mir selbst ähnlich.

Ja, es war schon so weit mit mir, dass ich mich in diesem Anderssein besser fühlte als in meiner eigenen Haut, und ich übernahm von dort auch einige Anregungen, von denen sich nicht mit Sicherheit sagen ließ, ob diese direkt von H. kamen oder ob es sich um den von mir inspirierten H. handelte. Aus Angst, dass mich diese gründliche Metamorphose schließlich daran hindern könnte, meinen H-Plan auszuführen (es passierte nämlich, dass ich aus einer ähnlichen Eingebung heraus an Orte reiste, von denen ich erst nachträglich feststellte, dass sie mein Dipl.-Tech. dienstlich aufgesucht hatte), reifte in mir die Entscheidung, die ganze Sache zu beschleunigen.

Und wirklich, Dupin, bereits am 19. Oktober reiste ich nach L. Natürlich reiste am selben Tag auch H. nach L.

Vorher jedoch schrieb ich Uška einen Abschiedsbrief und kaufte Gaze, eine Schnur und Benzin. Ich kaufte sehr auffällig ein, damit es Zeugen gab, packte die Sachen in den Kombi und kam gegen 7 Uhr im Hotel Družba (Sanssouci) an, um mich in Zimmer Nr. 106 einzuquartieren, während H. das Zimmer Nr. 213 bezog.

H. aß gerade zu Abend, ich bekam also Hunger, und nach dem Essen arbeitete er noch eine halbe Stunde am morgigen Vortrag (Probleme des Urbanismus).

Gegen elf ließ ich mich mit Zimmer Nr. 213 verbinden und stellte mich vor.

H. war so konsterniert, dass er meinem Besuch zustimmte oder besser: er schaffte es nicht mehr, nicht zuzustimmen.

Ehe ich jedoch ein Stockwerk höher stieg, mimte er einen Menschen, der nicht gern Zeit verschwendete.

»Ich weiß nicht, worüber ich mit Ihnen reden sollte.«
»Ich werde mich kurz fassen«, sagte ich.

»Das hoffe ich.«

Und ich darauf: »Es ist recht ernst.«

Er schüttelte den Kopf, dass damit also mein Gesamtzustand gemeint sei.

Ich spreche zu ihm und gebe mir Mühe, im wichtigsten Moment die schlimmste Phrase zu verwenden; es scheint, dass dies beispielsweise der Satz sein könnte: – *und dann sind Sie gekommen!* Ich spreche ihn aus und füge hinzu, dass mich dies nicht freut.

»Sie werden schon damit fertig«, sagt er.

Ich antworte, gerade deshalb sei ich hier.

»Ich weiß allerdings, liebe Echse, dass es logischer wäre, Uška zu ermorden! Doch ich entledige mich nur ungern dessen, was ich liebe. Sie werden doch zugeben, dass ich in dieser Sache auf Sie angewiesen bin.«

Er lacht laut:

»Hauen Sie ab!«

»Ich gehe mich rasieren«, verspreche ich. Doch da denkt er bereits, ich sei verrückt geworden.

Ich verspreche ihm noch, sicher zurückzukehren, und er verspricht mir wieder, die Fresse einzuschlagen.

Ich gebe zu, dass ich mit diesem Besuch ein kleines Risiko eingegangen bin. Es drohte beispielsweise, dass H. irgendwo anrufen würde. Wenn ich den aber ausgelassen hätte, hätte ich mich um etwas ärmer gemacht. Kurz gesagt: Er musste mich sehen! Er musste mich als mich sehen, um, wenn ich zum zweiten Mal kam, an all diese Zusammenhänge zu denken und zu *wissen*, dass ihn nicht irgendein eigener Schatten erschlägt, sondern ich, Slint, Uškas Mann. Ich, das A bis Zett! »A« wie Adam!

Ich rasiere mich und widme mich ganze zwei Stunden der Veränderung meines Äußeren. Man musste gründlich alles loswerden, was zurückverweisen könnte. Und man muss auch H. Zeit geben.

Sicher ist er wütend und wartet oder überlegt, was ich eigentlich gewollt habe. Es ist gut, ihn zuerst zu beruhigen, schlafen zu legen, damit ihn mein Klopfen nicht weckt, wenn er schon nicht daran glaubt, dass er zur Tür schlurft u. ä.

Auf dem Gang soll es dunkel sein. Zuerst würde er eine Silhouette sehen, aus der er auf mich schließt. Aber ich trete langsam heraus, ich trete ins Licht, und er erkennt das BILD.

Ja, Dupin, sie ahnen richtig, dass eine solche Nähe nicht zu ertragen ist. Es ist ein Schreck, ein tödlicher Biss. So wie wenn Sie in der Mitte eines Sees schwimmen und Sie auf einmal aus dem kalten Wasser ein Fisch tangiert, Seetang – Schleim.

Man brauchte nur zu ertrinken.

Deshalb stirbt H., ich gehe zu ihm, berühre mit meinem Atem seine Wangen; und das zwingt ihn in die Knie.

Er liegt mir zu Füßen, ich steige über ihn hinweg, lege einen Hebammenkoffer auf das Bett, in dem ich alles Notwendige habe und vor allem die Handschuhe, die weißen aus der Tanzstunde, und mache mich im Einklang mit dem Zeitplan an die Arbeit.

Ich bin bereit, das Würgen verläuft glatt!

Sie haben sicher, Dupin, in den Büchern über Gerichtsmedizin nachgelesen, Sie haben sicher in entsprechenden Strangulationsstudien geforscht, deshalb hier nur kurz die technische Vorgehensweise:

– sich ausziehen, H. ausziehen, ich widme seltsamerweise seinen Genitalien keine Aufmerksamkeit, H. am Strang herunterlassen, Strangulationsrille, unten in den bereitgestellten Kombi, mit dem Erhängten und anschließend auch mit der Schnur das schmale Rechteck des Klappdaches treffen, in die Rezeption gehen, den Pförtner um Schlaftabletten bitten (allerdings wie H. – denn vorher, d. h. vor dem Rasieren, habe ich die Rechnung für das Zimmer Nr. 106 beglichen), hinausgehen, immer noch als H., auf dem Hof das Dach schließen, den Körper in den Lastenteil des Wagens legen, zurückkehren und wieder gehen, diesmal unbemerkt, d. h. durch den Hinterausgang, Motor anlassen und als Mann aus Zimmer Nr. 106 abfahren, der schon bezahlt und auf dem Tisch einen Brief hinterlassen hat – den Abschiedsbrief. Und dann die Fahrt und wieder den Zeitplan einhalten, eine Dreiviertelstunde bis zur Waldbiegung, hinter einem Stapel langer Buchenstämme den Körper einpacken (Gaze), ihn tränken (Benzin und Diesel), weitere 35 km zurücklegen, bis zum Ambo fahren, das Paket hinbringen – und die *Morgendämmerung* schaffen.

Die Vögel lärmen, die blaue Stunde naht, H. hängt bereits unter dem Gewölbe des Ambos, in der Hosentasche die Tabletten, die mir der Pförtner gegeben hat.

Ich gehe zum Auto zurück, um die Pistole zu holen. Als Fachmann verstehen Sie sicher, Dupin, dass ich auch Ihnen nicht verraten kann, wie ich an diese gekommen bin.

Ich gehe zu H. zurück, schieße ihm in die Schläfe, die Flasche entzündet sich. Die Pistole werfe ich dem Erhängten unter die Füße. Es sind Fingerabdrücke darauf (allerdings meine!). Ciao, mein Echsenmann!

Wie mag ich mich doch nicht leiden, sage ich zu mir, wie mag ich mich doch nicht leiden, dass ich mir einen Tod gleich dreimal bereite.

Und zurück nach L.! Um neun muss ich meinen H-Schinken frühstücken, in den Notizen zu den Problemen des Urbanismus blättern und die Drohungen (– nächtlicher Besuch) des Irren aus Zimmer Nr. 106 anzeigen. Ich rufe Rotkäppchen an; sie ist froh, dass ich mich an sie erinnert habe. Ich rufe sie aus der Kabine in der Halle an, während man mir die Rechnung fertig macht.

»Liebling«, sage ich, denn mir geht es gut, weil ich wieder eine Liebste habe.

»Liebling«, sagt sie, »weißt du, was passiert ist?«

Ich bin sehr neugierig.

»Er hat es getan, hörst du mich ... hallo!«

»Wer?«, frage ich.

Und sie antwortet, ihr Mann.

Ich schweige verständnisvoll, aber dann verspreche ich: »Ich werde dich heiraten!«

An Dupin – PS
In einem Moment hatte es jedoch den Anschein, dass sich mein H-Plan in die falsche Richtung entwickelt. Auf der Fahrt nach L. warteten vor unserem Haus, ich glaube im Mai, am dreiundzwanzigsten, nicht Alfi, sondern zwei Männer und ein Wagen.

Der eine hatte eingefallene Augen, der andere eine Glatze. Der mit den Augen verfolgte mich dann. Er ging mir hinterher, als ich die gläserne Haustür aufschloss, er ging mir hinterher, als ich auf dem Weg zum Aufzug war; doch ich hatte keine Angst vor ihm.

Nicht einmal im Traum fiel es mir ein vorzugeben, dass ich nichts von ihm wisse. Ich ließ alles offen (sowohl vom Gang aus als auch ins Zimmer) und legte nur das Ledersakko ab und zog die Schuhe aus.

Ich saß im Sessel und wartete auf den Mann mit den Schwuchtelaugen, denen sie in den Kopf hinein versinken …, den Mann mit dem schwuchtelig ausgetrockneten Arsch, auf den Bullen, der zögerte, als er sah, dass die Tür sperrangelweit offen stand und den das so aus der Fassung brachte, dass er anklopfte.

Dezent – und dezent sagte er, es täte ihm sehr leid, er störe ungern in der Wohnung …: »Aber Sie sind nicht auf unsere Vorladung hin gekommen.«

»Ich weiß von keiner.«

»Sie kam zurück. Der Adressat war angeblich nicht zu erreichen.«

»Ich nehme keine Post an.«

»Hm, das ist ein Fehler.«

»Was wollen Sie von mir?«

Er sagte mir, das werde ich schon noch erfahren, und ich solle unbedingt auf dem städtischen Revier vorbeikommen, wo die Treppenspalten mit Draht ausgefüllt sind und im Gästezimmer in der Ecke ein Waschbecken und ein Stuhl in der Mitte sind. Auf die setzten sich Leute wie ich, während Leute wie sie am Tisch säßen oder durch den Raum liefen mit den Armen auf der Brust verschränkt.

»Was haben Sie damit gemeint, alles schweige?«, fragten sie.

»Ich habe damit gemeint«, sage ich, als ich schließlich merkte, dass die Frage meine Grabrede betraf, »ich habe damit gemeint, dass der Himmel schweigt.«

»Wem wollen Sie denn das weismachen!«
»Ich habe damit gemeint«, setzte ich fort, »dass der Himmel absichtlich schweigt …«
Der Glatzköpfige stand auf und stellte sich hinter mich:
»Vor Ihrem Haus stand ein Auto mit einem ausländischen Kennzeichen.«
Ich wunderte mich sehr.
»Es gehörte Ingeborg Kaufmann, kennen Sie sie?«
»Nein.«
»Wen kennen Sie in Deutschland?«
Ich wollte mich zu Alf von Högerhaus bekennen, doch da hätten sie mir die Fresse poliert.
»Ihre Grabrede, das war Ballett in kaputtem Glas.«
»Eine Provokation!«, rief der mit den eingefallenen Augen.
»Und eine gut maskierte – klar?«
»Klar«, nickte ich zustimmend, denn ich machte mir bewusst, dass sie direkt zum Klaren geschaffen waren – und auch: aus Freude darüber, dass sie nur das von mir wussten.
Am Abend aber rief ich Alf an.
»Sie sind uns auf den Fersen, Alf, weißt du, dass das stinkt?«
Und er darauf:
»Das beschreib mir mal.
»Aber was nun, Alf?«
»Scheiß auf die«, sagte Alf. »Und sei nicht traurig, ich borge dir Dita!«
»Vielleicht gleich heute Abend?«
»Wenn du sie wieder zurückbringst, borge ich sie dir.«
»Ich gehe sie mal auslüften.«
»Jage sie mal durchs Laub.«

Mir ging es nicht gut wegen der Bullen – und so freute ich mich auf Dita. Sie wartete vor dem Haus. Ich schaute sie an, und sie lachte, ich sah ihre reckartigen Zähne, d. h., sie hätte darauf herumturnen können wie im Zirkus, sie glänzten, dass es klirrte.

»Hör mal, Ingi, du hast dir ja Zeit gelassen.«

»Sei mir nicht böse, Liebling (ach, ich duze sie schon), ich habe etwas gemordet, das hält einen manchmal auf.«

Sie lachte.

»Bist du verrückt?! Ingi, du bist plemplem, mir ist von deinem Geschwätz manchmal schon ganz schlecht. Verstehst du: *woglert*.«

»So muss es sein«, sagte ich ihr darauf, »woglert – das ist fast wie *röchelnd*! Beides passt. Du sprichst mit einer schönen Zunge.«

Sie streckte sie mir entgegen, und ich verschluckte sie.

»Au«, hakte sie sich wieder aus, »ich dachte, dir gefallen vor allem meine Zähne.«

»Die natürlich auch – doch das sind Wolfszähne. Hast du die nicht von Alf geerbt?«

»Alfi ist eine Dogge.«

»Jetzt, aber ursprünglich sind alle Hunde Wölfe. Da hat einmal ein Grieche namens Psytes ...«

»Ingi, du erzählst wieder Quatsch.«

»Nein, das weiß ich genau, alle sind Wölfe, aber dich mag ich gern.«

Sie wurde verlegen, war aber glücklich.

»Ich *muss* dich lieben«, sagte ich dann zu ihr.

Eine Weile war es still.

»Du bist doch ein Wolf, und ich habe Rotkäppchen. Kurz gesagt: Wir setzen das zusammen.«

»Und warum hast du angehalten?«

»Weil das ein Wolfswald ist.«

Wir standen auf einem Waldweg, neben hoch aufgestapelten Buchenstämmen. Ich stellte den Motor ab und schaltete das Licht aus.

Sie fragte, warum ich das täte.

Ich knurrte ihr zu: »*Damit ich dich besser sehen kann!*«

»Mach Licht«, schrie sie, doch es war eher eine Bitte.

»I wo«, lachte ich, »du bleibst hier stehen, von hier muss das Rotkäppchen kommen, dann verschlingst du sie!«

Ich griff nach ihr, dass sie aufschrie. Doch dann spürte sie, dass ich ihr an die Beine fasste, und so richtete sie es so ein, dass ihr um die Oberschenkel herum feucht wurde, sie blies mir auf die Hand und sog sie in sich auf.

»Dita«, flüsterte ich, »Dita, du hast ...«

»Pst, Ingi«, sie legte mir den Finger auf die Lippen, »nur nicht ordinär werden.«

»Wie kannst du wissen, was ich sagen will?«

»Ich habe dich *schon* gern.«

»Ernsthaft?«

»Todernst, Ingi, aber jetzt mach Licht, ich habe hier fürchterliche Angst.«

»Wie du meinst, Liebling«, sagte ich ungern, und der Motor sprang an.

Das Fernlicht durchforstete den Wald, und Dita begann, mich zu streicheln. Die Furcht war aus ihrer Stimme gewichen, die Zähne blitzten – und ich war angeblich nett. Ich habe sie erschreckt und überhaupt: es gäbe gar keinen Wolf. Und ich dürfe sie nie verlassen, das solle ich ihr schwören. Ich schwöre Dita, sie nie zu verlassen.

Und Dita sagt scherzhaft, denn sie war erstarrt, unter dieser Bedingung werde sie mein kleines Wölfchen sein. (Scheiße!)

Ich nehme an. Was droht ihr denn? Nicht mal die Wackersteine im Bauch. Ich habe sie in mir eingenäht, wenn ich etwas trinken gehe, beuge ich mich vor, sie setzen mich in Bewegung, hörst du, Dita, hier beuge ich mich vor (und die Hand wandert zurück zu ihrer Möse), dann kippt alles – und dann: plumps, über mir schlägt alles zusammen.

»Du armer Irrer«, meint Dita und presst sich mit beiden Beinen an meine Rechte, »komm was essen.«

(An Anastasia von Chlumec, die Nutte)
AD MDLXX
Heute, d. h. jetzt und nun.

Stani, meine Liebste, ich schmiere fürchterlich, ich schreibe dir mit der linken Hand, die Rechte presst sich eine gewisse Dita zwischen die Schenkel (die wird was erleben, das schwöre ich dir), angeblich wird sie es mir besorgen ...! Wenn ich das doch von dir will! Zische sie an, bis sie abhaut, fletsche sie mit deinen Zähnen an! Ich habe ihren Sterndeuter angerufen, doch auch ohne ihn weiß ich, dass schlimme Zeiten bevorstehen. Der Saturn steht im Quadrat zur Venus, rette dich, wenn du kannst! Ich werde alles genau verfolgen und die aufschreiben, die ich warnen will. Ich werde nicht viele retten, Stani, auch diese Dita wird der Wolf fressen!

Doch dich hole ich da raus, du wirst sehen, antworte nur schnell, wie viel eine Nummer kostet.
Dein
Grandhotel Luka!

Oder ich schreibe an Dupin.

(Chevalier A. C. Dupin, Paris)
Noch zwei Anmerkungen, mein teurer Ritter.
    A. (erste Anmerkung, einfach) was Rotkäppchen betrifft, so erschrecken Sie nicht, ich bestehe nicht darauf, dass sie vom Wolf gefressen wird, soll sie sterben, wie es ihr gefällt.
    B. (zweite Anmerkung, komplizierter) – Uška kommt zu mir und sagt: »*Liebling, bald werden wir zu dritt sein.*«
    Wenn sie das nach dem zwanzigsten Oktober sagt, d. h. *nach* Sanssouci, ist die Lösung einfach, sie wird mir selbst vorschlagen, dass sie es sich wegmachen lässt.
    Was soll man auch mit einem Posthumus anstellen – einem Adam von ihrem Adam! Ich werde ihr von A bis Zett zustimmen. Ich werde sie in ihrer falschen Überzeugung bestätigen und ganz gewieft sämtliche Echsenreste von ihr entfernen. Und der (überlange) Dialog, in dem Uška zu dieser großen Entscheidung gelangt! Aufgrund des *Ernstes des Moments* wird sie fähig sein, wirklich alles über sich ergehen zu lassen. Und wenn ich die Nachricht schon vor dem Zwanzigsten erhalten sollte, so weiß ich nicht, mein Ritter, ob ich die Tränen zurückhalten könnte. Und so wird es am besten sein, wenn Sie in den Artikeln für Le Mercure (oder für Le Soleil) schon von vornherein jegliche Erwähnung zu diesen irreführenden Details weglassen.

Für Sie jedoch füge ich hinzu, dass das Gebäude, wo die Kürettage durchgeführt wird, zufällig genau dasselbe ist wie das, in dem ich vor Jahren geboren wurde. (Meiner Mutter.)

PS:
Meine Mutter erzählte mir von einem Wetterhäuschen, das damals auf dem Fenster ihres Zimmers stand. Das Wetter soll schön gewesen sein. Ich bin im Juni geboren. Draußen stand immer nur das Mädchen. Davon ausgehend dachte meine Mutter, ich würde ein Mädchen, doch dann wurdest du geboren, sagte sie (und dabei blieb es).

Wissen Sie, dass das Wetterhäuschen bis heute dort steht?

Ich könnte also auch nicht schwören, dass man es in der Zwischenzeit nicht gegen ein etwas neueres ausgetauscht hat, aber auf jeden Fall blieb es an derselben Stelle stehen, und so schaute ich heute Nachmittag (Mittwoch, Besuchstag) zu den Fenstern und versuchte zu erraten, welche der beiden Figuren wohl draußen sei. Wir waren mehrere, also Männer. Die an der Geburtsklinik freuten sich, gestikulierten und schrieben ihren Frauen hinter den Fensterscheiben Nachrichten per Fingeralphabet, wir, die wir an dem Teil standen, wo die Abbrüche erfolgten, waren wahrscheinlich auch nicht ganz traurig, trotzdem verhielten wir uns zurückhaltender.

Ich war mir schließlich überhaupt nicht sicher, ob man Uška entlassen würde, am Telefon hatte sie gesagt, wahrscheinlich ja, doch jetzt wartete ich schon über eine Stunde. Dann tauchte sie in der Flügeltür auf. Mit der Handtasche aus Schlangenhaut, geschwächt und überhaupt eingefallen.

Ich hieß sie willkommen, fast mit Liebe. Und es schien, dass auch sie dicht am Wasser gebaut hatte.

Wir gingen langsam den kleinen Hang hinauf.

»Was meinst du«, drehte ich mich zu ihr um, »versuchen wir es nicht?«

»Das wieder in Ordnung zu bringen?«

Ich nickte, und sie nickte etwas später auch.

Wir liefen an dem Fenster mit dem Wetterhäuschen vorbei, das nun fast auf unserer Ebene lag.

»Ich meine das ernst«, sagte ich.

»Ich auch«, sagte sie.

Ich schaute auf den gegenüberliegenden Sims (die Fensterbrüstung, Dupin, um genau zu sein), und dort im Garten vor dem Häuschen stand das Mädchen, sie sonnte sich, ganz angemalt, neben ihr auf dem Blech lagen Brotreste für die Tauben, und an einer Schnur hing eine ungarische Salami.

Ich sage zu Uška, dort steht das Mädchen, und Uška sagt, dann wird schönes Wetter, und ich erzähle ihr die Geschichte mit meiner Mutter, und Uška fragt, was ich *damit* sagen will ...! Na was schon, überhaupt nichts, sage ich, und sie fragt, ob ich denke, sie habe ein Mädchen gehabt; damit bringt sie mich ziemlich auf die Palme, ich sage, dass ich das nicht weiß, sondern dass sie eben nicht hätte die Augen schließen sollen, als man das aus ihr in den Eimer geworfen hat. (Und schon läuft das wieder!) Wir stehen am Auto, ich stelle die Handtasche auf den Rücksitz und helfe Uška beim Einsteigen, ich setze mich neben sie, in der Herbstsonne funkelt ihr Gesicht. Dann beuge ich mich vor, will die Tür schließen, da sehe ich, dass aus der Handtasche Wäsche herausschaut und hinter der Wäsche ein Umschlag. Ein Brief! Ich erschrecke, in der Reihe der Briefe, die ich aufbereitet habe, fehlt dieser!

Ich werde nervös und stelle Uška auf die Probe: diese soll ganz unbemerkt erfolgen. Ich ordne mich in die Fahrspur ein, von der aus ich wieder auf den Kreisverkehr abbiege. Uška ahnt nicht, dass ich mich hier auskenne, und so schaut sie sogar sehr arglos zum Mietshaus Nr. 16 hinüber! Ich leite daraus ab, dass diesmal *sie an ihn* schreibt! Die Antwort auf meinen Brief. Ganz plötzlich bin ich zärtlich, ich freue mich, dass die Rede von mir sein wird.

Und wirklich steht darin »*mein Lieber!*«, so wie sie es einst mir zu schreiben pflegte (als sie mir noch direkt schrieb).

»*Mein Lieber, zu dir ist es nur noch ein kleines Stück, ich würde zu Fuß zu dir gehen, wenn man mir erlauben würde aufzustehen ...*«

Wie hatte sie dies geschrieben? Wohl auf dem Bauch, gleich als man sie aus dem OP zurückbrachte. Gleich nachdem sie wieder aufgewacht war.

Und sie sagt noch, sie freue sich sehr und sie liebe ihn – den Adressaten. Überhaupt steckt dieser Brief voller Liebe und ist eigentlich hübsch, für Uška mehr als anständig geschrieben – und was wohl das Bemerkenswerteste ist – Luftlinie ist es zu uns genauso weit wie zu den H.s. Er konnte ruhig unten in der Schachtel gelegen haben, in der Uška unsere alte Korrespondenz aufhebt, so austauschbar sind ER und SIE, dass ich aus diesen Briefen hätte einen nach dem anderen herausfischen und alle nacheinander an H. schicken können.

Höchste Zeit.

Dann gehe ich zu Uška, gebe ihr den Brief zurück und küsse sie auf die Haare, weil sie schläft, die Fäuste geballt und unter der Bettdecke – wie eine Puppe.

Ich spreche sie an, streichle sie leicht und spüre Kühle. Nicht ihre – meine. Ich strahle Kälte aus, das Mädchen schläft.

Doch der Junge ist wach.

Der Junge muss über seine Finsternis wachen.

Ich nehme den Regenmantel und laufe hinaus auf die Straße.

Benda, es ist dunkel ... wie in einem Walfisch.

Oder wie im Herbst, zu Allerheiligen.

Ich ging an den Kiosken mit Kränzen und Kerzen, Eichenlaub und Chrysanthemen vorbei, und auch an den nekrophilen alten Frauen, die die Gräber polieren und zu Beerdigungen gehen wie andere ins Kino, ich ging meinen Weg, aber fröhlich, glücklich, dass ich *Kitsch* lebe und dass es dadurch wirklich traurig ist.

In der Konditorei gegenüber dem Friedhofstor gab es mein Dessert. Das, was ich mag, mit Obst in Stanniol. Ich kaue es und sage zu mir, Benda, du warst weise; so verbrannt, du wolltest keine Einäscherung ..., jetzt wärest du in einer dieser kleinen Kammern des Kolumbariums. Dort hinter Glas. Und bei deinem Glück sicher ganz da oben, man müsste über eine Leiter zu dir hinaufklettern. Ich stellte mir deine dritte Frau vor, wie sie in diesem engen Lederrock mit ausgerecktem Hintern zur Asche ihres Platzhirschs hinaufklettert, das Glas in der Tür anhaucht und es putzt; ich stellte mir vor, wie ihr der Wind, in dem das Laub von den Friedhofseichen herumwirbelt, unter den Strumpfhaltergürtel fährt, oder ich erinnere mich, dass sie einen getragen hätte, ich erinnere mich an ihren leicht hervortretenden Bauch, der sich in keine Taille pressen ließ, und so musste sie dieses Gummiteil tragen, das auf ihrem Bauch bläuliche Orgelpfeifen hinterließ.

Sei nicht böse, Benny, ich bin auf ihr herumgeklettert. Nein, das war nichts, aber jetzt tut es mir leid ... wir haben uns noch nicht einmal groß gekannt, und sie, war sie schon dein? Ich glaube nicht ... Und du hast mich verärgert. Bist mir lächerlich vorgekommen. Ein Geizhals, Pfennigfuchser, Hosenscheißer, und vor allem: dir war sehr an deinem Titel gelegen; als wir uns das erste Mal im Atelier trafen, hast du dich mir vorgestellt:

»Architekt Benda«,

und als ich deine großflächige Hand annahm und dir erwiderte:

»Admiral Adams«, bist du ganz rot geworden. Und so haben wir wenig miteinander geredet. Nur ein paar Grußfloskeln – ehe etwa ein halbes Jahr später sie ein- und ausging. Durch mein Büro, ich habe ihr nie einen Kaffee gekocht (wenn es passierte, dass sie warten musste).

Sie war recht hübsch. Eine Lichtbrechung im Wasser, hast du über sie gesagt.

Du hast mich akzeptiert. Wahrscheinlich nur wegen der Wohnung, ehe du deine dritte bekamst, ihr seid zu mir gegangen. Uška hat das an den Bezügen erkannt und ärgerte sich, weil ich ihre Wohnung zum Bordell machte. Manchmal seid ihr über Nacht geblieben. Im Sommer, wenn ich allein dort wohnte, und ich bin über sie geklettert. Eigentlich hat sie damit begonnen.

Doch du hast geschwiegen, fast sah es so aus, dass sie dir egal ist. Du hast sie nicht geschlagen, wenngleich sie von dir eine Ohrfeige verdient hätte ... bis zu diesem Moment. Du hast auch mir nicht die Fresse poliert, und so war ich fast dabei zu glauben, dass ihr mir irgendwelches Theater vorspielt und dass ihr vielleicht einen Dreier wolltet. Doch dann habe ich aufgeschaut und sah gegen das leicht schimmernde Licht der Stehlampe deine Glatze, gekonnt bedeckt von den kurz geschorenen Haaren, und ich sah deine blauen, wässrigen Augen, ich sah ihre Traurigkeit, ich sah, dass du sie liebst, aber dass du aufgibst, aufstehst und zur Tür gehst (mit einem keineswegs souveränen Lächeln) und dass du sie hier lässt. Warum, Ben?

Ich habe deine Membran durchdrungen, habe den Kreis gestört und stand dir auf der Brust, ich weiß selbst nicht wie! Warum hast du sie mir hiergelassen, du konntest nicht wissen, dass ich sie nicht besteige, ich stierte auf die bläulichen Orgelpfeifen auf ihrem Bauch, sie kicherte nur und ich griff ihr da hin. Ich kenne ihren Arsch, mit einem Grießbrei von Gänsehaut, wenn du ihn (den Arsch) berührst: und ich laberte, gab ihr Küsschen (ihr und dem Arsch), schwätzte, staunte – über dich, Ben, denn ich *wusste, dass du sterben wirst*! Sie hat dich nur mit verschiedenen Andeutungen gequält. Aber ich hatte nichts mit ihr. Ich weiß nur, womit sie sie dir ausgespannt haben. Ben, du bist im Himmel, Gott liebt die Verschmachtenden. Ben, ich lüge nicht.

Und du bist mir aber auch widerwärtig geworden – so als hättest du erraten, dass nichts passiert ist, du versuchtest, dich einzuschmeicheln. Vor allem in X., wo du mir die Nutte zuführtest (als Revanche?). Ach Ben, Ben, wie ausgezehrt sie war, federig. Hätten alle ihre Filzläuse beschlossen auszureißen, sie hätte sicher Untergewicht gehabt. Jung war sie allerdings. Sie war achtzehn, ein Jahr verheiratet – und ihr Mann bei der Armee. Und damit nicht genug: in diesem Lokal hatte sie sich ein Russe ausersehen. Vom Konsulat – so etwas ganz Unbestimmtes: ein Bulle, ein Journalist, ein Handlanger. Er flößte ihr den werweißwievielten Wodka ein. Und du hast dann mit *seinem* Wodka in ihrem Bauch getanzt! Du hast ihr da reingemacht und wolltest von ihr was bekommen – doch der Russe schnäubte sich, im Grunde richtig, stand auf und schloss mit einem auf dein Zögern ausgerichteten Blick, dass »*morda kirpicza prosit*« (deine freche Kuttel) und machte sich an sie ran. Du hast die Nutte mitten auf dem Parkett stehen lassen und bist zu mir gekommen. »Ich gebe dir eine Flasche aus, wenn du *ihm eine reinhaust.*« – Ich dem Russen. Du hast an mich geglaubt. Ich sagte – Idiot! klopp dich doch selbst; doch der Russe streckte sich schon nach dir in meine Boxstellung, und du, Benda (also *Architekt* Benda), ranntest um den Tisch herum, hast dich hinter mich gestellt und ich kassierte so einen Direktschlag, dass ich ihn erwidern *musste*.

Aber was wirklich toll war, der Russe saß dann mitten auf dem Parkett, schüttelte betrunken seinen großen Kopf und jammerte:

»*Aj, der Tscheche hat vielleicht einen Schlag!*« Das sagte er slowakisch und wiederholte es immer wieder.

»Ich hole die Flasche«, sagtest du, und ich sagte noch einmal zu dir: »Idiot!«

Dann schmiss man uns raus. Der Russe kam zu sich, stolperte hinter uns her und schimpfte (schön!)!

Du, die Nutte, ich und der Russe.

Und draußen, auf dem leeren Platz, es war drei Uhr in der Nacht, dröhnte jedes Geräusch wie ein Paukenschlag. Das Lallen des Russen wurde zu einem Schluchzen. Nun, endgültig betrunken durch die frische Luft, schleppte er sich zu einer Bank und gab kläglich Töne von sich. Man hatte ihm seine Puppe weggenommen, nun weinte er um sie mit dem Weinen eines Kindes.

Die Nutte lachte. Du zogst sie hinter dir her und sie – leicht irritiert – schrie, du hast die Hosen voll, Hosenscheißer.

Ich sagte zu ihr: »Halt die Klappe.« Und du gingst, um zu zeigen, dass alles anders war, zu dem Russen zurück, um ihn eine reinzuhauen.

Coup de grâce!

Und mich fragtest du, ob ich die Nutte wolle.

»Nak«, sagtest du, so wie man Hühner ruft.

Doch ich merkte, dass du mich magst.

Du dachtest, ich hätte rausgefunden, welchen Knopf man bei dir drücken musste, doch dass ich das Messer in der Tasche lasse.

Doch habe ich das noch nicht gewusst. Ich hätte mir einfach nicht eingestanden, dass du *derart* machtlos bist! Das ist nämlich *unerträglich* – das spüre ich nun sehr.

Brief an Rotkäppchen, Nr. 16. Hier!

Rotkäppchen, fürchte den Wolf nicht,
ich erzähle dir Dita, von ihrem Geplänkel.

Ich erzähle dir von Dita,
die Appetit auf ein Kind hat!
Ich verzeihe dir alles,
schon wieder liebe ich dich,
fasse mich ans Herz – und bin *sooo* (!) dein.
Oder du mein?
Nein, nimm mir das nicht.
Ich habe das Dessert verspeist!
Ich habe es langsam verspeist.
Ich esse immer noch daran – oh, es ist süß.

Dita sagte zu mir: ich spüre deine Süße, und ich antworte ihr: – du schmeckst mein Dessert …! Sie ist noch jung, wenn ich sie berühre, habe ich nicht den Eindruck, dass du sie, Rotkäppchen, geboren hast, die schwätzt so dumm! Und isst dabei so gern.
    Die reckartigen Zähne beißen sich ins Fleisch, meines, Rindfleisch, das ist ihr schnuppe. Heute begann es beim Salat, jenseits der Stadt im Hotel Družba (Sanssouci).

Sie haben dort Forellen und Austern
und auch nette Schlafzimmer.

Dita aß: zuerst verdrückte sie einen Teller Serbische Bohnensuppe, spülte sie mit einem Rest Cinzano hinunter, dann ein pikantes Omelett und danach Fleischbällchen (ich glaube dalmatische) und Leber und Karamellcreme, einen Espresso und eine Blume von der Blumenhändlerin und Küsschen von mir, all dies verspeiste sie und dann sank alles in ihr tiefer und tiefer, unten wärmte es sie, bis ihre großen hellgrünen Augen etwas kränklich aussahen und das Lächeln wärmer wurde.

»Gehen wir nach oben?«, fragte ich.

»Nein, lieber – ich schäme mich schrecklich.«

»Dann gehen wir im Wald spazieren«, sagte ich.

»Oder wir fahren herum, es ist schön hier.«

Der Herr Ober kam und bot Burgunder an.

Wir tranken und er sagte:

»Zur Schönheit des Herbstes passt Burgunder.«

Ich aber sagte:

»Der Herbst ist böse. Der Herbst ist ein nasskalter, ungemütlicher Monat.«

»Er schlägt auf den Magen«, räumte der Ober ein.

Dita sagte:

»Er ist wunderschön«, und zu mir: »Du weißt nichts darüber.«

»Ich muss es wissen«, sagte ich. »Ich habe gerade Dienst. Wenn ich das Haus verlasse, fängt es immer an zu regnen.«

Fragende Blicke. Dita und der Oberkellner sind sehr verlegen.

Dann jauchzt der Ober auf.

»Ah, ich weiß schon, was Sie sind.«

»Was denn?«

»Na«, spult er aus sich hervor und konzentriert sich auf jeden Laut, »na, Me-te-o-ro-lo-ge!«

Er dachte jedoch Bulle.

Brief, Teil zwei
(über Dita, die Lust auf ein Kind hat)

Sie lief zum Auto und war nackt. Die nackte Dita auf dem Waldweg.

Doch ich fahre.

Hier ist, Rotkäppchen, die wahrste aller Wahrheiten:

1) sie musste an die Luft, in meinem Auto lassen sich die Sitze nicht klappen,

2) zumindest die vorderen,

3) die Bezüge sind gewachst, sie kleben an der Haut (mit Hilfe von Schweiß),

4) Dita hat sich selbst den Rock ausgezogen,

5) sie hat selbst vorgeschlagen rauszugehen,

6) sie hat selbst gefragt, ob ich sie liebe.

Was sollte ich ihr darauf antworten? Ich sagte: »Ich mag dich«, und sie, dass sie mit mir ein *Kind* will!

Ach, du meine Güte, sie hat das wirklich gesagt, sie setzte einen Schmollmund auf und umkreiste jedes Wort wie eine Taube. Glücklicherweise hatte ich die Hosen noch nicht ganz heruntergelassen, und so fliehe ich Richtung Wagen, schlage die Tür zu, sie trommelt mit den Fäusten an die Scheiben und auf die Motorhaube, doch ich fahre los. Sie rennt! Sie rennt mir hinterher, nackt, die Oberschenkel sind weiß und sie trägt hohe Stiefel; wie schön sie auf dem Waldweg ist, die Eins schreit und die Dreien schütteln sich:

»Bist du verrückt geworden, du Arschloch?! Liebling, halt an!«

Und dann heult sie und ruft: »Mama!« Dich, Rotkäppchen, dich ruft sie von meinem Wolfspfad aus.

Doch unter uns, ich will sie nicht mehr.
Ich schreibe ihr einen Brief.

(an Dita, die ein Kind wollte)
Teures Fräulein,
auch wenn ich zugebe, dass ich in einem gewissen Sinne des Wortes auf den Geruch, den Sie ausströmten, reagiert habe, ist es wirklich nicht wenig, was Sie von mir verlangen. Eigentlich wundere ich mich, dass ich für diese Dreistigkeit trotzdem auf Sie gewartet habe; und dass ich bereit war, Ihre groben Beschimpfungen und Schläge zu ertragen, die Sie mir auf dem gesamten Rest des Weges versetzt haben. Doch ich werde auch jetzt großzügig sein und werde Ihnen nun ein paar Gedanken mitteilen, auch wenn ich denke, dass diese nur wenig Wirkung zeigen werden. Also, als ich Sie hielt (und das mochten Sie), stellte ich fest, dass Sie meine Berührung, noch genauer mein Begrapschen, mit einer Art Flüssigkeit füllt, die, wenn sie bis in Ihre Augen gelangt ist, an Gelee erinnert, wobei ich Gelee – nicht mag. Außerdem sehen Sie dabei wie die blökenden Puppen aus, die man nur umwerfen muss, damit sie den seltsamen Laut eines Schafes von sich geben, mit den Wimpern klappern und – sich hingeben! Oh, wie hätten Sie sich hingegeben, sehr geehrtes Fräulein, wenn Sie es bekommen hätten. Dabei aber ertönte, als ich Sie gestern berührte (und das war im Wald und es war schon kühler Herbst), wieder dieses klare Schnalzen, das verrät, dass Sie es sich viel lieber nehmen würden, wenn Sie es wagen würden zu nehmen, und dass also Ihre M (nach den Erfahrungen mit Ihnen will ich dieses Wort nicht einmal ausschreiben) letztlich gegen Ihre Manieren spricht. Sie

haben sich schon daran gewöhnt, zu blöken und die Augen zusammenzukneifen, und sie werden noch einige Jahre blinzeln, ehe aus Ihrem Gesicht ein Skapulier wird, ein Taschengurgeln, bald wird für Sie von Gott nichts mehr übrig sein, Sie werden zusammen mit Ihrem Mann und seinen Entzündungen, mit den Schmerzen im Unterbauch (an die Sie sich anfangs überhaupt nicht gewöhnen können) versauern, oder Sie bleiben Sie selbst für Ihre Alllieben, Ihr Liebesleben, das Schwimmen, Kitzeln und Röcheln ähnelt, mit dieser traurigen Sehnsucht nach Kindern, die schon jetzt in Ihnen ist, weil Sie ahnen, dass zumindest diese (diese Kinderchen) mit einem gewissen Aufwind und etwas nebenbei (by the way) gemacht werden sollten. Gott hat gewollt, dass das um sie herum stärker ist, nicht schon vorher einem Zweck geweiht. Was zucken Sie? Wollen Sie etwa auffliegen? Freiheit wollen Sie? Es liegt keine darin. Ach, du meine Ärmste, die du einen Mann willst, einen Schmollmund ziehst und »Kerl« sagst, denkst du wirklich, dass das daran liegt? Sie wollen ihre M!

 Und vielleicht, vielleicht hätte ich mit dieser Bewegung anfangen sollen, die du dir in Männer hineindenkst. Doch ich sehe mich. Und ich sehe dich. Dein Hintern ist auf einmal fett, deine Augen wirklich laienhaft geschlossen, deine Sätze stupide, so wie in Wirklichkeit, und deine Seufzer, es wäre besser zu schweigen, damit ich nicht lachen muss, denn Lachen verdirbt das Ritual, und genau in dem Moment, in dem du darauf wartest, hinweggefegt zu werden, bist du schwerlich auf einer kleinen Schaufel von einer Rabensense zusammengekehrt. Du willst nicht, und so ist das, was du zulässt, nur Zulassen. Irgendjemand wird dir raten (irgendein von einem Arzt geschriebenes Buch), du sollst dich dabei anstrengen. Anlegen solltest du und schnurren, somit seufzt du also und legst an, wie der Arzt geraten hat, und siehe da, einige Zeit später scheint es, dass du spürst, dass es prickelt! Während du der Urheber des Fixsterns bist, während du wirkliche Gravitation haben sollst; ein Satellit kreist, bewegt sich (der Satellit, der lächerliche, tatkräftige Mann), doch ein Fixstern ist tragend, sie ist ... ach, was erzähle ich da, sie ist, nein, er ist, also die Bewegung, die aus den Männern hervorsprudelt – diese Bewegung ist ein langsamer und parzellierter Fall auf die Oberfläche des ursprünglichen, brennenden Sterns.

Nein, ich will dich nicht mehr.

(Anmerkung für Dupin: mein Herr, die erwähnte Verlangsamung ist jedoch allgemein, sie betrifft, wenn schon das Fallen, dann auch das, womit es Ihnen gelungen ist, zu fallen!)

Als die nackte Dita hinter meinem Wagen (in dieser Phase nicht mehr hinter mir) herlief, sah ich sie im Rückspiegel buchstäblich schwimmen. Ich legte den zweiten Gang ein und entledigte mich mit einem Tritt aufs Gaspedal dieser kraulenden Arme. Einen Moment hatte ich das Gefühl, sie könnte vielleicht gestürzt sein, wahrscheinlich hatte sie sich schon auf das Blech der Motorhaube gestützt, und ich hatte sie umgefahren, oder sie hatte sich absichtlich hinfallen lassen, um Mitleid zu erregen, denn das ist üblicherweise die Absicht von Fallenden, ganz sicher aber geschah das, als sie fiel – als sie aus meinem Blickfeld verschwand –, ich möchte, Dr. Krsek, nur ungern den Begriff Fall verwenden, sehr gegliedert, und so nahm ich die einzelnen Abschnitte zu genau wahr, dass ich sie jederzeit beschreiben kann ...

Die ersten sechsunddreißig Tage warf Dita vor sich die Arme hoch, also zuerst die Handflächen, dann die Ellbogen und hinter ihnen die langen, rötlichen Haare, weitere zweiunddreißig Tage dauerte – nein, ragte: ihr Lächeln hervor, stupide, vorgefallen, wie es einem nur einmal im Leben gelingt, dann, und das ist besonders zu erwähnen, hefteten sich die Brüste an dieses Lächeln, die weißen, schon etwas weichen Dreier, die bis zum Kinn emporwippten, wo sie anhafteten, um die verbleibenden einunddreißig Tage in der Art abgerissenen Pflasters abzudocken, wobei sich jedoch die Aufmerksamkeit von ihnen zum Arsch verschob, den Frl. Dita immer genau nach den Startanweisungen herausdrückte, jedoch mit dem Unterschied, dass in der »Los!«-Phase jene weiße Fläche mit dem Schatten in der Mitte, die über den Waldweg in der Nähe des Hotels Družba (Sanssouci) aufragte, nicht nach vorn durchstartete, wie ich erwartet hätte, sondern irgendwie in sich zusammenfiel (wie wenn Luft aus einem Ballon entweicht), platzte, und in den gleichen Koordinaten tauchten an ihrer statt Stiefel auf, plötzlich erleuchtet vom roten Schein der Bremslichter, denn ich musste vor einem Schlagloch aufs Bremspedal treten.

Die neunzig Tage dieses Falls hinweg reiste ich knapp sechzehn Tage nach Sanssouci, und was besonders bemerkenswert war: die noch verbleibenden Handlungen im Zusammenhang mit Frl. D. (d. h. Einladen, Versöhnung, Masturbation, Betrinken) erforderten nicht mehr Aufwand als anderthalb Stunden reine Zeit.

Trotzdem wurde ich stark von dem Gefühl verzehrt (oh, Dupin, ich habe früher über ähnliche Formulierungen gelacht, nun aber weiß ich, dass einige Gefühle einen wirklich auffressen können), dass ich wieder um volle neunzig Tage älter bin.

Zum Beispiel: in einem Zeitabschnitt, der vorher in etwa zwei Stunden entsprochen hatte, so ließe sich die Zeit definieren, die ich unter normalen Umständen dazu gebraucht hätte, um Uškas Kleidung und auch die übrigen Gegenstände geringfügigen kurzfristigen Bedarfs (sog. GKB) wegzubringen, bin ich genau um 13 Jahre gealtert, und da kann ich noch von Glück reden, denn zu Uškas Garderobe zählte kein Pelzmantel, der angeblich eine um ein Vielfaches längere Lebensdauer hat als normale Mäntel – und ich kann mich sehr gut daran erinnern, wie wenig gefehlt hatte, dass ich ihn ihr gekauft hätte. (Zum fünften Hochzeitstag hatte ich das geplant.)

Ich musste gehen, ehe die Ladefläche des Kombis voll war, und mich beruhigte nur, dass mit Dipl.-Tech. Hromádka bei Weitem nicht so viel Arbeit sein würde, wenn die Zeit reif war, einen H-Plan auszuführen.

Beim zweiten Gang schwankte ich etwas, und mir glitten Uškas Kostüme vom Arm, und in der Annahme, dies könnte vielleicht eine Warnung, eine Anmerkung oder ein Eingriff sein …, sage ich zu Uška, ob sie das nicht wenigstens jetzt lassen wolle.

Sie schaute mit ihren großen, ihren feuchten und ihren blauen Kuhaugen und schwieg, sie schwieg, bis es wirklich genug war, und dann sagte sie, sie werde »noch den Fernseher mitnehmen«.

Der Fernseher ist jedoch sehr schwer, bei ihm altert man, dass es fast greifbar wird. Darüber hinaus musste er gegen Erschütterungen während der Fahrt gesichert werden, und ich hatte nichts weiter zur Hand als die Regenpelerine, auf die sie mir einst in dem Traum eine Erlaubnis geschrieben hatte, und dann Strumpfhosen, für Kinder – eine ganze Marmeladenkiste voll.

»Wo ist mein Kostüm ...«, sagt Uška, ich bin noch nach vorn gebeugt – ich stopfe das aus, »du weißt doch welches?«

Ich blicke sie an. Sie steht Kopf. Zumindest von hier, aus der Perspektive des Ausstopfens heraus. »Und welches?«, frage ich.

»Na, das schwarze.«

»Meinst du das für den Sarg?«, sage ich (und wenn sie bis jetzt nur ein bisschen gezweifelt hat, geht es nun wieder zügig). Sie kneift die Augen zusammen, schießt sie auf mich ab und stellt sich vom Kopf, so wie wenn der Zeiger einer großen Uhr das Ziffernblatt umrundet, zurück auf die Füße.

»Ich meine das Georgettekostüm, meins!«

Auch ich habe mich wieder aufgerichtet und trage ihr geblümtes Kleid heraus (grüne Stiele und rote Rosen), das mit dem großen Ausschnitt und dem durchgeschwitzten Halbmond in den Achseln, ich rieche den Schweiß und eines der Glieder dieses Körpers, jetzt ist es das Glied und nicht der Schwanz, scheint sich zu regen, vielleicht damit ich den Gartenstuhl sehe, über dem einst die Kleider hingen, wohl damit ich sehe, wie es auf sie herabregnet, während Uška, nackt und in eine Decke eingemummelt, auf der Veranda schläft, und wenn sie aufwacht, wird sie nur lachen und sagen: – dann zieh dich wenigsten aus, das wird Klasse; und ich trage noch andere Kleider, die ins Theater, auf denen du einen Fleck durchgesessen hast, als der coraggioso Ulisse seinen Bogen für die berühmte Penelope spannte (Di Penelope casta l'immutabil costanza) und den Bräutigamen sang: »Blut wird fließen«. Du hast auf ihn gehört, damals gaben sie die Heimkehr des Odysseus, der scharfsinnige Sohn des Laertes hatte einen Tenor und trug hohe Absatzschuhe, du das Kleid, das ich gerade über dem Arm habe – wohin soll ich es bringen?

Ich lege es zusammen, die Ärmel nach Innen und das Futter nach außen, und ganz oben wird das letzte liegen, das Kleid für den Sarg, wie es dich kleiden würde, vor allem die Spitze, die so weiß dein weißes, spitzes Kinn einrahmen wird, du liegst da mit dem Kinn nach oben, die Lippen zusammengepresst und völlig farblos, die Wimpern lang (wer hat sie dir angeklebt? im Leichenwagen?) und in Fesseln, gebunden durch einen Rosenkranz, und ringsherum Blüten, Blüten auch in den Lackschuhen unten, lebende Blumen und Heiligenbilder, wo ein Engel begleitet und ein Hirte hütet, während auf der Rückseite Hr. Velebil in Versalia um ein Gebet bittet, ach, Uška, wundere dich nicht, dass es so viele von diesen Bildern gibt, ich konnte das Suscipiat am besten, ich habe die meisten Bildchen bekommen, am meisten von allen Jungen, die das Rochett anlegten, mehr als Fräulein Pulpánová, auch wenn sie immer Velebils Ring küsste, diesen Ring an der Hand, die mich manchmal streichelte, denn ich sollte Priester werden, und ich nickte zustimmend, wenn man mich fragte, ob das wahr sei.

Da sagt Uška, noch den Föhn, wo wir ihn gelassen hätten, sie fragt, als ob sie überhaupt nicht spürte, dass es gerade weht.

»Im dritten Schubfach«, sage ich, »im dritten von oben.«

An P. Velebil
Hochwürden,
als Bendas Junge hinter der Quaste Ihres Pluviales hinterherstolperte, schritten Sie aufrecht und doch demütig wie ein Priester einher. Ich aber wusste, wie alt Sie sind. Ich wusste, dass Sie schon alt sind. Ich sah das, als ich wegen Bendas Beerdigung bei Ihnen war. Sie saßen in einem roten Plüschsessel und standen nur mit Schwierigkeiten auf. Sie haben sich sogar daran erinnert, dass ich Schüler der 2 A war, der Klasse, die Sie zur Kommunion führen sollten und die vor zwanzig Jahren am Namenstag des Johann Nepomuk um drei viertel zehn vor der Kirche zusammenkam und vergebens auf Sie wartete, denn zu dieser Zeit waren Sie noch werweißwo. In der Nacht waren Leute mit Autos gekommen, haben Sie mitgenommen, und Frl. Pulpánová, das achtzigjährige Kerzenweib, hat es gesehen, sie hat gesehen, wie man Sie in einen Bus mit weiß gefärbten Scheiben warf, es waren viele, man hat ihn geschlagen, sagte sie und sie weinte, und am Dienstag darauf ist sie vor Traurigkeit gestorben, unversorgt und allein, wovor sie am meisten Angst gehabt hatte. Sie haben sich an sie erinnert und versprochen, das Grab mit Weihwasser zu besprühen, auch wenn Sie wussten, *wie* Benda gestorben war. Sie schritten aufrecht den Sandweg entlang, und Bendas Junge stolperte hinter Ihrem Pluviale her, und ich spürte in diesem Moment etwas engelhafte Leichtigkeit, mit der ich einst auch zur Kommunion geeilt war, und auch jetzt war ich *einem Etwas* dankbar, dass Sie zumindest gekommen waren, die Lebenden und die Toten zu begleiten, uns in die Erde zu legen. Und wenn Sie zugelassen haben, dass Benda in seinen angesengten Händen ein

Kreuz hielt, wenn die anderen schon zugelassen hatten, dass er das *dritte* Hochzeitskleid trug, so müssen Sie von Gott etwas gewusst haben, was auch ich wissen wollte …, warten Sie, ich sage Ihnen, was mich schreckt, erlauben Sie mir nur, es zu flüstern, beugen Sie sich nah zu mir – ich werde nichts verschweigen.

Ich habe mir schon sehr ihren Tod gewünscht, ich habe Gott gebeten, sie zu töten (natürlich Uška), doch in den Sarg werde ich sie allein legen und in ein sog. aufrichtiges Weinen ausbrechen. Ich weiß genau, was ich zu der Beerdigung tragen werde, das wird so eine Art Trauer Nichttrauer sein, schwarz, aber nur flüchtig: ein Mitleidskleid; ich weiß, dass ich stehen werde und was ich denen antworte, die mir ihr Beileid ausdrücken. Und meinem kleinen Sohn kaufe ich draußen vor dem Friedhofstor ein Früchtedessert, das in Stanniol. Oh, ich weiß alles sehr genau, und so fühle ich mich besser. Ich kann besser atmen, werde besser wach, manchmal fühle ich mich schuldig, doch nur einen Moment, dann versuche ich sogar, Hochwürden, diesen Zustand hervorzurufen, kurz gesagt: ich zitierte das.

Vielleicht würde ich erstarren, vielleicht wäre ich nachsichtiger, wenn ich die Sicherheit hätte, dass einmal die Strafe kommt, dass Gott Uška hinwegfegt. Doch ich habe Angst, dass ich vielleicht nicht mehr dabei bin, oder ich habe Angst, und das noch mehr, dass eventuell in seinen Augen (d. h. in denen Gottes) Uška unschuldig ist. Nein, unterbrechen Sie mich bitte noch nicht! Ich soll die Wahrheit sagen, ich soll hörbar sprechen, bestimmt und anständig, und ich tue das. Ich glaube wirklich viel mehr Ihrem Requiem als den Ansprachen über die Lust zu leben. Ihr Klagen ist näher an der Wahrheit als Ihre Hoffnung. Ich weiß, Hochwürden, ich bin zu arrogant, ich nehme mir heraus zu wollen, Gott solle mir etwas extra verkünden (mir, persönlich – direkt), ich wage das und sündige *schwer*. Doch was ist wirklich BÖSE? Sicher, er ist der Vater, doch ich stelle mir bei dieser Anrede manchmal jemanden vor, der uns verschwendet wie Samen, der uns nur so ausstößt, egal was wo Fuß fasst, doch mit der Sicherheit, dass sich in denen, die keine Wurzeln schlagen (und warum soll gerade ich – ich dazugehören) Dunkelheit, Kälte, Schmerz ansammelt, der nicht göttliche Teil der Welt!

Und wenn ich auch einräumte, dass in diesem Bösen etwas Gutes liegt, dann nur unter der Bedingung, dass es gut ist zu verschwenden, dass darin eine Richtung, eine Bewegung liegt – empfangen wahrscheinlich durch einen Tritt – ein Aufquellen in Formen, aus denen nichts wird und denen auch nur das Wissen um eine gewisse Nützlichkeit verwehrt bleibt, der armselige Glauben, dass sie geopfert wurden und dass es etwas gibt, auf das man sich verlassen kann.

Ich hatte nicht den Mut, mich derart anzuvertrauen.

Mich erwartet die Gehenna, die dunkelnde Dunkelheit.

Doch ich sage mir, sich dort wiederzufinden muss noch nicht das schlimmste Schicksal sein; die Hölle ist schließlich auch ein Verhältnis zu Gott. Eben die Verdammnis steht außerhalb jeder Beziehung. Das ist einfach Unterlassung. Gott hat kurz gesagt vergessen, sich auch mit Strafe zu befassen, und dabei lässt er alle Sinne wachen, mehr noch, er macht sie noch empfindsamer.

Ich habe gestern Bendas Dritte getroffen …, die, die er im Brief »Liebe« nannte, ich dachte, zumindest ein Stück des

Strangs, in dem er verbrannte, würde in ihr Bett fallen, ein Stück Kohle, das das Betttuch schwärzt und verhindert, dass andere Körper dort ihren Abdruck hinterlassen.

Ich begegnete ihr, sie ging die Straße hinab, die leicht abschüssig war. Ich sah zuerst nur einen hellen Fleck, schaute zu ihr auf, und das Gesicht trat hervor, es tauchte auf aus dem Gemisch verflossener, verschmolzener Gesichter, und ich nahm eine schöne Frau wahr, doch erst dann machte mich etwas darauf aufmerksam, dass ich schon an ihr vorbeigegangen war.

Gepflegt, gut gekleidet, selbsttragend wie eine Wendeltreppe.

Sie hatte mich nicht gesehen oder so getan, als gäbe es mich nicht.

Das erste Mal in den sieben Jahren seit seinem Tod ist sie aufgetaucht. Für ein paar Sekunden – wie eine Zielscheibe vor einem Schützen.

Ich nehme Lärm wahr.

Mein Sohn läuft barfuß übers Linoleum, der Teppich ist eingerollt und wird von einem dicken Teppichträger weggebracht.

Mein Sohn hat sich sein Kissen und seine Schildkröte unter den Arm geklemmt, beides Wesen, die er gern mag.

Die Beine der Schildkröte paddeln durch die Luft.

»Hast du für Vroni Futter?«, frage ich.

»Nein.«

»Dann kaufst du ihr Salat.«

»Ja.«

»Aber zieh dir Schuhe an!«

Ich mache ihm die Schnallen an den Sandalen zu und setze Vroni in einen Karton.

»Und Kohl frisst sie nicht?«, fragt mein Sohn.

»Biete ihn ihr doch einfach an.«

Der Junge legt das Kissen in den Sessel und sticht mit einem langen schwedischen Schraubendreher (ja, er ist es) Löcher in den Deckel der Schachtel.

»Damit sie atmen kann.«

»Dann hat sie dort auch etwas Licht«, sage ich und will wissen, ob er seine Schildkröte mit auf dem Zimmer haben kann.

»Das weiß ich noch nicht«, sagt er.

»Haben sie *dort* einen Garten?«, frage ich. Er antwortet mir, dass sie einen Garten haben.

Er sagt »dort«, aber das ist keine Umschreibung, sondern eine Ortsbestimmung.

»Und dort steht ein Zwerg.«

»Ich bitte dich!«

»Wirklich, Papa, er liegt dort und stützt den Kopf auf.«

»Schläft er?«

»Nein, er raucht Pfeife.«

»Dann kenne ich den«, sage ich und schnüre den Karton zu und bringe die Schildkröte und den Jungen zu den Spediteuren.

»Aber«, erinnert er sich, »wir haben Alfi dort gelassen!«

»Ich hole ihn.« Ich reiche dem Jungen die Schachtel mit der Schildkröte und fahre Fahrstuhl, um das zottelige Spielzeug zu holen, das ich vor einer Woche gekauft und nach dem Vorbild des Alf von Högerhaus getauft habe.

Wenn man etwas ebenso Gummiartiges wie ein Klistier quetscht, beginnt der Hund zu bellen und springt hoch.

Ich suche ihn in einem Haufen Würfel, Kegel, Autos, ich laufe durch Reihen zu Stapeln aufgeschichteter Bücher, ich gehe zwischen Töpfen und Bildern zur großen Enzyklopädie, deren Buchstabe BLE – CHE so erbarmungswürdig übersteht, dass ich an ihr hängenbleibe. Sie ist nett zu mir, sie fliegt bis zur Heizung, klappt auf, fällt auf Alfs Gummireifen und spricht, beginnt gummiartig zu bellen.

Da hupt unten ein Auto, ich solle mich beeilen. Genauso wie damals, als sie aus dem Beerdigungsauto heraus gehupt haben, in dem die Braut saß, schwanger, fürchterlich aufgedonnert, mit splissigen Haaren.

Auch diesen Traum kenne ich.

Dann will mein Sohn einsteigen, wenn er neben den Rädern des Umzugswagens steht, erreicht er nur knapp deren Höhe. Einer der Männer nimmt ihn, wedelt mit ihm leicht und mit Grazie zu dem Zweiten, der hoch oben im Fahrerhaus sitzt. Mein Sohn hält immer noch die Schachtel mit Vroni und das Kissen fest.

Sie reisen durch die Luft und verschwinden dann, sie verschwinden hinter dem Bauch des Ersten der Besatzung, sogar noch bevor die Tür zuschlägt und der Motor anspringt.

Ich kann nicht hineinsehen, doch ich weiß, dass der Junge zwischen den Körpern sitzt, die Schachtel mit Vroni auf den Knien, das Kissen wieder unter dem Arm, ich weiß, dass er klein ist und auf alles aufpasst.

Verbrannter Diesel ist zu riechen.

Ich stelle mich auf die Zehenspitzen und sehe einen Zipfel seiner blonden Haare.

Ich sollte ihm zuwinken, ich will die Hand heben, doch – ich halte Alf darin fest.

Alf von Högerhaus.

Herrn von Högerhaus, gegeben in N., den 13. August
Sehr geehrter Herr,
für den ganz möglichen Fall, dass Sie sich meiner auch im Geringsten nicht erinnern könnten, stelle ich mich wieder vor. Ich bin derjenige, der Ihr gnädiges Fräulein, Dita, glaube ich, hat sie geheißen, Dita von Högerhaus, begleitet hat. Ich habe Ihnen zweimal geschrieben, und Sie antworteten nicht. Etwa wegen ihr? Hören Sie doch auf, uns beide wird kein Kleinkram trennen. Oder sind Sie ärgerlich? Warum um Gottes willen? Ich habe irgendeine Dummheit geschrieben oder mein Brief ist verlorengegangen, nein, das glaube ich nicht, das wäre, mein Herr, bereits der zweite Fall und Sie würden auch sehr daran verlieren, ähnlich wie Stani, die schöne Nutte aus Chlumec. Ich habe ihr geschrieben, dass ich es ihr besorgen würde, doch sie schweigt, bis sie dran stirbt. Ich wollte sie warnen, ich hatte schon fast sechstausend Kronen, ursprünglich für einen Pelzmantel zum fünften Hochzeitstag mit meiner Uška, aber dann für sie, Stani. Im Verzeichnis stand sie an erster Stelle – und sie schwieg!
So melden zumindest Sie sich, auch wenn Sie in meiner Liste erst der Siebenunddreißigste sind, ich habe Sie, Alf, recht gern. Übrigens schreibe ich nur denjenigen, die ich liebe, nur sie erhalten eine detaillierte Warnung, denn es naht eine sehr böse Zeit, Neptun steht in Konjunktion mit Mars und Saturn im Quadrat zur Venus, vor allem, wenn Sie im März geboren sind, müssen Sie Angst haben, Saturn ist das Blei, schon jetzt muss man
unerschütterlich,
    stark,
        kräftig sein.

Saturn ist das Blei,
er gießt seine Schwärze aus, leuchtet seine Schwärze, leitet
sie in meinen See ein und der Fisch, der mich gebissen hat,
dieser Onyx-Fisch, taucht bereits auf, verflüchtigt sich
schon, hört meine Tränen,
Saturn ist alles, was vorbei ist,
Hemmung und Lähmung,
er macht sich bereit, zu uns zu kommen!
Dies sind zuverlässige und wahre Worte.
Vernünftig der, der etwas auf sie gibt und sich rettet.

(Alfs Antwort – das nächste Mal.)

(September 1972)

Onkel Antons Mantel

Man brachte mir Onkel Antons Mantel und auch seinen Hut von der Firma Johnstone and Co., 25 Nelson Square. Ich weiß, dass innen im Futter das Firmenzeichen golden eingeprägt ist. Zwei Greife halten ein Schild mit Kreuz und auf dem Spruchband darunter steht DOMINE DIRIGE NOS.

Und sieh da: Der Onkel geht in diesem Hut und in diesem Mantel vom Eichenwald am Glockenturm vorbei, wo der Invalide Hemele am Strang zieht. Es ist Mai, Anton lüftet den Hut, als grüße er das Wirtshaus ›U Kůrů‹. Er hebt seine Londoner Melone und hänselt den Invaliden im Rhythmus des Bimmelns:

He-me-le-säuft-Kla-ren!
Hemelesäuftklaren!

Ich komme vom obgenannten Wirtshaus mit einem Krug Zwölfer für meinen Vater, trage den Krug mit beiden Händen, um den Schaum nicht zu verlieren, aber Hemele bohrt den Holzklotz, der ihm das rechte Bein ersetzt (und in einem kleinen Huf endet wie bei einem alten Teufel), in die Schlacke, und so, meinem Kreisel nicht unähnlich, schnappt er sich einen Pferdeapfel, und der fliegt auf unseren Anton, den »beschissenen Schuhflicker und Dreckskerl, schuhflickerischen« zu, fällt jedoch in meinen Krug, dass mein behüteter Schaum in alle Richtungen spritzt und ich zu flennen beginne.

– Heul nicht, und Onkel Anton schüttet Vaters Bier weg,
– bist doch ein Kokeš.

Damit meint er, dass ich genau wie er ein Kokeš bin. Und er ballt die Faust, bis man unter dem englischen Tuch die geschwellten Muskeln erahnt. Und mit dieser Faust fuchtelt er in Richtung Hemele, aber so, dass es das Glied versinnbildlicht, das auch Schwanz genannt wird: *sooo einen*. Denn in der Armbeuge dieser geballten Rechten wird die Linke (mit der Handkante) angesetzt, als wollte sie den rechten Arm abhacken, wohingegen sie ihn durch die exakte Abgrenzung zum Sinnbild jedweden Knüppels macht. Dann schwenkt man dieses Sinnbild vor jedem Freund und Feind, damit er weiß, wo wir als Geschlecht stehen. Sollten wir einmal ein Wappen besitzen wie die Firma Johnstone and Co., dann würde es das enthalten.

Daher zeige auch ich dem Invaliden die Faust.

Bei einem kleinen Buben muss das äußerst lächerlich wirken. Aber Anton grinst nicht wie sonst, auch er trieft, allerdings vor Tränen – ihm ist nämlich die Anděla Vandasová gestorben, wegen der er im Ballon geflogen ist. Er bewahrt in seinem Hut einen Bericht darüber auf – hinter dem ledernen Schweißband. Als Hemele mit der Totenglocke ausgebimmelt hat (und er läutet uns zur Strafe absichtlich länger, Andělas Todesanzeige hat er mit Reißnägeln an den Schienen des Glockenturms, vielmehr an dem Brett, das die Schienen verbindet, befestigt), setzt Onkel sich die Melone nicht auf, sondern entnimmt ihr die »Erste Kostprobe der Freiheit«, diesen Zeitungsausschnitt mit dem Foto, auf dem ein Ballon namens ›Kysibelka‹ aufgepumpt wird

– Warum läutet der immerzu?
– Er mag mich nicht.
– Wieso?

– Weil sie ihm das Bein abgesäbelt haben, und ich war auch in dem Krieg.
– Hm, sage ich, – und was ist das, ein Säuftklarer?
– Was?
– Ein Säuft-kla-rer! So nennst du ihn doch, den Hemele?
– Ach, lacht der Onkel (aber da sind wir schon in einem anderen Wirtshaus, holen anderes Bier, der Onkel hat noch immer diesen Mantel an und den Hut auf, und es ist noch immer Mai und Sonntag), – ein Säuftklarer, der bin heute ich.

Darauf tritt er zum Schanktisch und bestellt sich Damase Hobé et Cie., reinen Konsumspiritus. Dabei ist es so still, dass man nur das Bier in den Krug fließen hört. Der Spiritus rüttelt den Onkel durch, der Onkel schüttelt sich, schnaubt und sagt (was mir absonderlich erscheint) zu der Verblichenen:

– Das hätten wir also, Anděla!

Ich freue mich schon, bis er sich besäuft, denn dann wird er mir von der »Kysibelka« erzählen. Das tut er nämlich, hockt sich bei uns auf die steinerne Stufe, erzählt von seiner Ballonfahrt, und ich höre zu, solange er ordentlich artikuliert; sobald er jedoch zu mümmeln beginnt, trage ich eine Waschschüssel voll Wasser in den ersten Stock, kippe sie über den Onkel aus, und der wundert sich über den plötzlichen Wetterumschwung. Ich begieße ihn jedoch nur, wenn er nicht feiertäglich gekleidet ist, d. h., wenn er nicht seine Fliegermontur anhat, diesen Hut mit dem Mantel, die ich nicht ruinieren will, weil er versprochen hat, sie mir zu vererben. Er behauptet, so sei er bei seinem Flug gekleidet gewesen. Darauf ich, ob es dort geweht hat. Wo? Im Himmel, natürlich.

– Nein, sagt er, – der Wind hatte eine Geschwindigkeit von 5–6 m pro Sek. Wir haben fast still gestanden.

– Du und der Ballon, ergänze ich sofort, und an dieser Stelle erklärt er immer: – Da war ich aber noch kein Schuster.

– Sondern Ballonfahrer, sage an dieser Stelle ich und weiche zurück, falls er erkennen sollte, dass ich ihn verulke. Aber er bestätigt, ja, ein Ballonfahrer wie die Herren Godard und Surcouf, – wir sind zum Hradschin geflogen.

– Ich weiß, nicke ich. Ich weiß es wirklich. Sie flogen hin. Alles versank. Was rundum war, blieb unterm Korb zurück, und die Menschen sahen aus wie Bleisoldaten. Und rechts drei Weiher. Die Luft vibrierte. Ich schiele zu Anton, ob das wahr ist, und sieh da, sie vibriert auch jetzt. Die »Kysibelka« steigt, schiebt die Landschaft von sich, der Horizont ist dunstig, die Luft um den Ballon herum klar. Felder, Wiesen, Haine und Straßen tief unter dem Korb verlieren nichts von ihrer Übersichtlichkeit und Detailschärfe, auch als Onkel, wie ich so schaue, schon mindestens 900 m über der Welt schwebt Wo sie regungslos hängen. Die gelbe Kugel der »Kysibelka« und die gelbe Sonne.

– Das hätten wir also, Anděla.

– Heul nicht, sage ich zu ihm, – bist doch ein Kokeš!

Ich mache die bewusste Geste. Er macht sie auch. Aber zunächst misst er mich. Ich finde, er weint nicht einmal wie ein Mensch, seine Tränen bilden ein Tröpfchen an der Nase, es ekelt mich ein bisschen. Aber ich halte seinem Blick stand. Auch dem Streicheln, einem Mittelding zwischen einer Ohrfeige und einem Kopfstück.

– Du wirst ein Herr, sagt er. – Hast den Kopf dazu.

Ich verspreche es ihm.

– Siehst du diese Pranken?
Ich sehe mir seine großen, rissigen Hände an.
– Solche leg dir nicht zu.
Auch das verspreche ich ihm.
– Ein *Herr*, verstehst du?
– Nein.

Er wird böse und schnäuzt seine Tränen aus. (Hemele sollte noch läuten, das würde zusammenpassen!)

– Und du musst fliegen!, befiehlt er mir und grapscht dabei nach seiner Melone, kriegt und kriegt sie aber nicht zu fassen.

Ich schmeichle mich ein:
– So wie du?
– Blödsinn. Da ertastet er den Hutkopf. – Wie ein Bussard. Klar? immer hoch oben bleiben. Und wenn dich das einmal anödet, noch höher fliegen, dass du gefrierst.

Dann fischt er die »Erste Kostprobe der Freiheit« heraus und reicht sie mir. Links kommt ein dicker Schlauch aus dem Ballon, der Ballon selbst sieht noch aus wie eine Träne. Um den Korb ein Häuflein Männer, aber so unscharf, dass man keinen davon erkennt.

– Welcher bist du, Onkel?
– Der da, näselt er, aber sein Finger deutet auf den Schlot hinter der tränenförmigen »Kysibelka«. Deshalb gehe ich die Waschschüssel holen, es sieht ganz so aus, als würde er heute nirgends mehr hinfliegen. Ich lasse das Wasser einlaufen, öffne das Fenster im ersten Stock über dem Eingang. Onkel streckt drunten alle viere von sich, der Himmel droben ist klar. Bis auf das Wölkchen, aus dem unverhofft ein Schauer niedergeht, sobald ich es will.

Ich schaue genauer hin, und plötzlich fehlt mir die Kraft. Ich stelle die Waschschüssel auf die Fliesen – und staune: Onkel Anton fliegt in der »Kysibelka«. Gelb schwebt sie über den Glockenturm in Richtung Eichenwald. Endlich! Ich bin froh, dass er es doch noch geschafft hat. Immerzu hat er von seiner Fliegerei geredet, und ich habe es nicht übers Herz gebracht, ihm zu sagen, dass ich weiß, dass er schwindelt. Ich winke und sehe, dass neben ihm Anděla steht, seine große Liebe. Dieselbe, die ihn hat sitzen lassen, wegen Herrn Vandas, dem böhmischen Ballonfahrer. Der Onkel reicht ihr gerade ihre ehemaligen Brautschuhe. Anděla bedeutet ihm jedoch, sie gedenke barfuß und barhäuptig zu bleiben, wie sie ist. Wie sie flattert.

Es sind die Schuhe, die Anton auf Anweisung des Meisters für sie genäht hat, vor zweiundsechzig Jahren.

Er hat sie mit so bösem Blick genäht, dass Anděla sie alsbald zur Beerdigung anziehen musste.

Die Schuhe waren aus Ziegenleder, hatten ein Brokatfutter und bis zur halben Wade einen Schnürverschluss mit vergoldeten Häkchen.

Dieser Vandas stürzte zwischen den drei Weihern aus der »Kysibelka«. Die Bleisoldaten verwandelten sich zurück in Menschen und liefen, um das zusammenzukratzen, was noch übrig war. Es fand Platz in einem Kindersarg.

Das ist schon lange her. Anděla weiß, wie traurig Anton damals war. Die »Kysibelka« steigt. Der Horizont ist dunstig, aber Felder und Wiesen tief unter dem Korb verlieren nichts von ihrer Übersichtlichkeit. Detailscharf muss auch ich zu sehen sein, aus dem Fenster gebeugt und die Hand über der Stirn, damit sie meine Augen beschattet.

Anděla vergibt Onkel Anton den bösen Blick. Onkel Anton ist glücklich, und da der Ballon nur für zwei Personen gemacht ist, verspricht er Anděla für diese Vergebung, dass er nicht unsere pupsende Tante zur Frau nehmen wird, obgleich der Herrenausstatter Nešvera schon den teuersten Mantel aus englischem Tuch expediert hat, und Pech, der Hutmacher, die Melone Domine Dirige Nos.

Der Bote hat eine äußerst merkwürdige Abkürzung nehmen müssen, denn er bringt die Sachen geradewegs zu mir.

(1977)

Salamandra

Leise lachte Josef V. Fisch, Lehrer höchster Gehaltsstufe und Vertreter des Rektors, vor sich hin, er hatte einen Brief mit amtlichem Stempel erhalten, in dem man ihn endlich um eine kleine Schrift mit dem Titel »Gibt es Gott?« bat, eine Arbeit von 3.63 Bogen Umfang, thematische Gruppe 02/6, in einer voraussichtlichen Auflage von 8230 Exemplaren. Es war sein Thema, er hatte darüber in den letzten zwei Jahren vierundzwanzig Mal vorgetragen. Er musste also nur die Exzerpte ordnen, sie noch einmal abschreiben, eigentlich noch einmal diktieren, denn J.V.F. war ein Mensch, der lieber redete.

Er hatte eine Frau und einen stummen Sohn, der soeben durch die Glastüre der Veranda gesprungen war, als Anna Fisch für ihn im Hof ein Sprungseil schwenkte.

Jetzt wischte sie die Fliesen mit einen großen Lappen, der schlecht aufsog, obwohl sie ihn außer mit Blut noch reichlich mit ihren Tränen nässte.

– Weine nicht,

sagte J.V.F. und zog ihr Gesicht am Kinn in die Höhe, wo er vor ihr den Brief ausbreitete,

– es ist nichts Ernstes, ich habe mit dem Oberarzt gesprochen. Der Junge hat sich nur ziemlich geschnitten, in einer Woche wird er wieder zu Hause sein. Und ich werde ihm, wenn ich meine 3806 Kronen bekommen habe, ein Meerschweinchen namens Pinta kaufen, das ihn aufheitern wird.

Und in der Tat stand dort die Summe bestätigt mit der großen Unterschrift des hiesigen Sekretärs.

– Ich werde diktieren,
sagte er und stellte sich vor dem Jugendstilfenster des Wohnzimmers auf, sodass sich hinter seinem Rücken Girlanden der dekorativen, in die Glasstruktur eingelassenen Klatschrosen befanden. Hinter dem Fenster war der Garten und ein gelber Oktobertag, 11.10.19., eine Woche vor J.V.F.s vierzigstem Geburtstag.

Er knöpfte sein Hemd auf und machte sein Adamsapfel-Unterkinn frei, einfach alles, was hervortrat und hinunterrollte und fließend in die Brust überging, wo die mächtige Behaarung nur geringfügig die eigentlich weiblichen Formen männlich erscheinen ließ.

J.V.F. hatte Kärtchen, Karteizettel 140 x 105, gelb und liniert, auf denen geschrieben war, was er in den Büchern über Gott herausgelesen und für seine Vorträge zusammengestellt hatte. Und Anna Fisch nahm die ZETA-Schreibmaschine und trug sie durch das Zimmer – bis sich zwischen ihrem Mann, zwischen Mensch und Maschine jener Raum für die Inspiration auftat, die ihm beim Gehen kam.

Und er, J.V.F., setzte seinen schweren Körper, indem er ihn langsam vorwärts schob, auf der Achse Fenster – Tisch in Bewegung, denn die Stimme bildete sich erst in ihm.

Der Herr dieser Stimme musste sich noch sammeln. Und so ging er die Strecke auf und ab, bis er wieder beim Fenster stehen blieb und in den Garten schaute. Seine Augen flackerten dahin und suchten nach einem festen Punkt, wahrscheinlich dem der Inspiration. Es war dort schon ziemlich gelb. Beinahe ohne Laub. Nur verblasstes Gras und Reisig auf den zickzackförmig Blumenbeeten nach dem Plan des verstorbenen Spediteurs, der hier baute und pflanzte, nachdem er endlich das Haus mit Turm und Zinnen erworben hatte, voller wilder Blumen an den Fenstern, Mauern und Spalieren, ein Haus aus einer Zeit des Wachsens und Vermehrens, das ihn veranlasste, eine Tochter zu zeugen und eine Rassenhühnerzucht in einem riesigen Stall anzulegen, auf dem sich jetzt der Wetterhahn im Oktoberwind drehte und die letzte Wyandotte erschreckte, die unter einem Brücklein kauerte, das zu einer der sechzehn Öffnungen führte.

– Ich habe es auf sieben Tage verteilt,
sagte er,
– damit es bis zum Geburtstag fertig ist.

Anna Fisch nahm jedoch Wolle und Stricknadeln aus ihrem Plastiksack und diese endlose Mütze für ihren Sohn, deren Zipfel bis zum Boden reichte.

Nein, die Tonart des langgezogenen Skandierens war noch nicht da, das jedesmal durch das Zimmer hallte, rhythmisch, gleichsam wie Schläge, auf welches eine Salve aus der übrigens in einer Waffenfabrik hergestellten Schreibmaschine folgte, denn J.V.F. hatte noch keine Vögel erblickt, obwohl sie schon zu den Spalierbäumen herabschwebten und auf den Ästen, den Zaunlatten und dem Mauersockel saßen, ungewohnt zahlreich und ungewohnt leise. Er wühlte in den Kärtchen so vornübergebeugt, dass der schwarze Schatten ihres Schwarms nur über seinen Nacken huschte. Schließlich bekam er es zwischen die Finger. Das Exemplum zweiundfünfzig, Gesetze der Natur.

Er sagte zu seiner Frau:
– Bevor wir uns die Grundfrage nach den Ursachen stellen wollen, beginnen wir mit der schlichtesten Erfahrung.

Und sie spreizte die Finger über der Tastatur, berührte mit den Daumen die Leertaste, die dann in fünf Anschlägen den Raum für den Absatz des ersten Abschnitts freiratterte.

– Sinkt die Temperatur unter den Gefrierpunkt, dann gefriert das Wasser im Fluss, und mit dem Einbruch des Winters fliegen die Vögel in warme Gegenden, Dies sind die Gesetze der Natur.

Endlich schaute er auf, erblickte die schwarz behangenen Spalierbäume und lächelte zufrieden.

– Was meinst du,
fragte er,
– sind es Schwalben, die dort sitzen?

Anna beugte sich vor, aber von ihrem Platz konnte man nicht bis zum Zaun sehen, sondern nur bis zum Wetterhahn, der sich über dem Dach von Vaters Riesenhühnerstall drehte. Das W der Spitze zielte auf die Sonne, die schon am Untergehen war.

Sie sagte:
– Es wird gleich fünf. Ich sollte die Mutter füttern.

Das musste sie jeden Tag. Anna buk die Hörnchen fertig, und er brockte sie in weißen Zichorienkaffee, weil die Mutter anderes nicht mehr annahm. Sie wohnte im Turm und war hundertacht Jahre alt. Sie behauptete auch, Anna erst mit einundsiebzig geboren zu haben und dass es darüber einen langen Artikel in den *Acta gerontologica* gebe.

– Dort hinter mir,
sie zeigte auf ein dickes Briefmarkenalbum des Spediteurs,
– lies!

So erhob sich Anna, das Buch zu holen, und schlug es wieder an einer beliebigen Stelle vor der Greisin auf, weil der Spediteur ausschließlich Fauna gesammelt hatte, und wo man es auch aufklappte, immer war ein Tiermotiv da.

Heute z. B. auf der Seite der Vögel.

– Wirklich,

stieß Anna aus,

– das sind Schwalben.

Sie sagte es mit Bestimmtheit, die Schwalben auf den größten, sechsfarbigen Briefmarken schauten unter dem Zellophan hervor.

– Hm …,aber in Senegal.

Die Mutter wurde böse:

– Lenk nicht ab, ich habe dir doch gesagt, du sollst mir *Ein bemerkenswerter Fall in Chlumec* vorlesen, wie ich dich acht Monate nach dem Tod des Mannes geboren habe, über dessen Fruchtbarkeit begründete Zweifel bestanden.

Also sagte Anna:

– Es begab sich, dass Sabina Mihalescu, die sich aus Siebenbürgen, der Heimat Drakulas, nach Chlumec eingeheiratet hatte und ohne Zweifel das fertile Alter schon hinter sich gelassen hatte, eines Morgens einen Schmerz spürte …

– Einen krampfartigen Schmerz,

sagte die Alte, denn es durfte nichts ausgelassen und auch die Reihenfolge der Wörter nicht vertauscht werden.

– Einen krampfartigen,

sagte A.F. Und schöpfte sich den ersten Löffel, weil sich die Alte von einem Giftmischer bedroht fühlte und Josef Fisch hasste mit verbissenem Schweigen, welches, nach ihr, schon neununddreißig Jahre, nach ihm jedoch bloß sieben dauerte, denn vor sieben Jahren betrat er zum ersten Mal dieses Haus, und sie sprach ihn mit »Mörder« an. Sie stand hinter ihrem Spediteur, der in der Haustüre strahlte, die

Glatze von den regenbogenfarbigen Gläschen über der Türe ganz in die Farben eines Kirchenfensters getaucht, sein Lächeln so gewölbt, als ob es auch schon in eine Kirche mündete, in der sich seine Tochter schließlich vermählt, d. h., er streckte seinem Schwiegersohn freundschaftlich die Hand hin ... und auf einmal tot, rollte er die Treppe herab und vor dessen Füße. Dies geschah im Oktober, ebenfalls am vierzehnten, um dreizehn zweiunddreißig, zumindest in den Zeitkoordinaten Josef V. Fischs, der eine genaue Erinnerung an die Kränkung bewahrt hat.

Dann aß die Alte, und nachdem Anna zwischen den Antilopen im Album das Ende des *Bemerkenswerten Falles* herausgesucht hatte, kehrte der Kaffeetopf in die Küche zurück, wo J.V.F. daraus die Zahnprothese fischte. Die Zähne wurden der Greisin für die Nacht herausgenommen und in ein Reinigungsmittel getaucht. J.V.F. beaufsichtigte den Vorgang persönlich, berührte absichtlich das Essen der Alten und überhaupt alles, was sie angerührt hatte, damit auch sein Hass schweigsam und verbissen sei.

Eine Stunde später, aber noch in der Nacht des ersten Tages, diktierte er einen Passus, der ganz neu war, bis dahin auf keinem Kärtchen festgehalten.

Er sagte:

– Wir sehen also, dass dies einfach ist, denn auch die alten Völker nahmen an, dass gleich uns, die wir von Müttern stammen, auch Götter einer Mutter haben müssen. Es sind dies aber nur verzerrte Abbilder der Erdenfamilie.

Anna tippte es, und er, nachdem er das Blatt aus der Maschine herausgedreht, um die fertige Seite zu überfliegen, sah, dass es gut war.

Am zweiten Tag hatte J.V.F. Im Korridor des Spitals eine Besprechung mit dem Oberarzt. Durch die Türe sah man den Sohn mit verbundenem Kopf und Handgelenk, wie er seitlich zusammengekauert schlief, die Fäuste geballt und die Lippen zusammengepresst, er schien noch schweigsamer zu sein als in der Zeit seiner Wachheit, wenn sein misstrauisches Blinzeln und die Geräusche, die er von sich gab, das Haus erfüllten, ohne jedoch für den Vater bestimmt zu sein. Das verdross Fisch sehr, weil er als gesprächiger Mensch an der Stummheit seines Sohnes besonders schwer trug und zudem in ihr auch eine Art Groll sah, da sich der Bub mit keinem seiner Zeichen an ihn wandte, ja nicht einmal mit dem blökenden Morsealphabet, welches z. B. zur Mutter strömte, oder sogar zur Wyandotte, während ihn nicht einmal die zufälligen Geräusche betrafen. Dies dauerte beinahe schon sechs Jahre, in denen (J.V.F.s Koordinaten) sein Sohn die Villa und den Garten durchstreifte und eigentumsbewusst, mit der Miene eines Fachmanns, alle Gegenstände berührte, die in seiner Reichweite lagen. Mit einem bemerkenswerten Geschick beherrschte er die Lichtschalter und Steckdosen, Schaltknöpfe von Apparaten und überhaupt alles, was man auseinandernehmen und in all seine Bestandteile zerlegen konnte, am stärksten aber war er vom Hühnerstall angezogen, in dem er sich stundenlang aufhielt und die Automatik der Steiglöcher, der zusammenklappbaren Brutkammern und der mit Versenkungen ausgestatteten Nistorte (damit man das Eierlegen verfolgen konnte) anschaltete und so heimisch geworden ist in diesem Palast, den er jeweils hinter sich verschloss, sodass sich die Brücklein zu den Öffnungen emporhoben und sie zuklappten, den Fallbrücken einer mächtigen Burg ähnlich, auf der er der Fürst war und wo es nach irgendeinem Anstrich gegen Insekten und Ungeziefer roch, der sich selbst nach siebenunddreißig Jahren (in den Koordinaten der Greisin) nicht verflüchtigt hat. Er roch es gern, blinzelte dabei, und es vermischte sich mit dem abgestandenen Geruch des Hühnerkots, der sich während der Jahre in ein trockenes Pulver verwandelt hatte, nicht zu unterscheiden vom Sand des riesigen Aschenhaufens auf der Südseite, wohin sich der Sohn zu legen pflegte, wenn der Sommer kam und die Mittagssonne flimmernd glühte und die letzte Wyandotte sich plusterte, zutraulich gegenüber dem Körper des Kindes, an dessen Knöpfen und Schuhbändeln sie pickte, während der Sohn die Milben fing, die aus den Federn fielen, um sie zwischen seinen geschickten Fingern zu zerdrücken, bis sich sein Gesicht in Wonne auflöste und durch den Hühnerstall ganz schnell das Morsealphabet seiner wortlosen Sprache ertönte.

– Er ist ein guter Patient,
sagte Dr. Zwergbaum,
– er hat noch kein einziges Mal geweint. Und wenn er wach ist, hält er seine verbundene Rechte vor den Augen und zählt. Unglaublich, er zählt bis tausend und dann wieder zurück. Man möchte meinen, es sei zufällig, weil ohne einen Laut. Es ist aber Zählen. Ein bemerkenswerter Fall! Wenn Sie gestatten, schreibe ich darüber in den *Acta pediatrica*.

Fisch sagte aber:
– Nein, das ist nicht möglich, der Junge ist stumm.
– Er ist nur kurzsichtig. Das aber so sehr, dass er in einem Raum lebt, der ihm ständig entweicht, sodass er sich damit beschäftigen muss, diesen zu erhaschen, und nicht genug Zeit hat, um sich dazu zu äußern. Versetzen Sie sich bitte in

seine Situation und versuchen Sie Sachen zu benennen, die wegrücken oder anderswo sind, als Sie glauben.

J.V.F. schloss die Augen, doch seine Welt blieb fest.

Er probierte es auch Aug in Aug mit den Vögeln hinter dem Fenster des großen Zimmers, und natürlich rührten sich die nicht. Es war Nachmittag, und Anna Fisch saß bereits wieder hinter der Schreibmaschine. Sie hätten über die Göttinnen Pridchivi, Shushnu und Vritru schreiben sollen, aber J.V.F. lief vom Tischchen zum Klatschmohn, keuchte als ob er irgendeine riesige Entfernung bewältigt hätte. Er dachte nicht an die Göttinnen, sondern an den Spediteur.

– Warum hat er damals auf der Treppe die Brille nicht angehabt,

platze er heraus und Anna tippte es.

Sie musste es sofort ausixen, er jedoch wurde auf einmal niedergeschlagen, über ihr Fleisch verzweifelt, das nichts begreift, das nichts versteht, und nur eine gewisse, ja grießartige Wärme ausstrahlt, weil sie aus einer ewig mit kleinen Pusteln bedeckten Haut weht. Ein nicht wärmendes und kurzatmiges Wehen mit dem Nachgeschmack eines Odeurs, dessen Konsistenz er vergeblich zu bestimmen versuchte.

– Du hast es vor mir verheimlicht,

beschuldigt er sie. Und fügt kalt hinzu:

– Eine Belastung, verstehst du? Vererbbar. Er hatte sie nicht einmal im Sarg.

Sie möchte wissen, ob er ihren Vater meint.

Er hat schon keine Kraft mehr, es ihr zu erklären.

– Ich bin sehr müde,

sagt er,

– geh die Mutter füttern.

Am dritten Tag trat J.V.F. aus dem Haus und bemerkte wieder die Zugvögel. Die, welche schon dasaßen, sahen wie Statuen aus. Die, welche vorbeiflogen, senkten sich geräuschlos, sodass man nicht einmal das Flügelschlagen vernahm, obwohl sich J.V.F. anstrengte, es zu hören. Er spannte sich so an, bis er Nadeln in den Ohren spürte. Als er nach der Anleitung des Oberarztes Zwergbaum die Augen schloss, hörte es auf. Die Welt im Innern war fest. Er trat vor das Pförtchen, und nach einigen Schritten drang wenigstens das Geräusch seiner Füße und des Chlumecer Oktoberlaubs zu ihm; und dann die Grüße der Schüler im Korridor des Schulhauses. Er ließ den Biologielehrer kommen, zu dem er sagte:

– Ich habe ein Problem, d. h. einen Garten voller Vögel, die sich nicht vom Platz rühren.

– Was für eine Art ist es,

fragte der Biologe.

Fisch antwortete, es wären Schwalben aus Senegal.

– Ja so was!

Es schien aber, dass der Kollege seinen Ausruf ganz allgemein meinte.

– Übrigens, die Zugstrecke ist Tunis,

wandte er etwas leiser ein. Und dann versicherte er, dass Chlumec seit September ohne Vögel sei.

J.V.F. lächelte ungläubig. Im Raum war es heiß, er beugte sich unter den Tisch, um den kleinen tragbaren Ofen, den er vor einem Weilchen hingestellt hatte, auf kleinere Stufe zu stellen, und da merkte er mit Verwunderung, dass er vergessen hatte, ihn einzuschalten.

Der Oberarzt rief an und sagte:

– Ich würde nur die Initialen anführen. Ihr Name bliebe unerwähnt.

Er aber:

– Ich wünsche keinen bemerkenswerten Fall in Chlumec noch anderswo, auch wenn mein Sohn auf dem Bett sitzt und zählt.

Dann hängte er auf und schritt in der Nachmittagssonne und im Zeichen der Waage und des Fisches, sah die korpulenten Stadtbewohner, ihre Frauen, die Mütter seiner Schüler, und er sah Pferde und Reiter, die zum Rennplatz galoppierten, wo am Sonntag ein Rennen stattfinden würde, wie schon jedes Jahr im Zeitraum der Waage und des Fisches, wie jedes Jahr hinter diesem Villenviertel und hinter dem Haus des Spediteurs und hinter diesem Garten mit Vögeln,

– ksch,

sagte er,

– weg von hier, packt euch;

die Pferde glänzten und waren stark, die Reiter schritten stolz einher, schaukelten auf ihren schlanken Stuten, J.V.F. sah dies und stand wieder in der Sonne und im Wind, in dieser für Stadt und Fisch günstigen Jahreszeit, in der er alle seine entscheidenden Taten vollbracht hatte, stark und glänzend. Er holte Luft und ging am leeren Fenster vorbei, durch das der Bub gesprungen war und wo ein frostiger Durchzug herrschte, die wackeligen Glassplitter klirrten im Oktoberwind, und J.V.F. spürte, dass es ihn hineinzieht, dass dort ein Wirbel ist, und ein Loch,

– ich sollte es zustopfen, oder einen anderen Sohn zeugen;

und so geht er durch die Küche, wo Hörnchen zum Backen bereit liegen und durch den Flur voller winziger Kinderschuhe und durch das Zimmer mit den matten Klatschrosen auf der großen Fensterscheibe, in die Nähe der Frau, die dort mit der Mütze sitzt, welche aus ihrem Schoß hervortritt und einer Zwergkappe ähnelt, die Frau ist nicht schlank und hat eine Fettschicht um die Nase herum, sie hat behaarte Ohrmuscheln und reißt die Haare nicht einmal mehr aus, sodass sie herausstehen und wahrscheinlich lauschen, wenn er auf sie einredet und ihr sagt:

– Mach dich bereit;

jedoch so gedämpft, dass es für sie wieder nur Gehorsam heißt, wieder nur Maschine.

– Vielleicht wird es gehen, wenn ich das Licht lösche und vielleicht …,

sagt er sich, aber lieber klammert er sich an das Kärtchen mit dem Zündholz-Exempel (Nr. 40).

– Nein, nichts geschieht ohne Grund. Und weil wir wissen, dass es genügt, das Zündholz an der Seite des Schächtelchens zu reiben, damit es sich entzündet, betet keiner für die Flamme des Zündhölzchens, auch nicht dafür, dass nach der Nacht der Tag und nach dem Winter der Frühling kommt.

Sie nickte, dass sie fertig sei, denn sie war so erfüllt und fleißig, so willig. Er wurde jedoch nicht schlüssig, sondern ließ sie unhörbar – den Ton von neuem abgeschaltet – davonschwimmen.

Und so nahm sie wieder den Kaffeetopf und stieg in den Turm zur Mutter hinauf, die in die Federn eines großen Sofas eingesunken war, in die Steinpilze auf dessen Bezügen, in die fangarmähnlichen Pilze, die sich in hellem und dunklem Blau wanden, zerfranst durch die Jahrhunderte ihres Wachsens und Vermehrens und voll von sattblauen Seidenfäden.

– Schöpfe zuerst,
sagte sie zu Anna,
– nimm dir, damit ich weiß, was mir wer hineintropft.
Heute bin ich hundertacht Jahre alt und will noch einmal so
lange hier sein. Dann wirst auch du nicht mehr da sein, und
ich werde mir dankbarere Kinder gebären. Reiche mir das
Buch des Lebens, in dem ich oft lese und wo geschrieben
steht, wer erhöht und wer erniedrigt wird ..., wie auch alles,
was im Leben jedes Menschen im Königreich Böhmen geschehen soll.

Anna reichte ihr das Album, die Schwalben blieben in
Senegal, in Tunis hingegen war ein Flusspferd mit den Augen
Josef V. Fischs. Die Greisin sprach zum Tier:
– Ha, Tier, stiere mich nicht an, spucke die Frösche aus,
die du verschluckt hast, es sind meine Kinderchen, sie haben
Hunger.

Und zum Zeichen, dass sie Milch habe, hatte sie ihren
Busen mit Tüchern ausgestopft.
– Mütterchen, ich hab doch schon getrunken,
gähnte Anna Frisch und stellte sich satt. Dann tat sie, als
ob sie schliefe, bis sich auch die Alte hinlegte und einschlief: bestimmt ermüdet vom langen Stillen. Anna zog
sanft die Stopftücher heraus und stahl sich, mit dem Kaffeetopf, den Zähnen und den Tüchern auf dem Tablett, hinaus.

Sie machte Licht. Im Haus und im Garten war es schon
dunkel, und J.V.F. stand unten im Schlafzimmer, nur mit
einer schwarzen Turnhose bekleidet, die in der Nacht verschwand, nachdem er auch sie ausgezogen hatte. Nackt, nur
Zündhölzchen in der Hand, ein Schächtelchen mit »Vierzig
Sicherheitszündhölzern Scissors«, stand er dort und rieb
ihre Köpfchen an der Seite, damit sie sich nach den Natur-

gesetzen entzünden und seinen Körper beleuchten und auf den Boden fallen. Seine Schamgegend leuchtete von Zeit zu Zeit auf, aber auch sie schien lieber in der Dunkelheit zu weilen. Er hörte die Frau die Lichtschalter andrehen und näher kommen, er hörte sie das Tablett abstellen und im Zimmer mit dem Klatschmohn Licht anmachen, er hörte wie sie geradewegs näher rückte, bis sie endlich durch die halboffene Türe hereintappte, eine Hand in das Schlafzimmer schob, um auch dort Licht zu machen, wo J.V.F. stand.

Er sagte zu ihr:
– Mach mir kein Licht hier.
Und dann:
– Ich warte auf dich, komm zu mir, ganz nah …

Sie stellte sich auf die verkohlten Zündhölzchen und zermalmte sie geräuschvoll mit ihren Pantoffeln. Und obwohl sie von den übrigen Gegenständen nicht zu unterscheiden war, glänzte ihre riesige Nase dennoch vor Fettigkeit, und die Stirn sah noch dünner aus. Und auch ihr Gestank war durch nichts zu vertreiben, hartnäckig wie Kaviar. Er atmete es ein und spürte seinen uralten Widerwillen. Jenen seltsamen Zustand vollständiger Machtlosigkeit, die ihn entsetzte, obwohl er jedesmal, nachdem sie sich schon in allen Gliedern ausgebreitet hatte, feststellen musste, dass er sie eigentlich wünschte. Er kehrte sich ab und betrachtete sein letztes Zündhölzchen, das sich wand, bis es nur noch ein Stumpf war, der zu den neununddreißig übrigen fiel, verschluckt von der Dunkelheit des dritten Tags.

Am vierten Tag legte er sich zu Bett; der Waage und dem Fisch zum Trotz fühlte er sich schwach.

Anna Fisch zog das Fell auf seiner Brust auseinander und legte einen heißen Ölumschlag darauf, wie sie es bei ihrem Sohn tat, wenn er in der ersten Aprilwoche krank wurde und mit Bronchitis im Bett lag.

J.V.F.s Stirn troff vor Schweiß.

Sie sagte:

– Stell dir vor, unser Bub zählt schon bis tausend. Ich habe mit dem Oberarzt gesprochen.

Er aber fragte:

– Sind sie noch dort?

Er meinte die Vögel, und als sie zustimmend nickte, bat er sie um die Kärtchen, breitete sie auf seinem Bauch aus und suchte die Karte, die er am 15. 10. als erste abgehoben hatte.

– Hier ist der Fehler (im Vogel-Exempel), ich hätte sie erst morgen erwähnen sollen, d. h. am Tag ihrer Erschaffung. Darum bewegen sie sich nicht.

Anna Fisch begriff sofort, dass J.V.F. seine Augen in den Garten richtete und dass ihn der Anblick in Aufregung versetzte. Sie stand auf und ließ den Rollladen hinunter. Er schloss die Augen und geriet nun auf die Oberfläche unübersichtlicher Gewässer, die sich jedoch nicht nur unter ihm auftaten, sondern ölig, heiß und schwer, wie sie waren, ihm erlaubten, auf ihnen zu ruhen und sich tragen zu lassen. Er streckte sich auf der Fläche aus und schwamm so ohne eine einzige Bewegung so lange auf dem Rücken, bis er wieder im Zimmer auftauchte. Es war wüst und öd, nur über dem Bett schwebte der Lichtstrahl des fünften Tags, zerlegt von den Ritzen des Rollladens. Er setzte sich und sah, dass Anna Fisch in Pantoffeln und Pyjama auf ihn zukam, auf den

Armen das Tablett mit dem Kaffeetopf voll aufgeweichter Hörnchen.

Er sagte zu ihr:

– Wo warst du in der Nacht, als ich dem Ertrinken nahe war?

Und sie sagte, am Kopfende des Bettes sei sie gewesen, in seiner Nähe, in Gedanken jedoch beim Sohn, der schon morgen nach Hause kommen soll.

– Da, etwas musst du essen, und es liegt nicht schwer im Magen.

Sie fütterte ihn, und er wehrte sich nicht. Dann wollte er seine Kärtchen haben, und als sie geordnet waren, diktierte er den zusammenhängenden Text zur Korrektur der Vögel. Er sprach zum Rollladen, überschrie ihn.

– Vögel, ich vertreibe euch. Am Tage eurer Erschaffung fordere ich euch auf, bewegt euch fort von meinem Hause. Schadet mir nicht, und wenn ihr singt, haltet ein im Gesang, wenn ihr gefräßig seid, esst von keinem Leib, der sich hier bewegt, esst kein Kraut, das hier wächst. Vermehrt euch nicht, es sei denn zwischen Pishon und Gihon. Ksch, schert euch fort! So heiß ich euch, dazu verdamm ich euch, so geschehe es!

Die Kärtchen auf seinem Bauch blähten sich, wie er angestrengt atmete, und begannen langsam hinabzurutschen, sich übereinanderzuschieben, wie Eisschollen auf einem aufbrechenden Fluss, bis sie dann im großen, spitzengesäumten Herz auf dem Bezug der Steppdecke, die aus der Mitgift von Anna stammte, verschwanden, in dem goldenen Damast, der so fein und glatt war und auf dem sie so leicht hinunterglitten, um sich dort im Zipfel in ganz zufälliger

Reihenfolge zu verbiegen und zu drücken. Er wollte das Exemplum der irdischen Überreste retten, da es sich noch auf der Oberfläche hielt und es ihn sehr drängte, die Botschaft aufzusetzen. Er schnappte nach den Kärtchen und hielt sie sich vor die Augen, weil sich die kleinen Buchstaben herumtummelten und es nicht klar war, ob sie nicht auch auf den leeren Raum nach unten überlaufen werden, wohin er schreiben wollte. Dann hielten sie an und zitterten bloß noch auf der Stelle, wie Gallerte. Es stand dort geschrieben:

»Wie jedoch zu erwarten, fand sich beim Öffnen des Grabes keine Spur seines unverwesten Körpers. Und so wurden diese Überreste vor den Augen des versammelten Volkes enthüllt, und jeder konnte sehen, dass drinnen nur Knochen waren und irgendeine mit Müll gefüllte Puppe.«

Er griff zum Bleistift und fügte darunter in seiner Blockschrift über vier Zeilen hinzu:

ICH VERBIETE DIR
MIT DEM OBERARZT
ZU SPRECHEN
DU SOLLST NICHTS HINTER
MEINEM RÜCKEN TUN

Diejenige, der er dies befahl, war jedoch schon dabei, in der Küche Hörnchen zu zerbrechen, und hörte nur den Gesang der Greisin, der durch das Haus klang, ohne dass man ihn verstehen konnte. Sie hob ihr Tablett und ging dem Singen nach, aber je näher sie zur Mansarde kam, desto mehr entfernte es sich, bis es oben vor der Türe ganz verstummte. Sie blieb stehen, plötzlich unsicher, was hier getönt hatte. Als sie aufmachte, war das Sofa leer, die Bettdecken waren hoch aufgetürmt und die Stühle beim Tisch mit weißen Schutzüberzügen bedeckt.

– Mutter wo bist du,

sie schob die Federdecke zur Seite, um zu schauen, ob die Sängerin nicht tot daliegt. Dann erblickte sie den Schrank, aus dem ein Stück violetten Brokats hervorlugte, der zwischen einer Schublade und der Tür eingeklemmt war, auf der, wie auf dem Fenster unten, stilisierte Klatschrosen wucherten, deren Staubgefäße in den großen Kelchen wie gefletschte Zähne aussahen, also machte sie auf, erblickte einen nackten, knochigen Fuß mit verwachsenen, gelblichen Nägeln.

– Raus, befahl sie, denn die Alte hockte dort auf dem Boden, inmitten von Hüten, vollbehangen mit Früchten und Federn jener Vögel des fünften Tages, inmitten von Spitzenunterhöschen, hinter den Röcken uralter Kleider, die wie Vorhänge von den Bügeln hingen, sodass sie sie auseinanderziehen und das Naphthalin riechen musste und den Gestank der hundertacht Jahre und den Veilchenduft der Mutter, auf deren Schlüsselbein noch die Feuchtigkeit des aufdringlichen Parfüms schimmerte, denn der Flakon war leer, und die Alte, fast nackt, hielt ihn zwischen den Knien.

– Ich suche meine Robe,

sagte sie,

– »lanciertes Atlasgewebe in Seide, Muster Mohnköpfe«, wo hast du es versteckt, ich muss mich heute vermählen.

Die Tochter sagte aber:

– Steig ab, du fährst nirgendwo hin, ich habe ausgespannt, und hier ist dein Essen.

Daraufhin streckte die Greisin ihre Füße heraus, die dünn und nur leicht mit Haut überzogen waren, legte sie auf den Teppich und stellte sich auf ihnen auf und stand wie der Vogel irgendeiner ihrer Briefmarken dort, ihr Körper war flach und kantig, besonders dort, wo sich der Unterrock in Falten legte, dessen Saum ebenfalls von den Veilchen befeuchtet war, um ihren Hals lag das lila Band eines großen Huts, der hinuntergerutscht war und wie ein schwarzer Strahlenkranz hinter ihrem Rücken hervorschaute, da er aus Straußenfedern war und das Gefieder zitterte. Sie breitete ihre Schwingen aus und griff tastend nach dem Tablett und dem Kaffeetopf, verzog ihre Unterlippe, die einzige Fleischlichkeit ihres Körpers, und sagte:

– Brautjüngferlein, ich werden nicht essen, ich bin zu aufgeregt.

Es wurde dunkel, und dann kam der Tag der Rückkehr des Sohnes.

Vor dem Haus des Spediteurs hielt ein Krankenwagen des Bezirksspitals, ein weißer Wagen mit einer Schlange an der Tür, listiger als alle Tiere auf dem Felde, die jedoch nicht kroch, wie ihr geboten war, sondern sich an einem Stab emporwand, umrahmt von einem hellblauen Ring.

Und zwei Angestellte stiegen aus, einer in der Schürze, der andere nur im Sakko, sie machten dem kleinen Jungen, dessen Kopf und Handgelenk verbunden waren, die Türe auf, und der Junge stieg feierlich, fast streng die Treppe hoch, auf der einer seiner Vorfahren gestorben war, er schritt durch den Flur, der voll seiner Kinderschuhe war, am ausgeschlagenen Fenster vorbei, durch das der Oktoberwind hereinwehte, er ging in der Küche am Kaffeetopf und am Tablett vorbei, das dort auf dem Tisch stand, mit Resten der eingeweichten Hörnchen für Josef V. Fisch und die Greisin, der Bub maß es mit seiner Froschbrille ab, die sie ihm am Morgen im Bezirksspital aufgesetzt hatten und die an den Seiten mit Leder bezogen war, um enger an den Schläfen anzuliegen und nichts hereinzulassen, was nicht das unfehlbare Licht wäre, er tauchte einen Finger in den Brei und nahm ihn in den Mund, wälzte ihn am Gaumen, ließ ihn aber nicht weitergleiten, sondern spuckte ihn mit einer nichts Gutes verheißenden Fratze aus, strich den Finger am Kaffeetopf ab und sagte:

– Das da hast du für mich gekocht?

Die beiden Angestellten und Anna Fisch standen dort, auch sie hörte ihren Sohn zum ersten Mal etwas sagen, sie streckte ihm ihre Arme entgegen, trat auf ihn zu, umarmte ihn und entschuldigte sich:

– Ach, wie könnte ich dir nur solche Kost zubereiten, mein Süßer.

Und sie nahm ein Beil aus dem Geräteschuppen, ging in den Garten mit dem einen Vogel, der Wyandotte, und hackte ihr den Kopf ab.

Der Sohn schaute ganz eingenommen zu, endlich nicht nur auf seine geschickten Finger angewiesen, sondern ein aufmerksamer Beobachter, den Blick auf Mutters flinken Händen, die ein Federchen nach dem anderen ausrupften, bis tausend und wieder zurück. Er zählte auch die Spalierbäume am Ende des Gartens zusammen, und es waren zweiundvierzig, er ging um die für den Winter mit Reisig überdeckten Blumenbeete herum, und es waren sieben, er betrat auch den Palast und ließ die Fallbrücken hochgehen, alle sechzehn klappten zu, und er zählte nach.

Er war zufrieden, seine neue Mütze, die ihm die Mama über die Verbände gestülpt hatte, blähte sich, als er in der Türe des Hühnerstalls stand:

– Er versprach mir …, er …,

und er zeigte mit streng erhobenem Zeigefinger zum Haus des Spediteurs,

– er versprach mir ein Meerschweinchen, und jetzt liegt er da und rührt sich nicht.

Sie sah zu ihm auf, der spitze Zipfel der Mütze richtete sich im Wind auf, sodass er wie ein Horn in die Höhe ragte.

– Ja, er hat dir ein Meerschweinchen namens Pinta versprochen.

Und er sagte:

– Du wirst es für mich rupfen.

– Sie nickte, von den Federn ganz verschneit, und sie wusste, dass sie ihm nichts abschlagen würde.

Dann aß er am langen Tisch im Esszimmer, der nur für ihn gedeckt war, er hatte ein großes Kissen untergeschoben, seine kleinen Füße steckten in schwarzen Halbschuhen, die aber so blank poliert waren, dass sie weiß glitzerten. Auch sein Hemd war weiß … und auch die Verbände. Nur die Krawatte war ganz schwarz, und die Lederhülle schützte weiterhin seine Brille. Und der Silberlöffel, eines jener sechsundneunzig Stücke der Silbergarnitur aus dem Versandgeschäft Europa, die er auch schon kontrolliert hatte, fischte Lauchzwiebeln und Hühnerfleisch aus dem Teller. Er hob den dampfenden Löffel unter die Nase und sagte:

– Das ist merkwürdig, was ich auch anschaue, es ist immer schon da! Heißt das aber, Mutter, dass nichts da war, bevor ich es erblickt habe? Hm …

Und als es dunkel wurde, zündete Anna Fisch eine festlich blaue Kerze in einem dicken Cognacglas an, auf dessen Grund zwei dunkelrote Alpenveilchenblüten lagen. Die Flamme spiegelte sich so intensiv in den Brillengläsern des Sohnes, dass sie dort zu leuchten schien, als ob die Kerze nur sein Widerschein wäre.

Da tauchte J.V.F. aus den Gewässern auf und rettete sich auf das Festland, das rund um sein Bett lag. Das Oberarzt-Kärtchen lag immer noch auf seiner Brust, getränkt vom Öl des Umschlags, der nicht mehr wärmte, sondern kühlte. Das Handtuch und das Hemd waren in der Rippengegend durchnässt, aber niemand las die Botschaft. Darum fasste J.V.F. den Entschluss, sich zu setzen, er musste sich im Chaos zurechtfinden, er musste den Grund für seine unbegreifliche Verlassenheit herausfinden. Am ehesten hatte sich wohl das Licht noch zu wenig von der Finsternis geschieden, es verharrte gemischt in irgendeinem Zwischenzustand, von dem das Hirn, diese auf seltsame Weise organisierte Materie, seine bleibende Farbe hat. Das Hirnrindengrau, nach dem Exempel 57. Aber die Kärtchen glitten hinunter und waren so weit weg, dass er es nicht mehr überprüfen konnte. Und obwohl das Universum unabhängig von J.V.F.s Willen existierte, war es nicht möglich, mit Sicherheit herauszufinden, ob es seinen Anfang in der Zeit hatte oder ob es schon immer existiert hat. Alle Energie reichte nur dazu, sich aufzurichten, sich zu erheben, wobei das kalte Öl in die Schamgegend floss und auch die Botschaft, die den Oberarzt betraf, im spitzengesäumten Herz zu versinken begann.

Das Herz tat sich auf, und es war dort eine Öffnung bis in die mit Müll und Sägemehl gestopfte Puppe hinein.

– Schütte dich aus, gibt dich mir zurück,
rief er hinunter,
– verwachse wieder mit mir,
forderte er seinen Körper auf. Der jedoch stand auf, nahm sein Loch und schritt zum Fenster mit den zähnefletschenden Klatschrosen, wo er mit einem einzigen Ruck den Rollladen hinaufbeförderte, sodass hinter den Zähnen in den Kelchen die Schnäbel der Vögel und tausend Pupillen erschienen, und J.V.F. begann zu zittern. Da holte diese Puppe, dieses Etwas dort, das sich vorwärtsschob und seine ganze Füllung verstreute, da holte jenes Etwas gegen die Fensterscheibe aus und sprang mit vorgestreckten Fäusten hindurch. Es klirrte so lange, bis J.V.F. weinte. Aber schließlich war er mit allem einverstanden, denn in dem Haus waren zwei Öffnungen, und durch sie wehte die Oktobernacht herein; der strömende Wind, der die Toten und die Lebenden mit sich riss und sie mit den riesigen Wassern der anfänglichen Ununterschiedenheit vermischte, wo die ausgestreuten Holzspäne wie Schaum verharrten. Jetzt machte es nichts mehr aus, dass im Esszimmer Söhnchen und Mutter beim Schein der Alpenveilchen-Kerze tanzten, dass sich das Söhnchen zierte und die Beine hochwarf, es störte nicht mehr, dass sie sich eingeschlossen hatten und dass sie selbstsicher und heiter waren, weil die anderen Toten das Wehen hörten. Und die Braut war da, hundertacht Jahre alt, auf ihrem hoch aufgebetteten Lager richtete sie sich auf, trug

das Hochzeitskleid »Atlasgewebe in Seide«, im Haar einen Schleier aus den Federn von heute Nachmittag, im Busenausschnitt die vielsagend aufgebauschten, unten mit Veilchenduft benetzten Laktationstaschentücher, und sie fragte:
– Bist du stark und glänzend? Hast du mich gerufen?
Und er sagte:
– Mutter, ich bin es. Ja, ich bin es du Pridchivi, du Aditi, Shushnu und Vritru. Ich erwarte dich, o Salamandra.

Und auch die Vögel erhoben sich endlich, mitgerissen von der strömenden Nachtluft flogen sie durch das zerschlagene Glas, bis sie zu Wolken wurden, zu Finsternis.

Und wenn der siebende Tag, J.V.F.s Geburtstag, anbrach, dann war es nur nackte Voraussetzung.

Er fragte noch:
– Was wirst du mit mir zeugen?
Und sie sagte zu ihm:
– Ach, irgendetwas Totes.

(1982)

Lebensversicherung

Die Unlust, die er morgens spürte, war stark. Wieder erwachte er mit dem uralten Schmerz rechts unter dem Magen, beschränkt zwar, aber agil. Um den Krampf zu lindern, drückte er die Stelle noch tiefer hinein, und leicht nach vorne gebeugt schob er sich ins Bad.

Bei Aufdrehen des Wassers, das in dem kältesten Raum seiner Dachstube dampfte, konnte er sich für eine Weile nicht den Blick auf das eigene Gesicht verwehren.

Er war blass, mit einem Ausdruck der Beklemmung. Geheimratsecken, Schuppen. Er war froh, als der Dampf das Bild bereifte. Er neigte sich, die Wangen abzuspülen, dann aber, noch halbwegs in der Bewegung, verlor er den Mut zum Waschen, trocknete die umsonst nassen Hände und staunte darüber, dass er dankbar wäre, hätte man ihn von hinten umgelegt.

Er wendete sich heftig. Auf dem Waschmaschinenrand lag eine Bürste voll langer Blondhaarreste. Der Griff zielte auf ihn.

Als wäre eins der Haare im Hals stecken geblieben, schluckte er im Leerlauf runter und fegte die Bürste in die Lücke zwischen dem Blech und der Wand.

Einundvierzig Jahre alt, hat er bei einer Firma gewirkt, die sich mit dem Empfehlen von Dingen beschäftigte, auf deren Verkauf es nicht ankam.

STIMUL, die Pulvernahrung, sie stand auf seinem Tisch, gehüllt in einen grau-grünlich faden Karton. Er nahm davon einen Messlöffel und laut Anweisung rührte er daraus einen Brei, den er loben sollte.

Die Materie, in die sich das Pulver auflöste, wurde zu Asche und Schlamm. Er aß das STIMUL; es klebte mit einer unvergesslichen Konkretheit. Er streckte sich nach der Schreibmaschine und zog sie bis an den Prüfteller.

Ein Märchen über die Matschsubstanz sollte her! Ein Stück davon lugte bereits aus der Gummiwalze:

DIÄT der MÄNNLICHKEIT

Gestern Abend hat er die Überschrift getippt, jetzt war er sich sicher: Die Fassung würde sowohl dem Genossen Vala wie auch dem Genossen Valenta nicht gefallen.

Er drehte das Papier bis zu dem Titel hinunter und schlug in die Tastatur.

Auf das Zeichen kroch aus dem Gehäuse eine Schabe und lichtscheu flüchtete sie über die Tischkante. Es wäre kinderleicht, sie zu töten, doch ein lebengebendes Desinteresse machte sich in dem Zimmer breit. Und das Rattern der Tasten.

Sie tippen nun:

WURZEL DER VIRILITÄT,

einen akzeptableren Spruch, wie der Autor meinte.

Die Klingel des Zeilenendes erklang und übertönte die Türglocke. Erst das zweite Mal verstand er das Signal und schob sich mürrisch zum Türdrücker. Dort, auf der Schwelle seiner Wohnung hörte er einen Körper, der keuchend hinaufstieg. Das Haus war fünfstöckig, zu der Mansarde führte eine schräge Sonderstiege. Eine Jugendstilvilla, man gelangte zu ihr über einen Talweg, den auf der Gegenseite ein wuster Garten begleitete. Ein sportliches Hinauf erwartete jeden, der zu Besuch kam.

Auch dieser Gast machte Halt und betätigte eine schrille Brustpfeife. In dem Vormittagslicht und dem verglasten

Raum der Treppenhalle schien er sehr unten zu sein. Wesentlich tiefer als er war.

»Entschuldigung, es dauert bei mir lange … Aber ich komme. Ich komme.«

Ein Schnorrer! Es wäre angebracht, ihn sofort rauszuschmeißen, doch die alte Wehrlosigkeit diesen Typen gegenüber war wieder da. Und der Mann hörte sich krank an. Seine Atempumpe stieß einen Alarmpfiff aus, wie eine Zischkanne.

»Geben Sie sich, bitte, keine Mühe, ich mache keine Türgeschäfte!«

»Es geht um ihre Zukunft!«, keuchte es unten und kicherte. »Nicht dass ich an ihr zweifeln möchte. Aber wie sagt man – Hoffart kommt vor dem Fall! Heute läuft man rum, morgen liegt man auf der Nase! Denken Sie an Ihre Müdigkeit beim Aufstehen und an den Schmerz, dem Sie täglich trotzen. Man besiegt ihn nicht dadurch, dass man sich in seine Mitte verkriecht. Sie möchten den Krampf lösen, doch wo haben Sie die Sicherheit, dass Sie nicht eines Tages einen so krummen Buckel machen, der es Ihnen nicht mehr erlaubt, gerade zu stehen.«

Der Agent sorgte sich um fremde Gesundheit, obwohl die seine einem Desaster glich. Jetzt war er sogar dem Ersticken nahe, der dicke Aktenkoffer in der rechten Hand bebte, die Linke fuhr an das Rippenfell, die Augen drehten sich und suchten Hilfe.

»Um Gottes willen setzen Sie sich, ich kommen hinunter«, rief der Mieter dem Hausierer zu. Und in der Tat lief er dorthin. Es gab da eine Ruhebank, er half dem Mann darauf und knöpfte seinen Kragen auf. Und er hätte Zeit genug – bei dieser echten Atempause –, die Gedanken zu ordnen, um Herr der Lage zu sein, doch gelähmt stellte er fest, dass er den Siechen über den letzten Absatz stützt.

Im vollen Licht der Küche erschien der Mensch noch blasser, noch kränklicher. Die Glatze, mit Schorf und Schweiß, zitterte und blitzte.

»Es passiert mir leider regelmäßig. Der Frühling ist mein Pech. Allergie, niemand weiß gegen was. Es belästigt die Kunden, doch auch unsereiner muss von etwas leben. So bin ich zur Warnung geworden. Schaut mal, jeder von euch ist irgendwann fällig! Und jeder laboriert mit etwas, scheut die Wahrheit über sich selbst. An meinem Beispiel wird aber den meisten klar – der Mensch hat vorzubauen …!«

»Machen Sie sich es bequem! Wahrscheinlich reagieren Sie auf Löwenzahnpollen! Für eine Stadtgegend gibt's hier davon in Hülle und Fülle.«

»Jawohl, die Blüte macht mir zu schaffen«, nieste er und fischte ein Riesentaschentuch heraus, putzte die Nase ab und dann – die Stirn.

»Dennoch – mein Beruf ist mir heilig! Ich bin jahrzehntelang in der Branche und – bei aller Bescheidenheit – nicht ohne Erfolg! Umso schlimmer, wenn ich jetzt, wie Sie richtig ahnen, bald aufhören muss. Es wäre schade, keinen zu finden, dem ich meine Erfahrung übergeben könnte. So wie die Landärzte manchmal schon in der Praxistür erraten, was wem fehlt, so erkenne auch ich auf den ersten Blick die Versicherungsfähigkeit der Klienten. Verträge, die ich abschließe, werden nie gekündigt. Dank meiner Sorgfalt, versteht sich – bei der Auswahl der Personen. Die Einschätzung der Vitalperspektive ist die Bedingung. Lange beschäftigte ich mich mit jedem Anwärter, komme nie – wie anderswo die Sitte – auf gut Glück, arbeite nicht nach dem Motto haste was kannste! Ich spezialisiere mich auf bestimmte Typen. Auch Sie haben erkannt, dass ich nicht ohne Grund erscheine, Herr Hagel!«

Mit dem Namen zu verblüffen!

Hagel lächelte, der Agent könnte es an der Haustür gelesen haben. Eine alte Masche, die Wirkung sollte man nicht überbewerten. Mehr aus der Fassung brachte ihn die plötzlich aufgetauchte Eloquenz des Mannes.

»Machen Sie den Aktenkoffer auf!«, befahl er. »Da finden Sie, in der roten Mappe oben – unsere Konditionen. Wie Sie merken, ist der Bogen ausgefüllt!«

Hörend auf etwas, blätterte Hagel in der Akte voller Sätze in der unleserlichen Petit. Ohne Absicht tastete er nach der Brusttasche seines Sporthemdes, um sich die Brille aufzusetzen. Das Erste, was er dadurch sah, war eine kleine Wölbung, die sich nach dem Umwenden des Blatts als toter Falter erwies.

Angeekelt schob Hagel die Leiche von sich und ließ sie zu Boden fallen.

»Es bleibt uns nur übrig, die ›Witwenbegünstigung‹ zu klären, Paragraph 19.«

»Ich bin ledig«, sagte Hagel, endlich bereit, einen härteren Ton anzuschlagen.

»Das würde bloß heißen«, sagte der Mann, »dass man Sie – im Falle des unerwarteten Unglücks – der Obhut einer an der mittelbaren Hinterlassenschaft nicht beteiligten Person anzuvertrauen haben müsste. Eine ärgerlichere Art der Einsamkeit kann man sich kaum vorstellen.«

»Wie bitte?«, sagte Hagel verdutzt, doch seine Verwirrung galt dem Falter.

Das tote Tierchen wurde flügge.

»Sie würden nicht glauben, wie oft unsere Kunden nach irgendjemand wörtlich *fahnden*, den sie nur geringfügig begünstigen könnten! Eine Witwe zu erfreuen, das erleichtert! Und Sie, Hagel, Sie waren verheiratet!«

»Aber nur kurz und mit einer Hure«, sagt er unwillkürlich, über seine Schroffheit erstaunt, aber sofort schon wieder abgelenkt, da sich der Nachtschwärmer emporhob und breitgeflügelt Kurs auf das Fenster nahm.

»Aus der Sicht der Versicherung und natürlich aus der Sicht der Einsamkeit gibt es darin keinen so großen Unterschied«, sagte der Beamte.

»Möglicherweise ...«, erwiderte Hagel, fasziniert, mit welcher Wucht der Flieger das Unbrechbare zu brechen suchte.

»Unbrechbar!«

»I woo ...«, verstand der Hausierer. »Das Ungeziefer hat nur eine größere Zielstrebigkeit und einen ausgeprägteren Sinn für die Chancen als viele Menschen. Und wie energisch sich solche Wesen melden, wenn das Licht kommt! In den Akten finden wir sehr oft diese Winzlinge der Überlebenskunst.«

»Wie ... in den Akten?«, echauffierte sich Hagel, »Sie dürfen doch nicht Unterlagen von Personen sammeln, mit denen Sie keine Verträge abgeschlossen haben!«

Trotz seiner Ausdauer schlug der Falter vergeblich gegen die Scheibe. Ermattet sank er auf die Fliesen, nicht aufhörend zu dröhnen.

»Selbstverständlich existieren scharfe Vorschriften, die wir sorgsam einzuhalten pflegen. Und es kommt auch nie vor, dass etwas in einer Akte überwintert, die wir nicht führen. Denn das hier, was vor Ihnen liegt, ist – wie ersichtlich – keine wahre Akte. Bloß eine Testurkunde für Alleinstehende. Der Schlüssel zum Erfolg und meine Erfindung. Selber alleinstehend, habe ich eine Früherkennungsmethode entwickelt, die funktioniert. Ich taste Kunden ab ...«

Der Schmetterling war unermüdlich. Langsam raffte er sich zusammen und brummte über ihre Köpfe in Richtung Bad. Hagel ließ dort die Luke offen, um die Nässe des Raumes zu lüften. Der Flieger hat jedoch kurz vor der rettenden Tür umgedreht und in die Höhe getrieben stürmte er wieder das alte Ziel.

Hagel hob den STIMULA-Karton und wühlte in den Notizen darunter.

»Der Füller liegt drüben im Wohnraum«, sagte der Agent und zeigte in die richtige Richtung.

Und sieh da! Hagel stand auf, betrat das Zimmer, das auch zum Schlafen diente, auf der Eckcouch lag sein zerknüllter Schlafanzug und zur Seite gedrückt die Steppdecke, die Jalousien waren noch heruntergezogen, er ließ sie hoch und nahm die beißende Helle wahr, die die leichte Schäbigkeit der Möbel, der Wäsche und all der Sachen preisgab. Aus irgendeiner Scham fiel ihm ein, das Lager in Ordnung zu bringen. Unter der Zudecke konnte er noch seine eigene Körperwärme fühlen, doch bei der Berührung hat sie ihn angewidert. Er hörte das Rufen.

»Na, gefunden?«

Und er sah das Schreibzeug auf dem geöffneten Klappdeckel der Kommode, probierte es aus, es knirschte, zerkratzte das Papier, so griff er nach seiner schwarzen Lieblingstinte, zog auf und kehrte in die Küche zurück.

»Wo soll ich unterschreiben?«, fragte er.

»Hier«, ordnete der Agent an, »und, bitte nicht mit der Katzenschrift wie sonst!«

Hagel lächelte, er wusste Bescheid. Es ist ihm ein Trick eingefallen. Warum dem Aufdringling nicht entgegenkommen? Der Vertrag muss eine Kündigungsklausel haben! Eine Frist von zwei, drei Tagen, manchmal eine ganze Woche. Man entledigt sich beider. Mit einem Schlag wird man den Mann und die Sache los!

Er setzte die Unterschrift hin, hob den Kopf und merkte: Das Küchenfenster war auf.

»Wo ist er?«

»Wer?«

»Der Falter!«

»Welcher Falter?«, wunderte sich der Versicherungsmann und Hagel wurde sauer.

»Verarschen Sie mich nicht, Mensch! Hier war ein Falter!«

»Sie machen mich krank, dies hier ist Ihre Wohnung, somit auch Ihr Ungeziefer, da hab' ich keine Verantwortung für. Ich bin ein alter Mann, keinesfalls gut für Scherze!«

Zum Zeichen, dass sich sein Zustand erneut verschlimmert hat, richtete er sich auf, zeigte auf seinen Bauch und sagte:

»Dank Ihnen ist der Schmerz wieder da! Rechts unter dem Magen!«

Und der Agent drückte die Rechte in die Bauchgegend, um den Krampf zu lindern, und leicht nach vorne gebeugt schob er sich in das Bad.

»Mir ist übel! Die Säure im Hals!«, rief er.

Es hörte sich scheußlich an. Hagel konnte sich zu keiner Hilfe überwinden. Erst der lärmende Sturz des Körpers bewegte ihn, hineinzuschauen.

Der Hausierer befand sich halb liegend, halb sitzend zwischen der Wanne und dem Waschbecken, den Kopf zur linken Schulter geneigt, grinste er idiotisch.

Er ist ein Gaukler, entschied Hagel und ging energisch auf den Mann zu, brutal packte er seinen Arm. Der jedoch war stumpf, regungslos fiel er runter, im Gesicht des Liegenden grinste es aber.

»Sie…«, zischte Hagel und suchte nach einem Schimpfwort. Es kam ihm nur das laufende, lichtscheue Tier in den Sinn, das er vorher nicht zerquetschte. Die Vorstellung passte.

»Sie … Kakerlake!«, befreite er sich endlich und griff zum Telefon. Zu seinem stillen Apparat, den er vor Jahren abschalten ließ – mangels Anrufe. Wütend schmiss er ihn zurück, schlug die Badezimmer-, die Wohnungstür zu, eilte die Treppe hinunter, raste den Hügel hinauf, atemlos stand er vor einer Sprechzelle, die stumm war, raste weiter die Straße hindurch, sprach laut zu sich keuchende Sätze: Beschwerde, ich bringe sie vor! Die Polizei wird kommen! Die Sanitäter!

Die Straße hieß nicht umsonst Langer Weg. Er hasste sie, in den vielen Jahren, in denen er sie zu durchqueren hatte, sind alle Kneipen, alle Läden verschwunden, zu Grunde gerichtet, geschlossen, verrostet, in Sammelstellen und schlichte Rumpelkammern verwandelt. Er hätte lieber woanders gewohnt. In dieser Stadt aber konnte man froh sein, eine Dachstube zu besitzen. Im Laufschritt, die Augen zugezwinkert, die Sonne stach, sah er die schlanke, stillose Ziegelsteinkirche, das Wahrzeichen seines Viertels, die Turmuhr schlug halb zehn. Man konnte Autos, die S-Bahn hören.

Dort gab es Telefone. Fünf, eines davon ging.

Die Polizeinummer rot, hoch an der Wand, hat noch niemand mit Genitalien bemalt …

Eine gelangweilte Stimme meldete sich und ließ sich die Adresse dreimal wiederholen.

»Aber das wissen wir schon«, ärgerte sie sich, »die Nachricht haben wir bereits bekommen. Der Körper wird untersucht!«

»Bitte?«

»Am Hang, Nr. 12, eine Jugendstilvilla, die Dachstube.«

Er schwieg, obwohl die Stimme drängte, er solle andere Angaben machen oder seine Personalien buchstabieren, schwieg er weiter, legte auf und hatte das Gefühl, als würde ihm jemand folgen. Es waren die üblichen Gaffer. Die Schlange der Anrufsüchtigen.

»Idioten!«, sagte er undeutlich, damit sie das nicht auf sich zu beziehen brauchten.

»Idioten!«, wiederholte er unterwegs, holte die Luft in vollen Zügen ein und beruhigte sich in langsamem Gehen. Er sah die Löwenzahnwiese am Nebenhang und ihr wahrlich üppiges Gelb, er freute sich darüber, es stimmte ihn versöhnlich. In der Villa hallte sein Steigen und er sah: ein starker Lichtstrahl im letzten Absatz der Treppe, er leuchtete ihm entgegen. Das Licht kam durch die geöffnete Tür, obwohl er schwören könnte, er hätte zugemacht.

In der Diele vernahm er Wasser.

Irgendwo floss es.

Irgendwo lüftete jemand und kochte. Auf dem Gasherd hopste ein polternder Teepott: Hagels Marke. Am Tischbrett nebenan stand eine Porzellantasse, der Teelöffel ragte hinaus, zwei Zuckerwürfel parat, so wie er das mochte.

Und eine Stimme ertönte. Sie sang. Nicht begabt, aber anmachend würzig. Er wagte sich hinein ins Bad, erblickte eine magere Frau, mit dem Rücken zu ihm, doch das Haar, die blonden Haare, sie täuschten ihn nicht. Lang fielen sie über den Hals und die Schultern, frei, entblößt, ein Stückchen im Schaum getaucht.

»Halloo, Melanie!«, sagte er.

Er pflegte alle seinen Frauen so zu nennen. Der Name wies eigentlich auf etwas Schwarzhaariges, es erschienen aber bei ihm nur die Blonden – in den günstigen Jahren; die Melis pur!

Er bevorzugte die Kürze, kurze und deftige Schlagzeilen. Genosse Vala und Genosse Valenta vertrauten ihm immer die Texte an, an denen etwas zu meistern war, bei denen man den Kern der Sache enthüllen sollte. Und Hagel verstand es so trefflich, dass man ihn Mister Short nannte.

»Hallo Melanie, du bist zurück?«

Aus dem üblichen Dampf des Raumes tauchte eine schöne Silhouette auf – mit markigen Gesichtsknochen, auch dies war Hagels Marke! Und die Hand erschien, mit langen Klavierfingern. Die hatte er gerne, gerne hat er sie auf den aufnahmefrohen Stellen seines Körpers gefühlt. Und natürlich die immer deutlichere Visage, und der Blick, stets aus der Rückneige nach oben schauend, als hätte er im Voraus wissen wollen, ob er sein Gefallen daran zu finden hat, was sich ihm zur Schau stellt.

Die Melanie schien aber keinesfalls die Absicht zu hegen, ihm nicht zuzulächeln. Sie sprach zu ihm, erzählte etwas in das Wasserrauschen. Hagel entnahm daraus, dass sie ihn bittet. Er solle, so kam es ihm vor, zu ihr.

»Hagel«, sagte sie, »zieh dich aus und schlüpf rein! Und gib mir die Bürste! Wie? Sie liegt schon wieder so rum? Schau mal nach, hinter der Waschmaschine!«

(1983)

Schwerer Dienst in N.

Ich heiße tatsächlich Prado, doch niemand spricht mich so an, es ist nämlich nicht üblich, die Namen zu verwenden, mit denen wir hierhergekommen sind. Es werden nur Spitznamen verwendet, die aus normalen Situationen heraus in den ersten Wochen Aufenthalt entstehen. Zu mir sagt man Detaillist und spielt damit auf meine Sorgfalt an, weil ich von Anfang an dazu tendierte, detailliert die sog. Tagesmeldungen auszufüllen, obwohl alles, wozu es hier kommt, mehr oder weniger eintönig ist und sich ständig wiederholt.

Ich habe dies jedoch fleißig notiert, mehr noch, einige Zeit später verlangte ich die gleiche Art Meldung auch von anderen, somit passt mein Spitzname eigentlich. Und er stört mich. Ich mag diese legere Art Sprache nicht, die täuscht eine Intimität vor, die ich nicht teilen kann. Ich für mich selbst bin einfach immer noch Prado, und ich mache einen Bogen um Sätze, in denen ich andere mit ihren Spitznamen ansprechen müsste, auch wenn ich dabei Wortkonstruktionen schaffe, die den Eindruck meiner gewissen Pedanterie nur noch verstärken.

Das bedeutet allerdings nicht, dass ich mich um die gestellten Anforderungen herummogeln oder den (unauffällig durchgeführten) Prüfungen entziehen würde, mit denen unser Elan erneut auf die Probe gestellt wird und die ich wohl hoffentlich bestehen werde, weil unser neuer Vorgesetzter mein ehemaliger Mitschüler ist. Ich erwähne ihn nicht, weil ich mich danach sehnen würde, in den Genuss verschiedener Privilegien zu gelangen, ich will nur herausfinden, was ich eigentlich falsch mache – worin meine Fehler bestehen. Dass ich einige mache, steht außer Diskussion, man braucht nur Juliáns Position mit der meinen zu vergleichen.

Und dabei weiß man noch nicht einmal, dass es irgendwann einen Zwischenfall gab, der ihm eigentlich Schwierigkeiten hätte bringen müssen. Er hatte nämlich eine Frau geheiratet, die ihm nacheinander drei Töchter ertränkt hat.

Eine seltsame Mutter, sie konnte irgendwie nicht verstehen, dass auch Julián die Kinder als die seinen betrachtete. Ihr erschien es jedoch unerträglich, sich von ihnen zu trennen, was sie auch optisch verstand: Kaum begannen die Töchter zu laufen, war sie sehr nervös, wenn sie gebadet wurden.

Beim dritten dieser Unfälle spielte ich eine gewisse Rolle. Julián und ich waren gerade auf der Pirsch, mein Freund war Jäger – damals. Er lud mich zu diesen Streifzügen ein, bei denen wir immer durch dasselbe Tal voller Sümpfe und Tümpel liefen, wo klares und stark alkalisches Wasser aus den umliegenden Wäldern zusammenfloss. Julián lehrte mich, das Wild aufzuspüren und mit einer Schrotflinte zu schießen, auch wenn ich in keiner dieser Künste besonders geschickt war.

Julián hatte es, wenngleich er so alt war wie ich – und eigentlich mit einem Lebenslauf, der ihm eher Schwierigkeiten hätte bereiten müssen, schon zu etwas gebracht.

Ich erinnere mich, dass wir zu einem dieser Tümpel liefen und dass ein toter Igel darauf schwamm. Eine seltsame Zielscheibe, eine Art aufgeblähtes Superkissen mit Stacheln. Julián forderte mich auf, zumindest einen toten Körper zu treffen, das würde ich vielleicht besser hinkriegen als bei lebenden Zielen, doch ich lehnte ab. Er maß mich mit seinen Blicken und, wie ich es heute sehe, mit einer gewissen Verachtung, schoss in den Kadaver, bis er sich mit dem nackten Bauch nach oben drehte und auf dem Wasser schaukelte.

Schon vorher hatte ich mich beim Forellenfangen lächerlich gemacht. Julián hatte mir zwar vorgemacht, wie man das mit leeren Händen macht, d. h., dass man mit den Händen in den Nischen eines Bachufers herumtastet, wo sie sich verstecken und von wo sie nicht entrinnen können, doch ich hatte auch damit keinen Erfolg. Nachdem ich sie ertastet hatte, zuckten sie zusammen, und ich erschrak mich ob ihrer schleimigen Haut, sodass ich sie wieder losließ.

Schweigend kehrten wir nach Hause in unsere Stadt zurück, die ich liebte wegen des vielen Grüns und der zahlreichen Kurpavillons im alten Stil. Und auch wegen ihrer Kolonnade aus gusseisernen Säulen, unter denen jeden Tag sehr schöne Frauen spazieren gingen. Auch an jenem Nachmittag trafen wir einige von ihnen und vielleicht brachte ihr Anblick – verbunden mit dem Gedanken, man hätte eine bessere Wahl treffen können – Julián zu der Aufforderung.

»Dann lade das wenigstens«, sagte er zu mir und reichte mir die Flinte, »… wenn ich heute auch Valerie in der Wanne finden sollte. Es ist so ein Tag.« Er schaute zum Himmel, der war herbstlich, aber sehr klar, mit silbernen Streifen des Altweibersommers, und ich vergegenwärtigte mir, dass die beiden früheren Fälle sich bei ähnlichem Wetter abgespielt hatten. Diese Feststellung erschütterte mich so sehr, dass ich im Prinzip ohne zu überlegen Juliáns Tasche öffnete, zwei schwarze Patronen der Marke Sellier and Bellot herausholte und sie in die Kammer schob. Ja, und ich gebe zu, dass ich Julián damals auch umarmte.

Wir waren beide sehr jung, und eine gewisse stärkere Sensibilität ließ sich leicht entschuldigen. Trotzdem handelte ich wahrscheinlich nicht richtig; man sollte sich nicht in intime Probleme von anderen einmischen. Kurz darauf aber machte mein Freund immer mehr einen Bogen um mich. Natürlich musste er viel Zeit mit der Klärung seines Handelns verbringen. Als sich zeigte, dass es doch für Erbitterung einen Grund gab, nahm man es ihm krumm, dass er nach einer Wildwaffe gegriffen hatte ... Dann verlor ich ihn aus den Augen, ich meldete mich gerade zum Dienst, sie nahmen mich, und ich vergaß die ganze Angelegenheit bald.

Doch noch einmal: Wenn man auch diese Verspätung berücksichtigt, kann es keinen markanteren Unterschied zwischen unseren Karrieren geben. Und es war also auch kein Wunder, dass ich mich damit befasse. Nicht aus Melancholie oder Selbstmitleid, nichts liegt uns hier ferner als in Begriffen wie Ehrgeiz oder Aufstieg zu denken, sondern aus der Befürchtung heraus, ob ich nicht durch irgendwelches eigenes Verschulden unnötig das Register an Anforderungen mindere, die an mich gestellt werden konnten. Nach so vielen Jahren, in denen ich keiner Arbeit, keiner Anstrengung ausgewichen bin, ist es nur natürlich, dass sich mein Organismus stark abgenutzt hat (auch wenn der Kopf immer noch seinen Dienst tut), und dass er also gerade in dem Moment versagen könnte, in dem man mir vielleicht das Ersehnte anvertrauen würde. Eine schreckliche Vorstellung!

Trotzdem aber schäme ich mich, um Erleichterungen zu bitten. Ich hege keinen Zweifel daran, dass ich sie bekommen würde, doch sie würden auch bedeuten, den Status quo in Stein zu meißeln. Und so lade ich mir, statt nachzulassen, immer mehr auf, ich erlege mir noch größere Selbstverleugnung, noch größeren Fleiß auf. Ich suche Arbeit, um die manch einer einen Bogen macht, ja, ich stürze mich sogar in solche Tätigkeiten, zu denen mir einfach die Figur fehlt. Fast regelmäßig bleibt für mich das Straßenfegen übrig.

Wir treten nach Größe und Dienstjahren an. Ich stehe also in der ersten Reihe bzw. an ihrem linken Ende, denn so fällt die Reihe größenmäßig ab, deshalb ist, wenn Freiwillige gesucht werden, meine erhobene Hand immer zu sehen. Ich kann sie nicht hinter anderen verstecken, und angesichts des Gesagten kann ich auch nicht wer weiß wie lange zögern, ehe ich mich melde. So aber komme ich zu dem ganzen Dreck.

Ich habe hier diese riesigen Kübel, in die die Exkremente aus den Eimern geschüttet werden, in so große Kübel, dass sie immer von zwei starken Trägern gezogen werden müssen. Ich habe bis vor kurzem recht gut Kraft vorgetäuscht, in letzter Zeit aber kann ich es nur selten verhindern, dass der Kübel auf meiner Seite beginnt auszulaufen, was mich trotz aller Vorsätze, dies nicht als etwas Erniedrigendes zu sehen, stark deprimiert. Außerdem kam zu diesem Problem noch ein weiteres: Mir wird manchmal so schwarz vor Augen, dass ich in einigen Momenten richtig blind bin. Die neue Grube, die man gerade ausgehoben hat, liegt noch ein Stück weiter entfernt als die vorherige, und die zusätzliche Entfernung ist ohne Pause zu bewältigen. Mehrmals hatte ich schon vor Erschöpfung Zahnfleischbluten, auch lief mir Blut aus den geplatzten Aftergefäßen über die Beine. Beides lässt sich schlecht verstecken …, doch das Schlimmste, das Schlimmste ist die Angst, dass ich einmal in dieser kurzen Blindheit den Rand nicht richtig abschätze. Im letzten Wegabschnitt werden die Träger nämlich noch schneller, damit man den Kübel mit einem Schwung ausleeren kann. Glücklicherweise zählten alle bisher die letzten vier Schritte laut ab, das bedeutet jedoch nicht, dass ich nicht auf jemanden treffen könnte, der sich einfach auf meine ... Erfahrung verlässt.

Und die Grube ist riesig, die Gefahr, dass ich darin ertrinke (Erschrecken und Ekel), ist nicht zu unterschätzen. Die Vorstellung, dass man mich rettet, dass ein Mitträger noch Hilfe herbeirufen kann, ist zwar nicht völlig absurd, doch es ist ausgeschlossen anzunehmen, dass ich nach solch einem Vorfall noch mit den anderen zusammenleben könnte. Dabei werde ich den Eindruck nicht los – und auch Julián bestätigt mich durch verschiedene Andeutungen und unklare Bemerkungen darin –, dass die nächste Generalgrube so weit entfernt liegen sollte, dass ich mich endlich der »Ungeduldigen« entledigen könnte. So als habe in all meinem bisherigen Warten gerade dieser Sinn gelegen. Das erfüllt mich mit einer gewissen Hoffnung.

(achtziger Jahre?)

Vögel zu Fuß

Er wohnte in einem Hochhaus; unten in der Halle gab es vier Aufzüge, doch meist war nur einer in Betrieb, manchmal keiner. Der Doktor marschierte also – ähnlich wie die anderen Mieter – über die Treppe, doch konnte er das inzwischen kräfteschonend. Darüber hinaus gewährte das Stockwerk, in dem er wohnte, einen wunderschönen Blick auf das Meer. Das Haus stand in einer Bucht mit einem großen, grobsandigen Strand, der den größeren Teil des Jahres leer war, denn das Klima zeichnete sich nicht durch besondere Freundlichkeit aus.

Der Doktor hatte die Aussicht gern, er konnte sie stundenlang genießen und gab ihr den Vorzug vor oberflächlichen Bekanntschaften im Hause, die ihm dank seiner öffentlichen Stellung angeboten wurden, deren Anknüpfung er jedoch als Zeitverschwendung ansah. Und natürlich suchte er nicht im Geringsten intime Beziehungen. Eigentlich kannte er hier niemanden.

Bis auf die beiden Dicken nebenan, obwohl er sie nur notgedrungen kannte – über den Dunstabzug. Ihre einzige Unterhaltung war das Kochen, bis sie aufgedunsen waren – der eine kaum vom anderen zu unterscheiden. Sie ließen sich leichter am Geruch aus dem gemeinsamen Abzug erkennen. Sie briet – er dämpfte lieber. Einmal aber flossen die Gerüche ineinander, die Dicke nahm eiförmig zu, und der Doktor schloss auf eine Schwangerschaft. Er hatte Kinder gern, so beglückwünschte er die Frau auf dem Korridor. Doch sie war nicht schwanger, und er schämte sich seines Fauxpas so sehr, dass er mit dieser Frau – und allmählich auch mit ihrem Mann – zu reden begann.

Der Doktor kannte im Haus auch – unten im siebten Stock – einen Menschen, der ihn gern auf ein Gläschen einlud ... und dabei behauptete, des Doktors Schwiegervater zu sein. Er goss ein, ließ sich das aber gleich mit dem Aufschlag bezahlen, der hier in der Kantine üblich war. Immerzu versprach er, das Geld zurückzugeben, aber nur, wenn der Doktor das Rauchen ließe. Dabei steckte er sich jedesmal eine an und hüllte den Doktor (der nur unter größter Anspannung und mit Rücksicht auf die unendlichen Treppen erst kürzlich zum Nichtraucher geworden war) in den Rauch seiner Lieblingsmarke ein.

Hm, und in diesem Hause interessierte sich der Doktor für eine Frau, die seinen Ehefrauen erheblich ähnelte. Das war an und für sich nicht von besonderer Bedeutung – alle Ehefrauen des Doktors hatten ein wenig chinesisch ausgesehen –, diese jedoch hatte sich gleich einen Chinesen geangelt. Er war ein chinesischer Koch und ging ohne Rücksicht auf die Jahreszeit in einem weißen Kittel, unter dem er allenfalls Unterhosen trug.

Der Doktor musste außerdem feststellen, dass der Koch und sehr wahrscheinlich auch die Seine – im Hause gar nicht angemeldet war, obwohl der Mann in der Gemeinschaftskantine Elan arbeitete (die hier genau wie in den anderen Häusern das gesamte zweite Stockwerk einnahm). Darüber hinaus hatte ihn dieser Chinese heute ausgelacht. Als der Doktor in einer Menschentraube vor dem Aufzug stand, sah er, wie der Kittel ruhig in Richtung Kantine an ihm vorbeifuhr, und wie das chinesische Auge offensichtlich ironisch blinzelte (wie es so seine Gewohnheit war). Er trat ein wenig zurück und warf dabei den Aschenbecher mit dem Ständer um.

Hat er über ihn gelacht? Wahrscheinlich. Empört entschloss er sich, mit dem Mann zu sprechen, und ging in die Kantine.

Der ansonsten menschenleere Essraum, bis hin zu den Bestecken und Gläsern genauso ausgestattet wie die Kantinen der umliegenden Häuser, war jetzt seltsamerweise voll. Trotzdem fand der Doktor schnell den weißen Punkt des Chinesenkittels; doch unter der großen Palme hinter dem Tisch saß auch die Frau des Chinesen. Das machte den Doktor nervös, er tat, als ob er anderswohin schaue, doch es war klar, dass sie ihn gesehen hatten.

»Felix!« Der Doktor hieß Felix, war allerdings nicht gewohnt, so genannt zu werden. Auch jetzt kam es ihm unangemessen vor und zugleich unerträglich intim. Um nicht selbst über die ganze Kantine hinweg schreien zu müssen, drängte er sich bis zu diesem Tisch, und auf dem Wege legte er sich Mahnungen und Drohungen zurecht, doch dann stand er ratlos vor den beiden, denn die fremde Frau duzte ihn sogar.

»Was nimmst du, auch Austern?«

Sie beugte sich vor und sog an der ersten Muschel so schnell und mit solchem Appetit, dass man sich an den anderen Tischen nach ihr umwandte. Den Chinesen reizte das sichtlich, er sah aus, als ob er entweder an Appetitlosigkeit oder Widerwillen gegenüber diesem Gericht leide. Den Doktor sprach er überhaupt nicht an, er wandte sich nur an die Frau, höchstwahrscheinlich auf Chinesisch, worauf sie ebenso flink antwortete. Noch lächelten sie einander an, obwohl es zugleich aussah, als ob sie stritten. Schließlich nickte ihr der Chinese auf irgendetwas hin zu, und ließ zum zweitenmal Gleichgültigkeit durchblicken. Es wurde peinlich, nicht einmal der Doktor wusste, was er sagen sollte, man hörte nur das Saugen und das Aufbrechen der Schalentiere. Doch keiner der Männer bot Hilfe an. Im Übrigen war die Chinesin geschickt, sie öffnete die Muscheln mit einer solchen Kraft, dass sie ein derartiges Angebot mit Hinweis auf ihre Vorliebe für diese Tätigkeit vielleicht abgelehnt hätte. Als sie erst die Hälfte aufgegessen hatte, also gesättigt war und fähig, etwas wahrzunehmen, da ging ihr endlich auf, dass die Männer beide weder das Essen angerührt, noch ein Wort gesprochen hatten. Sie jedoch winkte dem Doktor zu, als ob das alles an ihrem Mann läge.

»Lass ihn, er kann nichts dafür. Nie ist ihm das Essen gut genug, und dann ist er noch beleidigt, wenn es mir schmeckt … nicht wahr?«

Das »nicht wahr« galt dem Chinesen, der jetzt wirklich chinesisch lächelte.

»Eigentlich geht er mir ziemlich auf den Geist, wenn er kocht, ist alles … zum Ko…«

»Liebling«, unterbrach er sie in der allen dreien gemeinsamen Sprache, »das ist heute nicht unser Thema, ich koche, wie ich kann – und ich hab es eilig, ich muss in die Küche. Felix wollte ich aber sagen … und du weißt gut, dass es mein Vorschlag war, es ihm zu sagen … dass du an allen Donnerstagen frei bist.«

Er schaute den Doktor nicht an, sprach nur zu der Frau, dabei erhob er sich schon und fügte, als er sah, was für ein Gesicht der Doktor zog, wie nebenbei hinzu: »… und an Samstagen, von drei Uhr nachmittags an, bist du auch frei, stimmt's?«

Damit drängte er sich zum Ausgang, der Kittel wölbte sich; der gelbe, sehr schlanke Körper war zu sehen und auch die Unterhose, Seide, in der Form eher Boxershorts ähnlich.

»Achte nicht darauf«, sagte sie, »das macht er andauernd, er verschwindet, wenn es hart auf hart geht. Aber ich bin tatsächlich frei – also auch am Dienstag, praktisch von achtzehn null null bis fünf dreißig in der Früh. Schon lange wollte ich dir das mitteilen.«

Sie war dunkel, mit hervorstehenden Backenknochen, vermutlich um ihrem chinesischen Partner ähnlich zu sehen, nein, das nicht ... sicher nicht, auch die anderen Frauen des Doktors hatten diese Gesichter gehabt, und konnten sicher nicht alle einen Chinesen zum Mann gehabt haben ... Am meisten jedoch erweckte ihre angemalte Nase die Aufmerksamkeit. Schwarzrot, am Rande Flaum ... höchstwahrscheinlich, damit die Nasenlöcher größer wirkten. Von der Seite schienen sie wirklich größer zu sein, von vorn jedoch machten sie einen komischen Eindruck. Wenn also nicht die Backenknochen, dann wollte die Frau auf jeden Fall durch das Schminken chinesischer erscheinen. Der Doktor konnte sich nicht daran erinnern, einer seiner Frauen eine derartige Schminkweise empfohlen zu haben ... und schon gar nicht konnte er sich vorstellen, dass er sich je an eine derartige Farbkombination gewöhnen würde.

»Ist das tätowiert – oder nur so? Ich meine, kann man das abwischen?«, drückte er seine plötzliche Befürchtung aus. Doch sie erhob sich, fuhr ihm mit der Hand über das Haar und sagte: »Du wirst schon sehen«, und sie ging zwischen den Tischen davon.

Ihm wurde klar, dass Montag war. Erst dann fing er an, die Betriebsamkeit seiner Umgebung wahrzunehmen. An allen Tischen – schien es – herrschte ein einziges Thema vor, die Vögel, die vorgestern hier am Strand aufgetaucht und die – weil es so viele waren – eine gewisse Nervosität hervorgerufen hatten. Heute Nachmittag hatte er die Tiere selbst gesehen. Er kam vom Büro zurück und sah, wie sie sich schüttelten ... als ob sie gurgelten – auf dem Kies des Strandes, er ging wie gebannt auf sie zu ... mitten in ihren riesigen Schwarm hinein. Sie machten ihm Platz, ließen ihn frei hindurchgehen. Dann schlossen sie sich hinter ihm wieder zusammen ... Er fühlte Unruhe, plötzlich von allen Seiten so umschlossen, wandte er sich heftig um, doch da begannen die Tiere sofort, ihm den Weg freizugeben. Der Doktor hatte also durchaus Verständnis dafür, dass das Auftauchen der Vögel gewissermaßen bedrückend wirken konnte ..., aber das hier im Raum sah aus wie eine außerordentliche Versammlung. Als Vertreter der Firma, die diese Häuser gebaut hatte und verwaltete, wusste er, dass es hier um eine unangemeldete Versammlung ging, in der nichts beschlossen werden durfte. Trotzdem baten sie ihn ums Wort.

Er entschloss sich, zu beruhigen und wie selbstverständlich auf den Formfehler aufmerksam zu machen. »Freunde«, sagte er, »wozu so übereilte und den Statuten widersprechende Schritte ... das sind doch einfach Vögel, zu Fuß, von der Größe eines erwachsenen Menschen ... zumindest die stärksten, am besten entwickelten Exemplare ... und der Eindruck der Hässlichkeit entsteht doch nur, weil ihr Anblick ungewohnt ist, in der Hauptsache eigentlich wegen ihrer vier Beine. Es stimmt schon, diese Anzahl macht stutzig, doch die Form ist einwandfrei die eines Vogels ...«

Sie lärmten, stritten sich und fielen ihm ins Wort, »wer im Vorstand hat den Tieren erlaubt, sich hier anzusiedeln, und warum ist niemand informiert worden?«

»Nicht einmal wir haben zuvor eine Nachricht erhalten«, rief er mit erhobener Stimme, selbst verwundert von seinem majestätischen Plural.

Er musste überlegen, was sie so sehr entsetzte. Sicher, wenn man die Anzahl der Vogelfüße betrachtete, könnte man sagen, der Kopf rage zwischen dem hinteren Paar hervor, also dort, wo man normalerweise mit einem Schwanz rechnet. Aus größerer Entfernung wirkte es auch wie ein Schwanz, war sogar so beweglich und konnte genauso gut hängend über den Körper hinausragen. Wie es dem Tier eben in den Sinn kommt. Solange die Vögel nicht zu laufen begannen, – dann kehrte der Kopf über den Körper zurück, richtete sich von den hinteren Beinen weg auf die vorderen aus, und das Ganze fing an zu rennen. Als ob ein Stuhl mit dem Sitz voran zu laufen beginnt. »Ich gebe zu, dass eine derartige Bewegung, vor allem, wenn sie wirklich sehr schnell ist, Angst hervorrufen kann, aber im Übrigen sind die Vögel eher mit sich selbst beschäftigt. Im nassen Sand jagen sie nach irgendwelchem Viehzeug, ja sogar nach Krabben, die sie mit großer Geschicklichkeit in die Luft werfen, um ihnen dann, wenn sie mit dem Panzer zu Boden fallen, den Bauch aufzuhacken. Nur bei dieser Tätigkeit verhalten sie sich aggressiv, schieben sich fort, ertragen es nicht, wenn einer unberechtigt versucht, sich über die Beute eines anderen herzumachen. Aber das ist doch sehr natürlich! Dennoch richten sich die jüngeren Stücke fast augenblicklich nach den älteren, es zeigt sich also eine gewisse Selbstdisziplin, eine Ordnung. Alle zusammen bewachen dann ihre flaumigeren Weibchen beim Eierlegen ... –

»Aber, die sind groß wie ein ...«, schrie einer der Mieter.

»Ja«, sagte der Doktor, »und deshalb geht es darum, unerwünschte Manipulationen mit diesen Objekten zu verhüten.« Er erkannte jedoch, dass man ihm nicht zuhörte, an der gegenüberliegenden Tür tauchte ein Polizist mit einer großen und schweren Pistole auf, der die Versammlung aufrief auseinanderzugehen. Dem Doktor war es mehr als unangenehm, als freiwilliger Redner auf einer so problematischen Zusammenkunft gesehen worden zu sein, obwohl er sicherlich aus wohlvertretbaren Gründen das Wort ergriffen hatte.

Wieder war nur ein Aufzug in Betrieb, und es sah nach Zank und Prügelei um die Plätze aus. Er hatte keine Lust, sich zu streiten. Lieber machte er sich ans Treppensteigen, wie üblich mit einer kurzen Pause nach jedem siebten Absatz. Er traf Familien mit Kindern auf dem Weg nach unten. Einige Mieter erinnerten sich an ihn aus der Zeit, als er ihnen die Wohnungspapiere ausgehändigt hatte, und grüßten ihn. Aus irgendeinem Grund weinten alle Babys.

Hatte auch die Chinesin ein Kind? Wohl kaum, sonst hätte sie es ihm sicher schon gezeigt, und es wäre wirkungsvoller, ihm ein Kind zu zeigen als den Chinesen. Der Doktor hatte Kinder gern, besonders, wenn sie ihm ein wenig ähnlich waren. Die letzten Treppen stieg er ohne Pause, entschlossen, im Sessel Luft zu schöpfen. Er hatte die Gewohnheit, sich niederzusetzen und seinem heftig klopfenden

Herzen zu lauschen. Er hatte die Erfahrung gemacht, dass sich das Klopfen auf die alte, ein wenig hervorstehende Sesselfeder übertrug, deren Ring sich im abgeschabten Bezug abzeichnete, und von dort setzte sich das leise Rattern, nur von einem geschulten Ohr zu hören, auf die gesamte Federung fort.

Obwohl der Sessel ein altes, ungeschicktes Möbel war, hatte der Doktor dessen rätselhafte Orchestrierung lieben gelernt. Sie erfüllte ihn mit Gedanken und Erinnerungen. Übrigens hatte in diesem Sessel schon seine Urgroßmutter gesessen, und sie war dreiundneunzig Jahre alt gewesen, als sie darin starb. Emma war inzwischen vierundneunzig und sitzt auch gerne darin. Was war das für eine Arbeit gewesen, sie hierher zu bringen, zusammen mit diesem Möbelstück; in ihm hatte sie die gesamte Familie des Doktors überlebt. Die Mutter des Doktors, ihre Tochter und deren Mann, alle ihre Kinder. Der Doktor hatte sich ihrer angenommen, als er wieder einmal verwaist war, und die Gefahr bestand, dass ihn jemand wegen übermäßig großer Wohnfläche anzeigte. Als öffentlich-rechtliche Person musste er auf die Einhaltung der Vorschriften bedacht sein – und natürlich auf die eigene Unantastbarkeit. Darüber hinaus ragte der Sessel zwei Zentimeter aus der Tür des Lastaufzuges hervor und musste von Hand geschleppt werden, die Zentralspedition durfte sog. nichtnormierte Gegenstände nicht einmal annehmen. Mit alten Sachen rechnete man hier nicht.

Doch einer der Jungs von der Spedition bot sich privat an. Stark, groß, mit Bart, aber gar nicht unangenehm. Es war eine Heidenarbeit, Ruhepausen in jedem Stockwerk, und der Doktor, der eine solche Anstrengung nicht gewöhnt war, setzte sich jedesmal in den Sessel, schloss die Lider und wartete, bis die Sternchen vor und hinter den Augen verschwunden waren. Schon damals hörte er das melodische Rattern, horchte darauf und fing sogar mit seinem Helfer ein Gespräch darüber an. Er lernte ihn kennen, und der Bärtige schenkte Emma später Marzipankartoffeln, blieb bis in die Nacht und brachte auch seine Frau mit – die ebenfalls so chinesisch aussah – fragte sogar, ob der Doktor sie nicht vielleicht wolle. Höchstwahrscheinlich kannte man im Haus seine Vorliebe. Der Doktor lehnte ab, ließ aber die Frau übernachten, und sie blieb, still, lächelnd, sehr bereitwillig, nur für den Samstag bestand sie auf einem Besuch des Spediteurs. Der Doktor hatte nichts dagegen, er ging während der Zeit ins Büro. Doch sie sperrten Emma in der Küche ein. Das ärgerte ihn, er kam früher nach Hause und schlug dem Mann in die Fresse, bis das Blut spritzte, und der Bärtige – obwohl groß und viel stärker – in einem hohen Bogen durch die Luft flog, dessen Ausmaß den Doktor bis heute mit großer Zufriedenheit erfüllte. Danach schlug er auch die Frau, ungern, eher irrtümlich, weil sie sich (nackt, ganz erhitzt) zwischen sie warf. Und ein bisschen böse war er auch auf sie, sie hatte ihn nicht in die Wohnung lassen wollen und behauptete, es sei zu früh. Er trat die Tür ein. Keine besondere Leistung, sie ist nur aus leichten Spanplatten gemacht, umso leichter konnte er jetzt den Bärtigen entfernen. Nach dem Schlag kuschelte sich die Spediteursfrau an ihn. Auf einmal, in der Erregung höchstwahrscheinlich verliebt, kurz und gut, wie sie der Doktor eigentlich nicht kannte. Gleich warfen sie sich in den Sessel und taten es genussvoll. Der Doktor erinnert sich bis heute daran. Er überlegte, ob er die

Frau behalten solle, doch die alte Unlust (nicht nur ihr gegenüber, sondern einfach überhaupt) war wieder da. Daher schickte er die Frau zu den Dicken, die am Schlüsselloch gestanden und zugeschaut hatten. Die fütterten sie und haben sie wahrscheinlich irgendwann weitergegeben. Wohin?

Der Doktor erinnerte sich nicht mehr daran.

Damals kam auch die Alte aus der Küche angeschlurft. »Das hast du gut gemacht«, lobte sie ihn, »es ist gleich zu sehen, dass du der Sohn bist.«

Er antwortete, er sei der Enkel. In ihrem Alter brachte sie die Dinge durcheinander. Seit sie hier war, hat sie das Haus nicht verlassen, und den Begriff für Zeit verloren. Mit einer großen Brille auf der Nase las sie »Märtyrerbiographien« und manchmal sprach sie so, als wäre der Doktor auch einer der Gestorbenen.

»Hat es sehr weh getan?«, fragte sie.

Er murmelte irgendetwas zur Entgegnung.

Oder sie rief ihm zu:

»Felix, hast du Hunger?«

Das eigentlich am häufigsten, immer aus der Küche und immer, wenn er in ihrem Sessel saß wie etwa jetzt und zum Beispiel von seiner liebsten Frau träumte. An die erinnerte er sich, sie war ihm am besten im Gedächtnis geblieben, mir der starken Unterlippe und den blauen, ein wenig ausdruckslosen Augen, er hatte die Frau – ach ja – von einem Kollegen aus der Vertriebsabteilung übernommen. Sie hatte einen schlechten Ruf, doch das war für ihn besonders anziehend. An wen hatte er sie weitergegeben?

»Felix, hast du keinen Hunger?«

»Ach nein, Emmi«, sagte er, »jedenfalls nicht jetzt gleich, ich will erst einmal ordentlich Atem holen ...«

»Weiß du, ich hab dir ein Ei gemacht, aber da musst du mir helfen, Junge …«

Er erhob sich, ging zu ihr in die Küche, Emma stand an der Herdplatte, vor den Füßen ein Ei, groß wie ein Laib Brot.

»Woher hast du das, mein Gott?«

Emma behauptete, vom Balkon, und dass sie es nicht heben könnte, und lieber hergerollt hätte, den ganzen Vormittag über hätte sie das Ei auf ihrem langen Wollschal gerollt. Nun sollte der Doktor es für sie aufheben.

Er schaute aus dem Fenster in Richtung Strand, der war leer.

»Lass das«, schrie er, »fass das ja nicht an!« Er lief auf den Balkon, er dachte, eines der zänkischen Vogelweibchen hätte dort ein Ei gelegt, doch der Balkon, zum Teil verglast und mit einem Stahlnetz versehen, bot – genau besehen – gar nicht genügend Raum zum Durchfliegen. Übrigens – und das beruhigte den Doktor sehr – waren die Flügel der Vögel doch sehr verkümmert, somit war ein schwierigerer Flug fast ausgeschlossen. Vielleicht ein Auffliegen, größere Sprünge, doch die Ausmaße des Balkons verlangten nicht nur die Kraft einer Schwungfeder, sondern auch ein halsbrecherisches Landemanöver.

Also die Dicken? Von diesen auf jedes nur mögliche Exotum versessenen Vielfraßen war alles zu erwarten. Er wurde wütend. Sein Balkon war nur durch einen Querbalken von dem der Dicken getrennt, und unten gähnte eine Lücke, groß genug für ein Ei. Er trat auf den Gang hinaus, wie immer war dieser nur indirekt von außen beleuchtet, zu dieser Zeit bei weitem nicht mehr ausreichend. Der Doktor fand die Türglocke der beiden und läutete lange und ununterbrochen.

Sie öffneten nicht. Im ganzen Stockwerk öffnete niemand. Er entschloss sich, augenblicklich die Firma anzurufen. Er hatte zwar nicht die Angewohnheit, Institutionen in seine Streitereien mit hineinzuziehen, umso weniger solche, bei denen er angestellt war, der Vorfall schien ihm jedoch ernst zu sein. Das Telefon war taub.

Zunächst beunruhigte ihn das, dann fand er das sogar gut. Das Auftauchen eines unbekannten Gegenstandes dieses Charakters – gerade in seiner Wohnung …, nur von einer alten, verwirrten Frau zu bezeugen – konnte auf den Doktor selbst ein schlechtes Licht werfen.

Er entschloss sich, das Ei an den Strand zurückzubringen, ohne allerdings den Verdacht erwecken zu wollen, er transportiere etwas Unerlaubtes. Das Aktenköfferchen – sein täglicher Begleiter – war zu schmal, der Koffer dagegen – obwohl er im Chaos der letzten Stunden sicher nicht auffällig wirken würde – schien ihm nicht sicher genug gegen Verschiebungen zu sein. Deshalb griff er nach dem Kasten seines Cellos. Bis zum Alter von dreiundzwanzig Jahren hatte er darauf ohne größeren Erfolg gespielt, als er es jedoch jetzt erneut in der Hand hielt, war das Instrument hin. Er nahm es stückweise heraus. Dann legte er den Kasten mit Watte aus und wandte sich Emma zu:

»Du machst mir Püree, wenn ich zurückkomme.« Zur Sicherheit jedoch nahm er ihr die dicke Brille ab und legte sie hoch ins Bücherregal. Er wusste, dass die Alte ohne die Brille wegen des sie umgebenden Grau, in dem sie nur noch Umrisse unterscheiden konnte, in Lethargie verfiel, bald im Sessel einschlafen und alles vergessen würde. Er drückte den Signalknopf des Aufzugs und der leuchtete wider Erwarten auf. Es sah überhaupt so aus, als ob das Haus sich geleert hätte, und niemand den Aufzug benötigte. Unten in der Halle saß nur noch der Polizist von vorhin und rauchte. Der Doktor bekam auch Lust auf eine Zigarette, doch machte er sich schmerzlich bewusst, Nichtraucher zu sein, und ging ans kalte Meer hinaus.

Die Bucht war voller Schmutz und noch nicht zugeschwemmter Furchen von den Schnäbeln und Krallen. Ansonsten auch hier Leere, so vollkommen, dass sie bedrückte. Und das war am schlimmsten – er suchte vergeblich nach einem Platz für das Ei.

Aber was war mit den schon gelegten geschehen, am Morgen hier gesehen? Hatten die Vögel sie mitgenommen? Oder vergraben, damit Junge ausschlüpften? So irgendwie ganz von allein … das kam ihm unsinnig vor, unter den hiesigen klimatischen Verhältnissen war der Sand nicht warm genug.

Sie tragen sie wohl bei sich. Aber wie?

Zwischen dem Stein- und Sandufer fand er eine Schicht, verhältnismäßig weich, in der, wie er früher beobachten konnte, die Eier am dichtesten gelegen hatten. Er kniete am Cellokasten nieder und griff gleich darunter, um das Ei einfach in die Öffnung fallen zu lassen und den schon vorbereiteten Sand leicht anzuhäufeln.

Er vertiefte sich völlig in seine Arbeit, bis oberhalb von ihm etwas stehen blieb, das trotz des Abendlichtes keinen Schatten warf.

»Felix!«

Er hob den Kopf, griff fast erschrocken nach dem – noch ungeöffneten – Kasten und drückte dessen Schnalle.

»Felix!«

Es war die chinesische Frau, jetzt ohne Schminke, ohne Tätowierungspunkte um die Nase.

»Hier bin ich wieder, ich bin zurückgekommen«, sagte sie beiläufig, »was machst du hier?«

Er überlegte, was er ihr antworten sollte, lächelte sie an und erhöhte das Risiko, dass sie sein Lächeln als Zustimmung auslegte, als etwas Bejahendes, etwas zu sehr Gemeinsames. Es blieb ihm aber nichts anderes übrig.

»Ich erforsche sie«, sagte er, »jetzt, wo sie fort sind, suche ich ihre Eier, man muss der Sache doch auf den Grund gehen, niemand kümmert sich … niemand hat auch nur ein bisschen Verant…«, er machte eine große Geste, die den gesamten verlassenen Strand umfasste, »niemand hat …«

Plötzlich streichelte sie ihn, ihm war das gar nicht lieb, doch wiederum lächelte er sie an.

»Lass das«, sagte sie, »es ist fast nichts mehr zu sehen, morgen werde ich dir helfen.«

Sie wollte den Kasten tragen, er ließ es nicht zu. Sie nahm ihn also bei der freien Hand, und er vermochte nichts dagegen einzuwenden. Sie gingen zurück zum Hochhaus. Der Doktor kam sich ungehörig vor, rechts das Cello, links die Chinesin, die ihn fragte, ob er oben etwas zu essen habe.

Er sagte, oben habe er eine alte Frau, die mit ihm dort lebe.

Die Chinesin lächelte zart, sehr sympathisch.

»Ich werde mich um euch beide kümmern.«

Er schwieg.

Der Aufzug, der einzige, war geöffnet, die Passagiere warteten diszipliniert. Zwei. Der angebliche Schwiegervater aus dem siebten Stock und ein unbekannter Mann. Es empfahl sich, den Aufzug ordentlich auszulasten; wenn er in Betrieb war, wurde gewartet, bis er sich mit der vorgeschriebenen Personenzahl füllte. Vermutlich hatte der Polizist, bevor er zu dem Beschluss kam, sein Dienst sei zu Ende, sicherlich auf die beiden noch draußen stehenden möglichen Mitreisenden aufmerksam gemacht.

Der Unbekannte, gewählt gekleidet, fast eine Schönheit, stand an den Knöpfen … wie ein Ingenieur fragte er, wer wohin fahre.

Der Doktor verkündete sein Stockwerk.

Die Chinesin piepste irgendetwas, doch es war offensichtlich, dass sie den gleichen Weg hatte.

Der Schwiegervater blinzelte den Doktor an:

»Ich fürchte mich hier, verstehen Sie?«

»Ich verstehe«, sagte der Doktor, doch sollte das keinesfalls bedeuten, er nehme diesen Menschen mit in seine Wohnung.

Der Ingenieur von irgendetwas wollte wohl höher als alle anderen, sodass er sein Stockwerk für sich behielt.

Sie blieben irgendwo hinter dem siebten stecken, ohne dass man genau bestimmen konnte, wo, schon lange funktionierten die Stockwerkzähler nicht mehr, und die inneren, verglasten Sicherheitstüren hatte die Firma, weil sie so leicht zu zerstören waren, mit Holz verschalen lassen. Der Doktor, der sich bisher immer beherrscht hatte, forderte jetzt den Schwiegervater auf, beiseite zu treten. Dann reichte er der Chinesin den Cellokasten und trat mit aller Kraft gegen die Holzverschalung. Er schrie auch, um das kräftige Krachen von etwas, das den Schacht hinunterfiel, zu übertönen. Der

Aufzug geriet ins Zittern und dann erlosch auch die einzige Glühlampe. »Jetzt reicht es mir«, fügte er als Entschuldigung für die Übrigen hinzu, die sich jedoch in keiner Weise empörten.

Der Ingenieur des Hebels ... ja, es gab da einen Hebel, durch den man den Aufzug von innen hinablassen konnte, Zahn für Zahn ... fragte leise, ob nicht jemand der Anwesenden ein Streichholz anzünden könnte. Er wolle nachschauen, wo sich die »Apparatur« befinde.

Daraufhin griff der Schwiegervater nach Streichhölzern, und der Doktor verlor zum zweiten Mal die Nerven.

»Sind Sie närrisch, oder was ist? So wenig Platz und rauchen. In ein paar Minuten ersticken wir hier sowieso.«

Der Schwiegervater zündete das Streichholz jedoch bloß an. Dann war immerhin zu sehen, dass er des Doktors geliebte Zigarettenmarke in der Brusttasche seines amerikanischen Flanellhemdes stecken hatte. Sie ließen sich Stück für Stück zu einem Spalt im Treppenhaus hinab. Es leuchtete von links, durch ein Lüftungsgitter.

Der Ingenieur bot an, zu versuchen, es herauszubrechen und hindurchzukriechen. Er meinte, von dort sei es leichter, die übrigen zum nächsten Korridor zu bringen. Er sagte das so überzeugend, dass niemand daran zweifelte, er werde sich zu helfen wissen. Als er hinauskroch, rollte sich das Hemd hoch (das Jackett hatte er zuvor der Chinesin anvertraut), und der Doktor bemerkte, dass auch dieser Mensch solche Unterhosen trug. Diese stillosen, die Boxerhosen.

Er fragte die Frau:

»Du kennst ihn?«

Sie antwortete nicht, doch als sich jetzt der Schwiegervater eine Zigarette anzündete, protestierte der Doktor nicht einmal; es war klar, dass sich bei allen dreien eine gewisse Nervosität zeigte. Die Chinesin mit dem Cello und dem Jackett des Ingenieurs bemühte sich, die Hand des Doktors zu ergreifen, der Schwiegervater nahm den ersten Zug, die Glut der Zigarette zitterte, die Lippen dahinter zogen sich überrascht, furchtsam zusammen, noch während des Leuchtens des abbrennenden und sich krümmenden Streichholzes war zu hören:

»Aus Ihrem Fiedelkasten, da fließt was heraus.«

(1985)

Sanfte Landung am Dirigentenpult

Es war wahrlich eigenartig, wie wir flogen. Das Luftkissen hielt uns fast waagerecht über den Bergen, die aus dem stark strahlenden Dunst von rechts auftauchten. Es waren wieder die Bergrücken nördlich von der Stelle unseres Aufsteigens. Ich erkannte sie gut, denn ich überflog sie häufig mit verschiedenen meiner Frauen und auf ähnlichen Geräten wie diesem. Das waren allerdings eher nur Aussichtsflüge, niemals sind wir hier gelandet, obwohl mich die Landschaft schon seit der ersten Heirat angezogen hat – und obwohl ich mehrmals gedrängt habe.

Meine Frauen haben es immer abgelehnt, manche auch mit sehr erbitterten Worten, doch diejenigen, die mir besonders lieb waren, taten es schweigend, mit dem wissenden Lächeln jener, die unter bestimmten Umständen bereit wären einzuwilligen.

Auch diese meine Frau lachte, ihre Haare wehten. Blonde Haare. Die Berge bildeten einen Bogen mit einer Hochebene in der Mitte. Man musste jedoch noch steigen. Ich sagte: »Melanie« (denn so hießen sie alle), was soll das bedeuten, ich habe überhaupt nicht mehr damit gerechnet, ich habe mich auf keinen Flug vorbereitet, und dazu noch heute, am Freitag!« Ich wollte ihr böse sein, deutete das auch in der Stimme an, doch in Wirklichkeit war ich dankbar, dass sie mich mitnahm.

Wenn sie sich umwendet – und das wird sie bald tun – dann wird sich sicher zeigen, dass sie meine liebste Frau ist. Die, die mich nach der Liebe mit Cashewkernen fütterte und sang ... Hm, was hat sie mir denn vorgesungen? Ich könnte es pfeifen, Worte hatte es eigentlich nicht – oder besser, es waren Worte in einer fremden Sprache, der ich nie nachgeforscht hatte. Übrigens war jede Melanie Ausländerin, und alle hatten helle Haare. Melanie! Das heißt doch ... »Die Schwarze«. Erst hier, in der Luft, auf dem Wege in die Bergstadt, musste ich darüber laut lachen.

Aber mein Lachen hatte noch einen anderen Grund. Ich konnte, wenn sich diese meine Frau jetzt umdrehen würde (und dazu verlockte ich sie so im Grunde), diese Unstimmigkeit anführen, ohne mich gleichzeitig zu jenem Gefühl der Erleichterung, ja des Glücks bekennen zu müssen, wieder bei ihr zu sein.

Ja, ich war glücklich, besonders, als sie dann auf die Melodie hin, die ich mühsam, aber erkennbar neu zusammensetzte und pfiff, tatsächlich begann, sich zu mir umzuwenden, und ich feststellte, dass meine Annahme richtig war. Unter den langen und wehenden Haaren entblätterte sich das Antlitz meiner meistgeliebten Melanie. Ich hatte ihr einst ein besonders schönes Haus an einem Abhang voll alter Eschen gebaut.

Allen habe ich Häuser gebaut, sie unterschieden sich voneinander eher nur durch die Landschaft, in die sie gesetzt waren, als äußerlich. Und – möchte ich sagen – durch die Intimität, die sehr unterschiedlich aus ihnen herausstrahlte. Ich kam fast zu der Ansicht, dass sich in diesen Häusern eigentlich meine Beziehung zu ihren späteren Besitzerinnen widerspiegelt – und dass so ein gewisser Unterschied der Wesen auch in den Gebäuden erscheint. Das würde die Annahme bestätigen, dass uns immer dieselben Frauen aussuchen, doch gerade mit dem Unterschied in der Behaglichkeit.

Der Dunst unter uns riss auf, und auf der Hochebene, voll sehr klaren Grüns, ragte jene Stadt auf. Eigentlich schloss sie sie ab, denn sie reichte bis zum ersten Absatz des durchgehenden Steilhangs, von dem halbbogenförmig alle hiesigen Bergrücken ausgingen. Als ob sie stolz zu verstehen gebe, alles da unten gehöre eben ihr. Es war eine sehr lebendige Stadt, die Straßen zogen sich verhältnismäßig steil nach oben in terrassenbildenden Serpentinen.

Über die breiteste der Straßen marschierte ein Zug mit Blaskapelle, die gerade schwieg, deren Instrumente jedoch blinkten. Hinter der Musik ein Kinderchor. Sie trugen – die Kinder – große Tafeln mit Noten, von denen weiße und zottelige Bänder wehten. Die ganze Menge musste auf dem Wege zu einer Feier sein, nach deren Sinn ich mühsam – und ohne einen Mucks – suchte.

Da aber wandte sich schon Melanie mir zu und sagte: »Sei nicht böse, dass ich das Haus verlassen habe, das du mir gebaut hast und das mir sehr ans Herz gewachsen ist, aber ich wohne jetzt hier«, sie zeigte vor sich hin, sodass es sowohl die Stadt meinen konnte wie auch die höchsten Berge des ganzen Massivs, deren verschneiter Gipfel blendend glänzte.

Dieser Eisglanz spiegelte sich dann auch im Gesicht meiner Frau wider, die noch schöner erschien, als ich sie gekannt hatte. Obwohl ich mich gut erinnerte, dass sie mir, als wir einander verließen, von der Zeit gezeichnet vorgekommen war. Jetzt aber war hier ungestörte Jugendlichkeit und Frische, ja sogar eine Art Zeitlosigkeit, die mich faszinierte. Eitel, wie gewöhnlich, glaubte ich für kurze Zeit, dass vielleicht auch ich ihr so erscheine, doch ich fragte nicht.

»Ich verstehe das nicht so«, sprach ich, »dass es dir in dem Haus, das ich eingerichtet habe, nicht gefallen hat. Du hast einen wichtigen Grund haben müssen, aber ich bin nicht so indiskret, danach zu forschen.«

»Ja, ja«, flüsterte sie, »es war ein wunderschönes Haus. Ich zog dort eine Katze, zwei Hunde und einen Sohn auf.«

»Hm, was ist mit ihm?«, fragte ich wie unbeteiligt, obwohl es mich sehr interessierte.

»Er ist General«, antwortete sie.

»Ja, natürlich, alle meine Söhne sind Kavalleriegeneräle«, sprach ich laut vor mich hin. »Aber dieser wird es am weitesten bringen.«

Weil er während eines Gewitters geboren wurde. Es blitzte am östlichen Himmel, und das ist ein gutes Zeichen.

»Ich danke dir, Melanie«, sagte ich bescheiden, »für alles danke ich dir.«

Inzwischen hatten die Musiker und Sänger den zentralen Platz dieser Stadt erreicht, und ich bemerkte auf einmal, dass wir eigentlich standen, oder unser Flug hatte sich so verlangsamt, dass es fast so aussah. Auch sah ich, wie unser Schatten über die Körper des Zuges hinwegstrich und einige von ihnen sich umwandten und winkten.

Es schien, als ob mir die Leute freundschaftlich geneigt seien. Ich wollte zu ihnen und hatte auch das Gefühl, dass meine Frau hier mich daran nicht hindern wird; schon allein, weil sie die schweigsamste und also am meisten wissende ist. Und sie lächelte und begann sofort, sich schweigend abzuwenden. Ich erkannte darin eindeutige Zustimmung, denn sie – wenn man so sagen kann – »entfreite« sich mit derselben Grazie in die statuenhafte Position, aus der sich zu befreien sie so viel Zeit gekostet hatte.

Achtung, diese Statuenhaftigkeit ist sehr lebendig, sehr körperlich, der Atem ist zu hören, ja, das Lächeln ist zu hören, und diese Beschreibung trifft alle meine Frauen!

Wir sanken auf ein großes Beet hinab. Der Platz hatte in der Mitte ein Hexagramm sanft geschnittenen Rasens. Es war jedoch ein großer Irrtum anzunehmen, diese Leute versammelten sich mir zu Ehren, obwohl sie, wie ich schon gesagt habe, für etwas Feierliches gekleidet waren. Vor allem die Sänger, die hatten schwarze Hosen und Röcke zu weißen Hemden und Blusen an, am Hals mit einem reichgeschwungenen Band von ebenfalls schwarzer Farbe zusammengehalten.

Als ich jedoch unter sie trat, wandten sie mir den Rücken zu, und ihr Dirigent ließ sie sogar ihr Stück singen, ich meine, höchstwahrscheinlich, damit ich sie nicht selbst anspreche. Dieser Mensch stand auf einem kleinen Podium, das vor einem – offensichtlichen – Museum installiert war, auf dessen Freitreppe sich Musiker wie Sänger zu einem Halbkreis zusammenfanden. Obwohl mir das Verhalten dieser Menschen seltsam vorkam – denn ich schloss einfach die Möglichkeit aus, dass sie mich gerade jetzt nicht sähen, hatten sie doch vorher, solange ich meinen Schatten auf sie warf, sich mir sogar angebiedert –, bezauberte mich ihre musikalische Leistung. Die Kapelle, obwohl nur Blasinstrumente, klang nicht trivial, und der Gesang war eine erhabene Kantate, die mich in ihrer Altertümlichkeit rührte. Weil ich inmitten des Rasens schon völlig vereinsamt war und mich die Musik machtvoll anzog, schritt ich allmählich bis zum Dirigentenpult. Doch meine Rührung mischte sich dabei mit großer Ungewissheit, denn es schien mich wirklich niemand wahrzunehmen ... Ich ging durch sie hindurch, sie öffneten sich vor mir und schlossen sich hinter mir wie Wasser.

Als ich dann neben dem Dirigenten stand, wagte ich es sogar, ihm die Blätter der Partitur umzuwenden. Nicht einmal das brachte ihn aus dem Gleichgewicht, er dirigierte höchstwahrscheinlich auswendig, ich blätterte bis zur Titelseite und stellte fest, dass die Komposition Prado hieß, also wie ich.

Das schockierte mich, aber zugleich verstärkte es den machtvollen Eindruck, den die Komposition auf mich machte. Als ich aufblickte, stellte ich fest, dass Melanie, obwohl immer noch zu sehen, sich allmählich entfernte.

Mich überfiel Trauer, sie womöglich zu verlieren, und ich begann laut zu rufen. Die Kantate aber hatte gerade ihren Höhepunkt. Ich winkte also meiner meistgeliebten Frau zu, war mir aber nicht sicher, ob sie mich sah.

Dann beruhigte mich der Gedanke, wenn ich sie sehe, ist es genauso gut möglich, dass auch sie mich sieht, und mir schien, sie mache sich daran, zurückzukehren, weil sie einen Bogen beschrieb, ähnlich dem Halbkreis der Berge, und diese Bewegung logisch zu beenden, müsste schließlich heißen, hierher, an diesen Ort zu kommen.

(1986)

Leben in Wahrheit oder
Lügen aus Liebe

Im Frühjahr war Genosse Stalin gestorben. Es war jedoch kalt gewesen, wenn auch sonnig. Auch die Schüler der dritten Klasse der Stadtschule mussten vors Theater. Ihre Trauer kontrollierte der Russischlehrer Píd'a, ein klein gewachsener Wutkopf mit bürgerlichem Namen Štrunc, der Jiří Řeřicha anging, er solle nicht schwatzen. Der aber hatte Hana Hladká nur seine Fäustlinge angeboten.

Neun Tage später mussten sie wieder vors Theater, weil nach dem sowjetischen Anführer auch Genosse Gottwald das Zeitliche gesegnet hatte. Über ihn wurde auch etwas gelehrt. Vor fünf Jahren hatte er die schlechtere Hälfte des Volkes besiegt, zu der Jiří und auch Hana gehörten. Sie standen also wieder nebeneinander, und er reichte ihr, auch wenn es schon wärmer geworden war, wieder seine Handschuhe. Sie gefiel ihm sehr. Er war fünfzehn und wunderte sich täglich darüber, wo in ihm so viel Zuneigung kam.

Sie kannten sich ein Drittel ihres Lebens und hatten sich daran gewöhnt, in Demonstrationszügen mitzulaufen. Zuerst riefen sie »Es lebe Beneš«, damals, als der Präsident mit einem Festzug aus dem Exil heimgekehrt war. Sie winkten ihm mit der Trikolore zu. Dann bekamen sie rote Fähnchen und riefen »Gottwald, Stalin, Frieden«. Da war der Deutschlehrer Píd'a schon Russischlehrer, und aus der Stadtschule war eine Grundschule geworden. Nach dem Tode beider Parteiführer wirkte er jedoch nervös, und er hatte den Eindruck, dass seine Schüler nicht genügend trauerten. Er befahl ihnen also aufzustehen und eine Minute zu schweigen.

Doch dem Řeřicha lockerte sich gleich bei der zweiten Zeremonie der Schlüsselanhänger, und er fiel klirrend auf die Bank. Das klang so rasant, dass Píd'a brüllte: »Das ist eine Provokation!«, und der Delinquent musste vor die Tür.

Und dann zu Genossin Salcmannová, der Schuldirektorin. Im Lehrerzimmer saß jedoch die neue Tschechischlehrerin Vanesa Janovská, die sagte, die »Genossin habe zu einer Versammlung gemusst« und sie gebe ihm Bescheid, wenn sie zurückkomme. »Kopf hoch!«, fügte sie mit angenehmer Stimme hinzu und ließ ihn nach der großen Pause tatsächlich holen. Die »Salcmännin« thronte am Ende eines langen Tisches und rauchte eine Zigarette der Marke Partisan. Sie war über fünfzig und trug Kleider desselben Alters und desselben Schnittes. Sie hatte Nikotinzähne und -finger. Als Vorkriegs-Parteimitglied musste sie keine Angst vor Píd'a haben, sie qualmte, wann immer sie Lust hatte, während er in den Klos herumschnüffelte, ob dort nicht Schüler rauchten.

Sie war nur während des Unterrichts abstinent, also selten. Sie unterrichtete nämlich Zeichnen und Latein, was ohne Ansehen ihres Kaderprofils Wahlpflichtfächer geworden waren. Und so hatte sie viel Zeit, um in verschiedenen Kommissionen und Ausschüssen zu sitzen. Als ihr Řeřicha seine Version der Ereignisse schilderte, zog sie den inkriminierten Schlüsselanhänger hervor und fragte:

»Woher hast du das?«

Darauf stand auf Latein *clavis mea*, und sie wusste, dass dies nicht nur »mein Schlüssel« bedeutete, sondern auch etwas Frommes. Im oberen Teil der Metallplakette schwebte eine Taube mit ausgebreiteten Flügeln und enttarnte Řeřicha als ursprünglichen Ministranten. Er hatte zwar schon vor zwei Jahren damit aufgehört, doch nun bot sich die Möglichkeit, ihn zu bestrafen. Das neue Schulgesetz, das sie sorgfältig studiert hatte, kürzte nämlich das Bildungspensum und ermöglichte zusätzliche Überprüfungen. Statt zwölf Jahren, die zum Abitur notwendig gewesen waren, reichten nun elf Jahre, doch die nicht Geeigneten mussten in einen *E*injährigen *Lehrk*urs als Kaderumweg, und die Salcmännin stellte die Liste zusammen.

Sie trug Řericha bei den »Elken« ein und gab ihm eine Zwei in Betragen.

Das war sehr nachsichtig. Sie forschte nicht nach Details. Leicht hätte sie nämlich feststellen können, dass der *clavis* ein Geschenk von Pater Klopil war, das er nur ein paar Tage zuvor erhalten hatte, bevor ihn die Staatssicherheit in ein Lager brachte. In der gesamtstaatlichen »Aktion P« wurden kirchliche Institutionen eingenommen, und die, die dort wohnten, landeten in Arbeitslagern. Klopil musste irgendeine Vorahnung gehabt haben, in der Sakristei der St.-Wenzels-Kapelle klopfte er vor seiner letzten Messe Řericha auf das Rochett und sagte: »Nimm das, für mich wurde bereits aufgeschlossen!« Er mochte Řericha, er unterstützte ihn sowohl auf der Theaterbühne als auch auf dem Fußballplatz. Er verwaltete beides, und der Junge faszinierte ihn durch seine Rezitations- und Sangeskunst.

Vincenc Řericha, Jiřís Großvater, nannte diese Beschlagnahmung Aktion der Prostituierten. Der Enkel fragte ihn, ob Gott allmächtig sei, und er sagte ihm, wenngleich er Atheist war, die »roten Verbrecher« würden um die göttliche Strafe nicht herumkommen, weil die »Schwarzröcke« niemandem geschadet hätten. Der Junge sah jedoch das, was geschah, nicht als Beweis für die Macht Gottes, und es beruhigte ihn erst die Vorstellung, dass es die Prostituierten später treffen würde. Deshalb beschloss er, in der Dekanskirche zu ministrieren, die schon vierhundert Jahre mitten in Čakovice stand und auch kommunistenbeständig wirkte.

In die Klasse zurück kam er jedoch mit dem Anhänger, die Mitschüler lächelten, und Hana schickte ihm ein Briefchen. Doch auf die Briefe, die bisher er ihr geschrieben hatte, antwortete sie nicht. Nun las er: Jirka, Klasse! Und er war stolz. Auch die Frau Lehrerin Janovská hatte gute Laune. Sie wusste von Řerichas Rezitationsepisoden und bat ihn, ein »kosmisches Gedicht« vorzutragen. Es ging um irgendeine Alkione. Angeblich um eine Tochter des griechischen Königs des Windes, die an treuer Liebe gestorben war und dem größten Stern der Plejaden ihren Namen gab. Řericha sprach ihren Namen so melodisch aus, dass Beifall aufkam und Vanesa die Geschichte der Prinzessin erzählen konnte.

Es war ein seltsamer Tag, er hatte traurig begonnen und endete erhaben. Am Abend borgte sich Řericha das Fernglas seines Großvaters und suchte Alkione am Himmel. Doch es war kühl, und die »liebreizende Frau mit ihrem Antlitz« entzog sich seinen Blicken. Seine Finger wurden steif, ihm lief die Nase, und er nieste. So kochte er sich lieber einen Tee. Übrigens war sein Fixstern ja schon Hana Hladká. Er wunderte sich zwar, wie aus der komischen Freundin eine kosmische Schönheit geworden war, doch er kostete diese Wende aus und versprach ihr sogar ein Gedicht. Außer dem von Neruda konnte er zwar keines und er wusste auch nicht, wie man sie dichtete, er fühlte sich jedoch lyrisch fromm und glaubte an eine Inspiration.

Die Familie Hladký wohnte nur ein Stück von den Řeřichas entfernt, so konnten sie gemeinsam zur Schule gehen, und es war genügend Zeit für Komplimente. Er redete und redete, Hana aber schwieg. Das Einzige, worauf sie nickte, war ein Ausflug zum Albia, dem Ruderklub des Ortes. Er ging dorthin, weil er nach der Aktion P nicht mehr Fußball spielen konnte. Und er spürte, dass er auch seine Muskeln aufbauen musste. Auch wenn der Klub Albia nun Einheit Elbe hieß, wusste jeder, dass dort die »Albier« waren und dort eine gute Atmosphäre herrschte. Darum kümmerte sich František Vedral, ein junger Ingenieur für Chemie, Trainer und ein fescher Kerl. Dem wollte Řeřicha die Neue für den Achter vorstellen.

Keine leichte Aufgabe. Er selbst fuhr auf dem Platz, den man als Häkchen bezeichnete, also auf dem letzten Sitz des Jugend-Vierers, was seinen Einfluss nicht stärkte. Doch František war kein Pedant. Man musste ihn nicht mit Genosse anreden, es reichte »Chef«. In der Leitung hatte er Ing. Prokop abgewechselt, einen Baumeister und Mäzen aus der Vorkriegszeit. Vedral schloss ihn jedoch nicht aus, sondern machte ihn zu einem einfachen Mitglied. Jiří konnte sich noch gut daran erinnern; als Prokop von der Versammlung wegfuhr, auf der man ihn abgesetzt hatte, war Řeřicha mit seiner Anmeldung gekommen. Prokop ging gesenkten Hauptes an ihm vorbei und hob diesen auch nicht auf den lauten Gruß hin. Dabei war er für seine Höflichkeit bekannt.

Aus dem Klubraum aber drang Beifall, der für Genosse Komárek, einem Oberst der Pioniersoldaten, bestimmt war, den František als Nachfolger für Prokop vorgeschlagen hatte. Allen gefiel dies, die scharten sich um ihn und schüttelten ihm die Hand. Auch Řeřicha gesellte sich zu ihnen. Er hatte schon die Einheit des Volkes und die Einheit der Werktätigen erlebt, warum also sollte man nicht die Einheit Elbe annehmen, wenn diese Hana Hladká aufnahm, die er mitgebracht hatte. Dies war der erste Zufall seiner Biographie, den er logisch wahrnahm. Hana ging dann nicht zur Einheits-Mittelschule nach Sadec, sondern sie landete wie er im ELK.

Irgendjemand hatte ihren Vater angeschwärzt, dass er noch im Siegreichen Februar drei geschnitzte Bänke für die St.-Wenzels-Kapelle angefertigt habe, und die Salcmännin ergänzte wieder ihre Liste. Im ELK saßen also siebzehn Mädchen und elf Jungen. Kinder von Ärzten und Apothekern, Baumeistern und Gutsbesitzern, Händlern, Offizieren usw. Řeřicha wäre ohne den Zufall oder Unfall mit dem Anhänger nicht unter ihnen gelandet. Er stammte aus seinem Minihaus mit einer Miniatur der Burg Karlstein im Vorgarten, die sein Großvater Vincenc, der eine hässliche Erinnerung an den ersten Krieg hatte, in Beton gegossen hatte. Er überlebte sie ohne den Glauben an den Herrgott, aber auch ohne den Glauben an die wahre Liebe. Oma Cecilie gab ihm nämlich zu verstehen, dass sie sich besser hätte verheiraten können, wenn nicht in Galizien der schöne Dragoner, mit dem sie ging, gefallen wäre. Vincenc machte sich über die Ministrantentätigkeit seines Enkels lustig, sonst aber betrachtete er ihn als seinen biologischen Bonus. Er sah in ihm nicht nur seinen einzigen Erben, sondern auch den Rächer seiner nicht erachteten Männlichkeit.

Wie man den *clavis* auch auslegte, Řeřicha bewährte sich als Schlüssel zu einer prima Truppe. Zu einem exklusiven

Verein, der sich auch in nicht sonderlich fröhlichen Zeiten amüsierte. Die unnatürliche Auswahl, der die Schüler unterzogen wurden, brachte bessere Ergebnisse als die natürliche, von der sie lernten. Auch in den Naturwissenschaften herrschte Russophilie. Man erzählte hier von den Erfolgen des I. P. Pawlow bei der Verstümmelung von Hunden. Schon als zaristischer Nobelpreisträger soll er Genosse gewesen sein. Er bohrte Kabel in ausgewählte Kläffer, und die begannen dann zu sabbern, wenn man ihnen Futter zeigte. Ihre Erregung war messbar. Woraus sich ergeben haben soll, dass die Seele Verdauung war, die man regulieren könne.

Hana wurde bei dieser Darlegung schlecht. Vor kurzem war ihr Dackel Primas gestorben. Er war unter die Räder eines städtischen Autobusses gelaufen und lag im Garten der Familie Hladký unter der Aufschrift Einem treuen Freund. Auch Řeřicha mochte die Biologie nicht. Ihn interessierte die »Zufallswissenschaft«. An diese glaubte er noch stärker, nachdem ihm František Vedral eine Platz im Vierer der A-Jugend angeboten (im Juni sollte er fünfzehn werden) und Hana in den Mädchen-Achter aufgenommen hatte. Beide mussten so zum Sommertraining an den Kleč-See, das in Prokops Villa stattfand.

František konnte den Herrn Ingenieur davon überzeugen, sie den »Elblern« zu borgen, und dort bewahrte er sie in den Grundbüchern auf. Man löste dort nur den Tennisplatz auf, doch an der hinteren Wand ließen sich Backhand und auch Forehand trainieren, was auch Oberst Komárek probierte, während Vedral auf Prokops Stelle fuhr und individualistisch aussah. Er war einfach ein eigenwilliger Charmeur, er lud die neuen Achter-Mädchen zu Spaziergängen entlang der Elbe ein, und der Nachwuchs bewunderte ihn. Gleich hinter dem Klubgebäude begann der nicht regulierte Teil des Flusses, wo er mit der Decke unter dem Arm verschwand. Für sie war Erotik noch Rhetorik, er strahlte Routine aus. Und er veranstaltete auch Ausflüge in die Umgebung auf dem Fahrrad, zu denen sich jeder melden konnte, der eine gewisse Stundenzahl abgerudert hatte.

Das alles aber bereitete Řeřicha Sorgen. Hana konnte diese nicht haben, und er wollte mit ihr nach Kleč. Also ersann er eine List. Er deutete Vedral an, er würde gern seine »Beziehung zu ihr vertiefen«, und er freute sich sehr, als dieser verständnisvoll nickte und Jugend voran als Sonntagstraining auf dem Stausee ausrief.

Dort ging es jedoch bergauf, und Jiří hatte nur einen alten Drahtesel für die Fahrten in den Klub Albia. Als er aber erzählte, wohin er fahren wollte, blitzte es lobend in seines Großvaters Augen, und seinem Mund entwich der Satz: »Ich helfe dir!« Zufälligerweise fand – schon wieder – der Eiserne Sonntag statt, und Vincenc kehrte mit einem Paket Ersatzteile zurück, aus denen er eine Gangschaltung baute.

»Die *Tour de Kleč* ist dir sicher!«, teilte er seinem Enkel mit, und dieser begann, an Schicksal zu glauben.

Er wollte nämlich den Kuss von den örtlichen Schranken vollenden. An dem Tag, an dem die Einheit Hana aufgenommen hatte und sie in die Vorstadt zurückliefen, wo sie wohnten, mussten sie an den Gleisen an der Kapelle der Heiligen Jungfrau warten. Die Schranken schlossen sich, die Klingel läutete, die Lokomotive fauchte. Er nahm dies als Aufforderung, Hana in den Arm zu nehmen und ihr einen Kuss zu geben. Er hob auch die Linke, die den Lenker festhielt, und hinter seinem Rücken war ein Knall zu hören. Das Fahrrad fiel um, und er traf nur eine Stelle irgendwo zwischen Nase und Ohr. Außerdem verschmierte er den Ruß, der dorthin gelangt war. Er schämte sich. Lachen war zu hören, der letzte Waggon ratterte vorbei, und auf der anderen Seite standen zwei Motorradfahrer und lachten. Einer bediente sogar die Huptrompete. Die Schranken öffneten sich, und vorbei war der Spaß. Er bückte sich, um das Fahrrad aufzuheben, Hana wischte sich die Schliere aus dem Gesicht, und dann fuhren beide hinunter zum Friedhof, hinter dem ihre Häuser standen.

Nun aber freute er sich auf die Bewunderung der Vedralerinnen (so nannte man Františeks Ruderinnen) und auf Hanas Lächeln, wenn sie seine neue Maschine sehen würde. Doch wieder wurde er enttäuscht. Alle bewunderten Hanas Favorit. Der alte Herr Hladká hatte es seiner Tochter geschenkt, nachdem er festgestellt hatte, dass sie sich bei der Einheitlichen Mittelschule in Sadec angemeldet hatte, wie es ihr František Vedral empfohlen hatte, von dem er in der Zwischenzeit erfahren hatte, dass man sie nehmen würde. Das allerdings überraschte Jiří, und er dachte einen Moment darüber nach, ob er nicht zurückfahren sollte. Erst als Hana vorschlug, dass sie sich abwechseln könnten, und ihm den Favorit anbot, interpretierte er dies als Entschuldigung und das Versprechen eines schönen Nachmittags, er stieg auf und kämpfte sich an die Spitze des Pelotons vor.

Bei Podol, auf einem langen, sehr langen Anstieg, holte Vedral ihn jedoch ein und zischte ihm ins Ohr:

»Mit ihr also hast du was gehabt?

Er bemerkte sein schiefes Lächeln, trotzdem nickte er ihm zu. Der Trainer betrachtete ihn und setzte hinzu:

»Na, dafür bist du noch recht jung!«

Er wusste, dass er log. Den verpfuschten Kuss an der Schranke konnte man als »gehabt« nicht bezeichnen. Doch er wollte nicht ins Detail gehen. Um männlich zu wirken, sagte er, er habe Hana auf den Kahn eingeladen und fragte, ob František dem zustimme.

»Na klar. Aber pass auf, dass du sie nicht angräbst!«

Er schnappte nach Luft, doch er schwieg. Nun schwang sich František auf den Favorit, und endlich rollten sie nach Kleč hinunter. Durch eine sonnige Landschaft voller Hügel. Der Stausee kam zum Vorschein und sah kleiner aus als auf den Fotos in den Reiseführern, die sich Jiří ausgeliehen hatte, als er diesen Ausflug plante. Nur die Ruinen von Oreb, links auf einem steilen Felsen, wirkten erhaben. Dafür sah die kleine Insel darunter wie ein grüner Kuchen aus.

»Wie heißt das?«, fragte er ins Nichts hinein.

»Klein-Fickchen«, flüsterte Vedral, und Jiří errötete öffentlich.

Für ihn war das eine Grobheit. Hana hatte er eine Schmetterlingsinsel versprochen. Duft und linde Lüfte. Bunte Pfauenaugen und Bäume wie im Paradies. Nichts davon hatte im Reiseführer gestanden, er hatte es sich jedoch vorgestellt und es als Realität geschildert. Hana hatte ihm versprochen, mit ihm auf die Anhöhe zu steigen, und er kam sich paradiesisch vor. Nun hatte er aber Bedenken, ob sie Vedrals süffisante Andeutung gehört haben könnte. Und hoffentlich reichte sein Geld für ein Boot, damit er wirklich hinkam. Er führte seine gesamten Ersparnisse bei sich: genau vierhundertdreißig Kronen. Doch eine Wurst kostete hundert und eine Stunde auf dem Wasser zweihundert. Plan B (er dachte an alles) rechnete mit einem Spaziergang auf den

Oreb und mit einer Nische in irgendeiner Felsschlucht. Doch dort würde es vor Besuchern wimmeln, die ähnlich herumirrten.

Der Kuchen war die *Isola bella*, sie versprach Ruhe und bestärkte die Courage. Als Řeřicha dann feststellte, dass »Mitglieder von Sportorganisationen« Anspruch auf Rabatt hatten, beruhigte er sich. Die Insel gehörte ihm für drei Stunden, und es würde noch Geld übrig bleiben für drei Würste im Gasthaus »Na Drnech«, auf dem Hügel von Kleč. Und wieder das Gefühl, dass der Zufall eine Vereinbarung mit dem Glück sei und ihn bevorzuge. Der Bootsverleih war auch eine Fahrradaufbewahrung, er stellte seinen »Vincenc« neben Hanas Favorit und hängte an die Kette, mit denen er die Vehikel verband, den *clavis mea*. Es schien ihm, er habe verbunden, was verbunden sein solle.

Und so schritt er mit Hana zum Boot, während die anderen ins Motorboot von Ingenieur Prokop stiegen und zu seiner Villa aufbrachen. Das Boot steuerte Vedral. Jiří winkte ihm zu und setzte sich ans Ruder. Er fühlte sich jedoch ebenso wie ein Kapitän. Er ruderte in die Mitte unbekannter Wasser. Kopf hoch, die Ruder waagrecht und die Ellbogen in einen rechten Winkel. So hatte man es ihm in der Einheit beigebracht: diszipliniert und rhythmisch. Er fühlte sich ungebunden und voller Sprengkraft. Bald aber spürte er die brennende Sonne und Hanas Schweigen. Sie hatte sich zwar ihre Bluse aufgeknöpft, deren Zipfel sich wellten, doch sie sagte nichts. Sie schaute nur nach dem Boot mit dem Rest der Gruppe. Řeřicha bekam Angst, ob sie nicht bereute, mit ihm so offensichtlich allein hinausgefahren zu sein. Oder ob sie vielleicht schon erraten hatte, dass es auf dem Kuchen keine

Schmetterlinge gab. Dass er sie sich ausgedacht hatte wie übrigens alles, was sie hatte bezaubern und faszinieren sollen.

Er beschleunigte also das Tempo und suchte nach einer klugen Lüge für den Moment, in dem klar würde, dass die Pfauenaugen ein Märchen waren. Unter der Wasseroberfläche schwammen Welse, die mit jedem Ruderschlag die Richtung änderten. Sollte er nicht die Sprache auf sie bringen? Hana aber griff ins Wasser, und sie verschwanden. Er starrte unter die Oberfläche und sah den Grund durchschimmern. Steine und Glimmer. Er wollte wenigstens männlich anlanden, aus dem Boot springen und es an Land ziehen. Doch er hatte die Tiefe unterschätzt und rutschte bis zum Schritt in die Untiefe. Die Hose schlotterte an ihm herum, und Hana lachte.

»Pitschpatsch!«, machte sie zu ihm, während er seine Schuhe auszog und so tat, als höre er es nicht.

Dann fragte sie:

»Also, wo hast du sie?«

»Wen meinst du?«, wunderte er sich dümmlich.

»Na, deine Äuglein.«

»Dort!«, sagte er und wies ins Leere. In den Schuhen hatte er kein Wasser mehr, und so klopfte er sie wenigstens aus, um seine Scham zu verdecken. Hana lief jedoch in die Richtung, die er ihr angedeutet hatte, und ihm blieb nichts anderes übrig, als blass und barfuß hinterherzulaufen. Zuerst drückte der Kies, dann stachen ihn die Tannennadeln und schließlich sein Herz. Es war ihm klar, dass er als Schwätzer und Aufschneider entlarvt werden würde.

Hana aber rief aus:

»Jiří, Jirka, hier gibt es Dutzende!! Bei meiner Seele, sie tanzen!«

Sie sprach ihn mit seinem Vornamen an und machte den Mai zum Wonnemonat. Alles zirpte und blühte, duftete und blitzte. Von den Buchen hingen Büschel von Zuckerwatte. Das Harz konnte man riechen und es war süß auf der Zunge. Die Sonne hörte auf zu brennen und wärmte mütterlich. Im Schatten der Bäume schwirrten Pfauenaugen. Die Insel musste ein magisches Zentrum haben, über dem ein Schmetterlingsschwarm kreiste. Der Liebesmagnetismus ließ sich nachahmen. Das Geflatter der Flügel und das Geklapper der Augenlider harmonierten. Jiří kam sich vor wie ein Mann der Wahrheit. Am Anfang war das Wort, am Ende die Pfauenaugen.

Also wenn es um sie ging. Denn auch den Namen der Schmetterlinge hatte er sich nicht als Biologe, sondern melodisch ausgedacht. Jetzt allerdings verglich er die Natur mit dem Handbuch, und alles stimmte. Vorn auf der Lichtung ragte eine Eiche auf, deren Wurzeln nicht in die Erde wachsen wollten. Sie bildeten eine gewellte Fläche, die Hana nun als Divan diente.

»Es riecht hier wie in einer Kirche«, sagte sie.

Und er darauf:

»Aber ich muss nicht ministrieren?«

Sie lachte und erlaubte ihm, sich zu ihr zu setzen. Links! Er kam sich dort besser vor als an der Schranke. Auch traf er gleich beim ersten Mal. Auf die Lippen und nur auf sie. Er arbeitete sich weiter Richtung Hals vor und näherte sich der Brust. Hana hatte die Augen geschlossen, doch er ahnte ihr Leuchten. Er kniff auch seine zusammen und spürte, dass er die Sprache der Pflanzen und der Tiere verstand. Und dass Hanas Lächeln ein Tümpel war, in dem man sicher untergehen konnte. So zog er ihr die rosafarbene Bluse aus und fuhr mit den Fingern nach unten, hm, in ihre körperliche Seele.

Doch da war eine Hupe zu vernehmen.

Kreischender als damals am Bahnübergang und ohne Beifall. Über den See ratterte Prokops Motorboot, Vedral saß am Steuer, es war voll von Frauen. Auch das Boot hatte eine Geschichte. Unter dem Namen Andorra hatte es als Segelboot auf einem stillen See gedient, im Rahmen der Reformen erhielt es den Namen Aurora und einen Dieselmotor für den Fall, dass es windstill war. Nun prustete, röchelte und furzte es. Hana erschrak, setzte sich, und als er sie auf den Eichendivan ziehen wollte, schob sie ihn weg und rief:

»Ich bitte dich, nein!« Und sie rannte zum Boot.

Er erhob sich wie ein Krüppel. Langsam, gebrochen. Nicht dass er keine Kraft gehabt hätte. Doch er wollte nicht erektiv erscheinen. Er wollte nicht, dass ihm seine Erregung anzumerken war. Auch wenn das hiesige Publikum nur in Pfauenaugen bestand, sah er sie als Spione des Seins an. Er bog rechts zum Oreb ab, um nicht frontal ins Boot steigen zu müssen. Hana saß nämlich bereits drin und es schien, dass sie auf ihn wartete. Wieder Nadeln, Kies und Wasser, diesmal bis zur Hüfte.

Er schwamm einarmig darin, in der Linken über dem Kopf das ausgezogene T-Shirt und die Hosen. Er warf alles ins Boot und rief, er werde bis zur Anlagestelle schwimmen. Hana musste ans Ruder, die sie dann wie Ohrfeigen setzte. Kaltes Wasser und Scham. Er hatte Angst, vor Kälte zu hüsteln. Oder dass er würde um Hilfe rufen müssen und sich lächerlich machen. Zufälligerweise (!) aber bemerkte ihn ein

Rettungsschwimmer, der gegenüber angelte, und ... klatschte ihm Beifall. Das spornte ihn an. Er schaffte die letzten fünfzig Meter und konnte in die Dusche. Und dann in den Bademantel. Den bekam er von dem Rettungsschwimmer. Dem hatte seine Ausdauer gefallen. Er reichte ihm auch ein Glas Rum und sagte in Hanas Richtung – sie legte gerade an:

»Der ist gut, was?«

Und sie nickte zustimmend. Erst jetzt musste Řeřicha husten. Vom Rum. Damit hatte er keine Erfahrung. Zuerst schien es ihm, dass er sich übergeben müsse, dann, dass er innerlich verbrannte. Dann aber nahm er die Wärme stärker wahr als die Kälte vorher. Es dauerte lange, ehe er sich wieder gefangen hatte, dann ging er in die Fahrradaufbewahrung. Doch die Räder waren weg. Beziehungsweise standen sie beim Gasthaus »Na Drnech«, an den Zaun gelehnt, von wo aus ihm Vedral zuwinkte. Er fragte ihn:

»Wo ist mein Plättchen?«

Er schaute verständnislos drein und sagte:

»Was für eins?«

»Das ist dann aber im Arsch«, meinte Řeřicha und schämte sich nicht dafür, dass Hana es hörte.

Doch sie sagte:

»Er muss Hunger haben.«

Und das war die einzige Wahrheit dieses Nachmittags.

Vedral wollte noch wissen, ob sie sein Hupen gehört hätten.

»Ja«, sagten beide.

»Und wie war's?«, fragte er weiter.

Jiří schluckte mit leerem Mund, und Hana meinte:

»Prima.«

Das beruhigte ihn. Er bemerkte zwar, dass in Františeks Augen Skepsis aufblitzte, doch er bestellte sich die versprochenen Speckwürste und setzte sich ans Feuer, das in dem kleinen Garten flackerte. Man schwatzte und briet. Die erste Wurst bekam Hana, die zweite gab er Vedral, in die dritte biss er selbst.

Warum er so großzügig handelte, wusste er selbst nicht. Er hätte bestimmt alle drei aufgegessen. Doch er benötigte das Ritual mehr als die Kalorien. Er spießte seine Portion auf den Stock und drehte diesen, als würde er ein frisch erlegtes Wildschwein braten. Das Fett tropfte auf die Holzscheite und zischte. Als er endlich hineinbiss, spritzte es Hana auf die Hose, und František sagte:

»Jetzt übertreibst du aber.«

Alle grölten und wollten wissen, wie er die Insel genannt hätte.

»Speckwurst«, sagte er.

Sie belohnten ihn mit dem nächsten Grölen. František sagte: »Der Name passt recht genau«, und bot den beiden ein weiteres Training an. Gleich nächste Woche und gleich bei den Prokops …, also wenn der Herr Ingenieur damit einverstanden wäre. Der Ingenieur meinte, er habe keine Einwände, und Hana erklärte, sie würde gleich ihren Vater fragen. Řeřicha aber erklärte – zu seinem eigenen Erstaunen –, er werde nicht kommen, denn leider müsse er nach Prostějov. Er wunderte sich über sich selbst. Das war seine erste Prostějov-Lüge. Nie war er in dieser Stadt gewesen, er kannte dort niemanden. Prostějov war einfach ein Wort für seine Verlegenheit. Und weil ihn niemand nach Details fragte, war einfach klar, dass Hana und Vedral nach Kleč und Jiří nach Prostějov fahren würden. Er sprang jedoch sehr elastisch auf und schritt zum Tresen, wo er sich sein erstes Bier vom Fass holte.

Es war auch das letzte – in der alten Währung. Eine Stunde später fuhren sie über einen Ort mit Namen Chudín nach Čakovice und wunderten sich, warum die Straßen so leer waren. Stille, manchmal ein Seufzen. Geschlossene Fenster, heruntergelassene Rollos. Weil es schon dämmerte, sah es dramatisch aus. Sie hörten Schimpfwörter und fragten, was passiert sei. Lautsprecher verkündeten eine neue Währung. In der wurden nun die verspeisten Würste zu einem Kalorienschatz. Auch František schlummerte ein. Obwohl er zuvor angeboten hatte, Hana zu ihren Eltern zu bringen, erklärte er nun, er müsse zum Genossen Komárek, um zu fragen, ob der neue Kurs ausnahmslos gelte. So nahm sich Řeřicha Hanas an und klopfte bei der Familie Hladký an die Tür.

Das Haus war immer noch eine Baustelle. Nach den Februarereignissen konnte es nicht im ursprünglichen Stil fertiggestellt werden. Und auch das Tempo mussten sie verlangsamen, damit es den Anschein erweckte, als fehlte Geld. Ringsherum standen Säcke mit Zement und nicht verwendete Balken. Die Elektrik wurde erst für Juli geplant, und so öffnete ihnen Hanas Vater mit einer Petroleumlampe in der Hand.

»Das ist das leuchtende Morgen«, verkündete er ins Dämmerlicht hinein und setzte an seine Tochter gerichtet hinzu: »Gut, dass du deinen Favorit hast! Jetzt würde ich ihn dir nicht mehr kaufen können.«

Drin zeigte er ihnen das Bild des neuen Hunderters.

»Schaut sie euch an, die Bolschewiken! Sie klauen, was geht. Und dann versaufen sie's!«

Řeřicha nahm die Figuren eines Arbeiters und eines Landwirts wahr. Wesen aus dem Jugendverband Junák. Der

Arbeiter lehnte sich an ein Zahnrad, das aus irgendeiner Maschine herausmontiert war. In der Linken hielt er einen Hammer, der ihm irgendwie aus dem Schritt ragte und Potenz vermitteln sollte. Links ein nicht minder stattlicher Bauer, der eine Getreideähre in der Hand hielt, auch er sah fruchtbar aus. In dem dunklen Raum saßen Mutter, Vater und Großmutter Hladká. Und auch Hanas fünfjähriger Bruder Karel. Er hatte als Einziger keine Tränen in den Augen. Auf dem Esstisch lagen Sparbücher, so als habe sie ein auf der Tat ertappter Räuber weggeworfen.

Auch bei den Řeřichas herrschte Traurigkeit, wenngleich nur angesichts eines Sparbuchs. Auch das war jedoch auf nur dreihundert Kronen zusammengeschrumpft, von denen auf den neuen Scheinen behauptet wurde, eine Fälschung sei strafbar. Großvater Vincenc rechnete aus, wenn er nun aufhören würde zu essen und sein Geld in der Genossenschaft anlegte, dann würde er ihn zehn Jahren so viel haben wie gestern Abend. Und die Großmutter, die auf ein nobles Begräbnis gespart hatte, meinte, sie werde vor Gram sterben, auch wenn das Geld nicht für einen Sarg reiche. Dabei warteten auf sie fünfunddreißig Jahre, in denen sie auf Begräbnisse von Nachbarn und Bekannten gehen würde.

František aber bekam seinen Kurs. Er teilte der Einheit mit, der Genosse Komárek werde sich um die Einzahlung des Bargelds des Klubs auf das Konto des Kreisausschusses kümmern, von dem das Training in Kleč bezahlt würde. Auf der Liste der Vedralinnen stand auch Hana, und Řeřicha gelangte zu der Ansicht, das Prostějov eine wunderschöne Stadt sein musste. Dafür sah der Rudersport jetzt aus wie eine Dressur von Dummköpfen, die vom Steuer aus von jedem beliebigen Idioten beschimpft werden durften. Die Gedichte aber hatten Erfolg. In sie schlich sich stoische Traurigkeit ein wie Lava, die erst vor kurzem erkaltet war. Sonst konnte sich Řeřicha eher freuen. Píďa, der als Deutschlehrer an die neue Einheitliche Mittelschule gehen sollte (die Salcmännin wollte ihn loswerden, und so störte sie seine Vergangenheit nicht), vernachlässigte die letzte Stunde im ELK, und als er auch am Tag danach nicht kam, um seine Sachen zu holen, musste eine dreiköpfige Delegation in seiner Garçonnière antraben, in der er lag, tot, mit den Händen auf der Brust. Ein Schlaganfall hatte ihn dahingerafft. Vanesa, die unter den Dreien war, sagte, er habe sehr fromm ausgesehen.

»Ein Unglücksrabe!«, meinte sie. Und übersetzte sich dann selbst ins Tschechische.

Doch es war schon zu spät. Alle erinnerten sich daran, dass auch sie Deutsch beherrschte, und so schlug die Salcmännin sie statt Píďa vor. Jaromír Hanuš, Vanesas Vater, war Germanist. Vor dem Krieg hatte er eine Studie über den Minnesang verfasst, die ihm danach nicht zuträglich war. Die, die jetzt den Sowjets dienten, wollten sich nicht vorstellen, dass diese nicht den Deutschen gedient hatte. Er musste die Fakultät verlassen und ins heimische Rážov zurückkehren. Dort unterrichtete er an der Gemeindeschule Tschechisch und lebte jetzt als Rentner da.

Řeřicha war allerdings ein »Glückspilz«. Auch wenn ihm nicht klar war, weshalb die Deutschen für das Unglück einen Raben und für das Glück einen Pilz hatten, kam er sich jetzt beschwingt und erdig vor. Und sicher hätte er bei einer Seelenmesse für Píďa auch ministriert, wenn er ins Rochett gepasst und Píďa in ein geweihtes Grab gewollt hätte. Doch er wollte eingeäschert werden und es sollten nur auserwählte Gäste dabei sein. Eine Schweigeminute zu seinen Ehren kam niemandem in den Sinn. Trotzdem sahen die Schüler die Salcmännin jetzt auch auf dem Gang qualmen.

Und Řeřicha meldete sich zur Einheitlichen Mittelschule an. Auch wenn er ursprünglich mit der Waffelfabrik in Čakovice gerechnet hatte, wagte er sich nun zu Frau Janovská. Sie saß an der Spitze der Kommission, und als sie ihn nach den Kosmischen Liedern fragte, wusste er, dass Alkione auch die Glücksgöttin war. Er sprach über sie melodisch und astral, und eine Woche später erhielt er einen Brief, dass er angenommen sei.

»Zufällig« begegnete er auch Hana. Sie stieg aus dem Bus aus, der aus Sadec kam, und Jiří lief auf dem Heimweg an der Marienkirche vorbei. Wolken zogen auf. Unten am Friedhof blinkte das Licht von Kerzen und verwandelte den Ort der Trauer in eine Insel aus Licht. Er erinnerte sich an die Kucheninsel, doch er winkte ab und sagte leise:

»Jetzt schwimmst du.«

Er hatte nicht den Eindruck zu sticheln, er kam sich lyrisch vor. Der erotische Haken brachte dichterische Pluspunkte. Als Jiří Řeřicha reimte er falsch. Die drei »ř« in seinem Namen knirschten und klirrten. Sie reimten sich auf nichts und ließen sich nicht singen. Als Martin Gaján, also unter einem Pseudonym, das er sich ausgesucht hatte, war er nun fruchtbar und frei. Bald hatte er viele gajanische Ghasele. Liebesgebete, die am Ende der Hefte standen, zumeist auf der letzten, der festen Seite. Er überlegte, sie zu einer Sammlung zu ordnen, die »Goldener Wind« heißen sollte.

In den Kinos lief nämlich der Silberne Wind, eine Romanze von einem Taps, der ähnlich wie Řeřicha liebte, doch schon zur Zeit der alten Monarchie. Und so lieh er sich einen Roman, der ihm als Vorlage diente, und als er ihn zu Ende gelesen hatte, wusste er, dass die Liebe die Krankheit der Dichter war, und schrieb sich folgende Verse auf:

Wenn doch Azur den Ton dieser Flöten aufgesaugt
und mir den Tanz der Sterne versprochen,
in dem der traurige Mai
aus Schweigen und vergeblichen Gesten
zum Schoß des Kosmos vibrierte,
wo die Welt neu geboren wird
und wo die astrale große Acht
vom schönen Ganymed gesteuert wird.

Ungeachtet dessen, dass er vom Kosmos sprach, weil sich dieser auf die tschechische Acht reimte, die mit Hana und František in Kleč gewesen war, kam er sich nicht wie ein Lügner oder ein Gay vor. Mit Ganymed meinte er Gaján und nicht den griechischen Jüngling, der beides war. Seine Reime zeichnete er am Ende der deutschen Wörter auf. Doch vergaß er das Heft in der Schulbank, wo er es am nächsten Tag vergeblich suchte. Er war wütend auf seine Freunde, dass sie es gefunden hatten und nun über ihn lachen würden. Er war jedoch überrascht, als stattdessen die Janovská mit einem Hausaufsatz zum Thema »Mein Ferienerlebnis« kam.

Und so kam ihm in den Sinn, eine gajanische Geschichte zu schreiben. Die Realität realitätsnäher zu machen und sie von Niederlagen zu befreien. Aus Řeřicha wurde der Sammler

Řehoř, der nach dem schönsten Schmetterlingsexemplar unserer Breiten suchte, nach dem *Inachis io* bzw. dem Pfauenauge. Wenngleich er bei ähnlichen Gelegenheiten die Buchstaben seinen Mitschülern verkaufte, die keine Lust hatten zu schreiben, schlug er jetzt auch hohe Honorare aus. Er wollte nicht, wie es ihm schon zweimal passiert war, unter fremdem Namen besser zensiert werden als unter seinem eigenen. Er wollte seine Autorenautorität.

Sein prosaisches Prostějov hatte vier Seiten mit dem Titel »Der mächtige Schmetterling«. Er hatte im großen *Otto-Konversationslexikon* nachgeschaut und festgestellt, dass Pfauenauge *Inachis io* heißt. *Inachis* erinnerte an die Kucheninsel und *io* an Ich. Hier allerdings kam das Pfauenauge zu den »Řehořs« in den Garten geflogen. Es war betört worden vom Phlox voller Bienen und den vielen heruntergefallenen Äpfeln. Der Falter fühlte sich wie im Paradies und verpasste den Abflug in warme Gegenden. Dem Autor tat er leid. Er fing ihn mit einem Netz und trug ihn in den Keller, wo im Winter das Obst lagerte. *Inachis* würde dort überleben und dann im Frühjahr in die Freiheit entlassen werden. Im letzten Abschnitt behauptete der Autor, seitdem suche er nach Pfauenaugen, denn die Augen auf ihren Flügeln seien Augen des Lichts.

Er bekam eine Eins.

Vanesa Janovská lobte seinen Stil und bezeichnete ihn als lyrischen Realismus. Real war jedoch nur der Name des Schmetterlings gewesen. Im Garten der Řeřichas lebten nur Kohlweißlinge, Phlox wuchs dort nicht, eher Brennnesseln, und die Bienen der Nachbarn mochte der Großvater nicht. Auch hatte Jiří im Keller kein Pfauenauge versteckt, sondern eine Spinne totgetreten, als er Äpfel für den Weihnachtsstrudel holen musste. Doch er vergegenwärtigte sich, dass es sich auszahlte zu dichten und dass die Wahrheit eine Ausnahme war, die man nicht verschwenden sollte.

Am Ende der Stunde sagte die Janovská zu ihm, er solle bei ihnen vorbeikommen und die Aufsätze abholen. Ihr Mann würde sie ihm geben. Sie habe sie am Sonntag gelesen und wolle sie am Morgen nicht schleppen. Die Janovskýs wohnten siebenhundert Meter von der Schule entfernt, im dritten Stock eines Hauses aus den zwanziger Jahren, also an einer besseren Adresse der Stadt. Roland Janovský war Sportlehrer und gehörte auch zum Lehrerkollegium. Auf Řeřicha wartete er jedoch nicht. Vanesa öffnete ihm und sagte.

»Mein Mann musste nach Prag.«

Und sie führte ihn zu einem kleinen Tisch mit dem Stoß Aufsätze, obenauf lag seiner. Er sollte ihr daraus den letzten Satz vorlesen. »Ihm aber schien es, dass überall Pfauenaugen sein mussten, dass man nur einen duftenden Platz finden und ein Netz dabei haben musste.«

»Was will uns der Dichter damit sagen?«, fragte sie ihn schulmeisterhaft.

Und er sagte zu ihr wahrheitsgemäß:

»Wenn ich das wüsste!«

Sie setzte sich gegenüber auf die Couch und bot ihm einen Kaffee an. In der neuen Preisrelation eigentlich ein großes Geschenk. Sie brachte ihn in einer Tasse aus Meißner Porzellan, deren Blau auch Schmetterlingsblau war. Sie stellte die Tasse auf den kleinen Tisch, und als er einen Schluck genommen hatte, fragte sie:

»Schmeckt's?«

Er antwortete, ja, sehr. Doch er schämte sich. Er wusste, dass er log. Bisher hatte er nur Malzkaffee getrunken, und der schmeckte ihm besser. Doch er musste nichts erklären. Vanesa nahm ihn bei der Hand. Nicht von rechts wie er Hana an der Schranke, sondern frontal, über den Tisch hinweg. Dann setzte sie sich zu ihm und fasste ihn bei beiden Händen. Genauso, wie er das auf der kleinen Insel in Kleč getan hatte. Diese Ähnlichkeit schreckte ihn aber nicht, sie gab ihm Hoffnung. Er wusste, dass Vanesa nicht nervös werden, aufstehen und weglaufen, sondern sich auf das Kissen legen und Jiří zu sich ziehen würde. Mehr noch, dass sie über ihm auftauchen und ihn küssen würde. Und er ihr alles zurückgeben würde, was er erhalten hatte. Küsse, Lächeln, Stöhnen. Er hatte jedoch nicht das Gefühl zu zerfließen, es schien ihm, dass er materialisierte.

Und als es zu Ende war, nahm er nur den leuchtenden Punkt hinter seinen Augen wahr, der dieselbe Anziehungskraft hatte wie der, um den auf der Kucheninsel die Pfauenaugen gekreist hatten. Vanesa sagte:

»Ach *Martin*, lüg mich nicht an, ich war nicht die Erste für dich.«

Sie überraschte ihn. Er hatte sich mit seinem Dichternamen durchgesetzt. Er war Gaján und Ganymed, Martin und ein Poet mit einer realen Potenz.

»Sie waren«, er siezte sie, »... du warst die Erste«, korrigierte er sich. Und sie:

»Nett, dass du mich schonen willst.« Sie streichelte ihn und zündete sich eine Zigarette an.

»Doch das, was du in dem Aufsatz als *Inachis io* beschrieben hast, kann ein Admiral gewesen sein. Ein *Vanessa atalanta*. Eine lyrische Lizenz?« Er nickte verlegen.

Und sie zeigte auf ein Aquarell an der Wand über dem Schreibtisch, auf dem ein Schmetterling zu sehen war, genau so, wie er ihn beschrieben hatte. Ihr Vater hatte ihn gemalt.

Unten stand: »Für Vanesa nach Linné. Damit alle wissen, was das ist.«

Das Bild zeugte von Talent und Technik.

»Mein Vater wollte Maler werden«, erklärte sie, und man spürte, dass sie ihn liebte. Řeřicha aber war wieder Zufallswissenschaftler. Er hatte nämlich das Gefühl, dass er gesetzmäßig nach Kleč aufgebrochen war. Und dass Hana Jungfrau geblieben war, damit er zur Atalanta schwimmen konnte. Es war wunderschön und geheimnisvoll. Er wusste jedoch, dass er sich niemandem anvertrauen durfte. Dabei wurde er von dem Verlangen, damit zu prahlen, regelrecht gequält. Gleich draußen vor dem Haus wollte er die Arme in die Luft werfen und vor Freude schreien. Doch er trug diese Hefte und wollte nicht aussehen wie ein Verrückter. So beschloss er, wenigstens über den Graben an der Straßenecke zu springen, doch dort verlegte man gerade eine Gasleitung.

Er tat drei ausladende Schritte und begann endlich zu schweben. Er überwand das ganze Loch, doch auf der anderen Seite war glitschiges Pflaster, und so zog es ihm die Beine weg, und er schlug lang hin. Die Hefte lagen vor ihm, und auf jedem war ein Fleck. Er wischte sie ab und erdachte die Geschichte vom Stellmacher, der ihn angefahren hatte und dann geflüchtet war. Und als Ministrant hatte er für eine Weile das Gefühl, der Herrgott strafe ihn vielleicht gerade dafür, dass er das »Weib seines Nächsten begehrt« hatte. Dann aber fiel ihm ein, dass er begehrt worden war und dass darüber nichts in der Bibel stand. Und wieder fuhr ihm die Wonne durch alle Glieder.

Vanesa zu sehen war aber nicht einfach. Nicht dass sie nicht gewollt hätte, doch er wusste nicht wo. Sie erdachten sich also ein System von Zufällen. Drei Jahre lang herumspazieren in der Gegend entlang an Wäldern und Feldern, manchmal in Heuschobern oder unter der Tribüne einer verlassenen Rennstrecke. Die Elbwiesen kannten sie in- und auswendig, vor allem das nicht regulierte Stück. Im Unterschied zu Vedral nahm er keine Decke mit. Das Wasser schlängelte sich durch das Schilf, nur Angler kamen hierher. Auch das war riskant, jedoch erträglich. Řeřicha fuhr auf einem Fahrrad der Marke Vincenc, Vanesa kam mit dem Zug zu Stationen, über die der Zug aus Rážov zurückfuhr. Offiziell fuhr sie zu ihrem Vater, doch auf der Rückfahrt konnte sie sich aussuchen, wo sie ausstieg und wo Jiří bereits wartete.

Er allerdings litt. Immer mehr Mitschüler berichteten von ihren Erfahrungen mit Mädchen, und er konnte nichts hinzusetzen. Prostějov reichte nicht mehr. Er musste realistischere Storys erdenken, ohne Näheres zu verraten. Wer weiß, was mit ihnen – und vor allem mit Vanesa – passieren würde, wenn es jemand dechiffrierte. Er riskierte also, ein Aufschneider oder Lügner zu sein, wenn sich herausstellte, dass er sich alles nur ausgedacht hatte. Er schilderte nämlich eine Affäre mit einer Tante aus Prag, mit der er nie etwas gehabt hatte. Sie lebte jedoch in Prag, und er musste manchmal zu den Eltern seines Vaters hinfahren. Er beschrieb seine Erlebnisse an der Elbe wie die Moldauabenteuer, und so wurde aus ihm kein einsamer Schmetterling, für den ihn seine Freunde hielten. Er absolvierte nämlich drei Lebensjahre in einer Lüge als dessen wahrster Teil.

Als ehemaliger Ministrant behauptete er zwar immer noch, am Anfang sei das Wort gewesen. Dann fügte er verschwörerisch hinzu, dies stehe auch am Ende, wenn der Herrgott dann seines eintrage. Er strahlte Zufriedenheit aus und provozierte damit auch. Vanesas Mann konnte ihn durch den Rudersport nicht wegen einer schlechten Kondition bestrafen, und so pfiff er wenigstens beim Fußball keine Fouls, die Mitspieler an ihm verübten. Einmal verstauchte er sich den Knöchel, und Roland wartete am Duschenausgang auf ihn.

Er humpelte hinaus und hörte: »Ich bring dich um, ich bring dich um, mich sperrt man weg, aber du bist dann tot!«

Der *Orlando furioso* blies ihm ins Gesicht und sah rachsüchtig aus. Man sperrte ihn nicht weg, weil er nur seine Frau schlug, die das nicht meldete, dafür aber die Scheidung einreichte. Er überraschte Řeřicha. Er fragte sich, woher dieser Grobian so real ahnen konnte, was er ihm antat. Er schwieg nämlich wirklich oder fügte dieser Tante aus Prag noch eine Traktoristin aus Žatec hinzu, mit der er bei der Hopfenernte so offensichtlich getanzt, mit der er aber auch nichts gehabt hatte.

Die Reifeprüfung klappte aber im Großen und Ganzen. Vanesa gab ihm Bücher zu lesen, an die er nie herangekommen wäre, und aus dem freiwilligen Deutschunterricht, für den er sich bei ihr gemeldet hatte, machte sie sein Basisfach. Sie hielt sich zwar an den Lehrplan, doch sie bereicherte ihn mit Abschweifungen und verirrte sich sicher zufällig auch zu den Minnesängern, über die Hanuš geschrieben hatte. Und Řeřicha bekam ein Büchlein über ihre Poesie. Darin standen Beispiele in der ursprünglichen, unverständlichen Fassung, ergänzt jedoch von der Übersetzung ihres Vaters. Eines dieser Lieder hatte Walther von der Vogelweide geschrieben, der auch in Böhmen gesungen haben soll. Es besang den Schlüssel, mit dem man das Herz zuschloss. Jiří kam sich vor wie ein Troubadour, weil er wusste, dass er den *clavis* nicht verloren, sondern dessen Zweck entdeckt hatte. Er reimte die Vorlage und schickte sie nach Rážov. Das Original lautete:

Clavis mea

du bist mîn ich bin dîn
des solt dû gewis sîn
dû bist beslozzen
in mînem herzen
verlorn ist daz slüzzelîn
dû muost immer darinne sîn

Übersetzung und Bekenntnis in einem. Er kam sich fromm und sinnlich vor. Eine Kombination, die sich ihm für immer ins Gedächtnis eingrub. Hätte ihn Pawlow zu einem Hund gemacht, hätte man nun so einiges messen können. Nach dem Abitur – dem öffentlichen – veränderten sich allerdings die Koordinaten. Und für diese fehlte das zufallswissenschaftliche Rezept. »Versuch es in Prag«, sagte Vanesa zu ihm. »Versuch es mit Germanistik, hier sind doch lauter Píd'as!«

Und so stand er erneut vor einer Kommission. Diesmal hatte Bruno Siebenschein den Vorsitz, ein Schüler von Vanesas Vater. Als er feststellte, woher er kam, fragte er ihn nach der jungen Hanušová und erhielt eine ausufernde Antwort. Man kam auch auf den Minnesang zu sprechen, und Řeřicha erwähnte Walther von der Vogelweide. Er machte ihn zu einem Vladiken über Vogelhaine in Böhmen, da Wiesen und Vögel Sänger einfach so anziehen und das gute Singen schließlich in alle Sprachen gelangt. Er sah, dass sich Siebenschein amüsierte.

Vanesa war stolz. Und dann weinerlich. Wenn ihr Sänger nach Prag gehen würde, würde sie mit ihrem Roland von Langweil in Čakovice bleiben, denn die Scheidung zog sich hin. Auch die Zufälle verkomplizierten sich. Nach dem Abitur mussten sie sie wie Kreuzworträtsel zusammenstellen. Řeřicha schrieb nach Rážov und wartete, ob Vanesa dorthin kommen würde, wo er es vorschlug. Ein Telefon hatten nur die Salcmännin und die Komáreks, bei den Řeřichas gab es nur einen Briefkasten. Der alte Herr Hanuš war eingeweiht. Er konnte Roland nicht ausstehen. Er nannte ihn *Orlando dubioso* oder auch wütender Dummkopf. Nicht Körperertüchtigung, sondern »Kopfertüchtigung« solle man betreiben! Er sah Řeřicha als Talent. Einmal würde er einen Roman schreiben, behauptete er in einem Brief an Siebenschein.

Doch Řeřicha quälten die Detektivgeschichten. Er wurde von der Anspannung aufgefressen, ob die nächste Begegnung stattfinden würde, und er konnte seine Freude darüber nicht verbergen, wenn diese gelang. Es klappte bei Zdice, in Dubina, an einem Teich in Srch, und nun war Severka dran. Ein kleines Dorf, nur zwei Stationen von Sadec entfernt. Vom kleinen Bahnhof des Ortes aus konnte man zum Rájec-Bach und dann zur Badestelle laufen, die am Waldrand lag. Die Zufälle konnten nicht zufälliger aussehen.

Doch nach Severka musste auch er mit dem Zug fahren, denn per Fahrrad wäre dies ein sehr zeitaufwändiges Unterfangen gewesen. Demgegenüber bot der Schleicher, wie man die Lokalbahn bezeichnete, fast Luxus. Er pendelte viermal pro Tag und wartete in Severka auf den Zug aus Řážov aus der Gegenrichtung. So konnten er und Vanesa sich sicher sein, dass sie sich nicht verpassen und getrennt und rechtzeitig zurückkehren würden. Jiří war aufgeregt. Am Mittwoch war ein Schreiben eingetroffen, dass ihn die Fakultät nahm, am Donnerstag die Nachricht, er habe einen Wohnheimplatz und am Freitag die Anmeldung zum Ernteeinsatz. Freiwillig und irgendwo bei Cheb. Am Montag sollte er sich zu einem Treffen mit den übrigen Teilnehmern einfinden. Es war Samstag, 14.30 Uhr. Er betrat das Abteil und setzte sich ans Fenster in Fahrtrichtung. Er dachte über den nächsten Zufall nach und sah sorgenvoll aus. Dieser konnte vielleicht erst Mitte September eintreten. Auch die Vorstellung vom Ernteeinsatz war nicht sonderlich aufbauend. Er musste hässlich grinsen.

»*Dichter*«, ertönte es hinter seinem Rücken, »was ist dir denn für eine Laus über die Leber gelaufen?«

Es war Hana Hladká, sie war aus dem hinteren Wagen gekommen, der voller Raucher war. Sie wollte den Qualm nicht einatmen und hatte Řeřicha entdeckt. Ob sie ihre Anrede ironisch gemeint hatte, war nicht klar. Doch er lächelte lieber. Vor einem Monat war sein erstes gedrucktes Gedicht erschienen (er war zu seinem Namen zurückgekehrt), und sie hatte es vielleicht gelesen. Die Situation jedoch war nicht poetisch. Bis Severka waren es nur noch fünf Minuten, und er befürchtete, Hana könne Vanesa sehen. Aus dem

Zufall würde ein Vorfall und aus den Vogelhainen Čakovice-Klatsch.

»Wohin fährst du?«, fragte er, um Zeit zu gewinnen.

»Nach Hause, zu meinem Mann«, antwortete sie lakonisch.

»Du bist also verheiratet?«

»Ja«, nickte sie. »Und das weißt du nicht?«

Er antwortete wahrheitsgemäß:

»Nein.«

»Ich bin jetzt Hana Vedralová«, stellte sie sich vor, während sie nach Severka einfuhren.

»Na, dann Gratulation«, sagte er und meinte das freundschaftlich. Ohne Ironie und ohne Sarkasmus. Hana aber belohnte ihn auf ihre Art. Sie schaute aus dem Schleicher und sagte ungläubig.

»He, ist das nicht unsere Paukerin?«

»Keine Ahnung«, meinte er und schaute verwundert.

»Vielleicht wartet sie auf jemanden«, sagte sie.

Und Řeřicha: »In Severka?«

»Hm«, sie blickte ihm in die Augen. »Und wohin fährst du?«

»Nach Sadec«, sagte er. »Ich suche dort eine Stelle. An der Fakultät haben sie mich nicht genommen, und in Sadec suchen sie angeblich einen Buchhändler.«

Der Zug fuhr wieder an.

Das war eine riesengroße Lüge, doch er wusste, dass er reden und reden musste, um nicht in Tränen auszubrechen. Ihm war klar, dass er Vanesa verpasst hatte und Hana wusste warum.

»In Sadec und am Samstag?«, wunderte sie sich.

»Im Antiquariat«, log er weiter. »Heute ist dort bis fünf geöffnet. Ich will es einfach versuchen.«

Er wollte dramatisch wirken, doch er sah aus wie ein Desperado. Er fühlte nur Bedauern und Wut.

»Franci sieht dich sicher gern«, setzte Hana nett hinzu. »Er wartet auf mich.«

»Dein Trainer und Mann«, witzelte er.

»Mein Mann und Freund«, sagte sie recht harsch. »Wir sind schon ein Jahr zusammen, und es klappt bei uns.«

Doch nichts von diesen Veränderungen war zu ihm gedrungen. Die Intensität seines Vanessierens hatte aus der Venus von gestern eine vergessene Ruderin gemacht. Nur wie durch ein Wunder musste er nicht lachen, und dabei dachte er über den »Silbernen Wind« als Macht des Darmes nach.

Darüber schrieb man weder Gedichte, noch Romane. Vielleicht bösartige Geschichten. Und die erste fiel ihm ein, als »Franci« nicht auf dem Bahnsteig stand. Der Arbeitstitel lautete »Franci und die Ignoranz«. Hana drehte sich um und runzelte die Stirn. Dann behauptete sie, er habe den Bahnsteig verwechselt. Doch er wartete auch nicht am Ausgang. Sie wurde verlegen und dann nervös.

»Irgendetwas muss passiert sein.«

Und weil ihre Sorge echt war, wurde er ernst und sagte: »Soll ich dich nicht begleiten?«

Und sie sagte: »Sicherheitshalber. Aber du hast einen Termin.«

»Den kann man verschieben«, sagte er mit viel Ruhe.

Und sie darauf:

»Danke!«

Sie wohnte an der Elbe gegenüber dem Städtischen Gärten. Eine Vierzimmerwohnung, klar über dem Standard. Auf dem Klingelschild stand Hana und František Vedral, darunter war das Albia-Zeichen: ein weißer Streifen, der die Elbe veranschaulichte, und darunter ein goldenes Ruder. Alles auf rotem Grund. Einheit Elbe als Einheit von Franci und Hana. Das Einzige, wodurch es sich von dem alten Emblem unterschied, war der Ehename. Er lächelte.

Da aber hatte Hana schon ein Schreiben von Franci gefunden, er müsse nach Prag und kehre am Montagabend zurück. Sie wurde bleich, denn im Unterschied zu ihr, die ihren kranken Vater besuchen musste, war František zu einem Treffen des Ruderverbandes aufgebrochen, das das ganze Wochenende verschlingen würde. Das sah ganz nach alten Geschichten aus.

»Hast du nicht Appetit auf einen Kaffee?«, drehte sie sich zu Jiří um, und der sagte:

»Auf zwei.«

Und dann setzte er noch recht dreist hinzu:

»Prag ist die Adresse von Eheleuten, denen es zu Hause zu eng geworden ist.«

Hana lachte erstaunlicherweise und sagte, er solle sich zu ihr setzen. Von links. Er sollte sich nicht so vorkommen wie auf der Kucheninsel. Er jedoch hatte diese Story den Lappalien zugerechnet.

Er traf den Mund und wusste, dass sich dieser weit öffnen würde. Doch ihn interessierte nicht die Zunge von Flora und Fauna, sondern die seidene Zunge Hanas, die ihm fast kannibalisch schmeckte. Doch je praktischer die Wonne mit der Vedralin, desto vergeblicher sehnte er sich nach Vanesa.

Und als sie ihm Klopils *clavis* brachte und behauptete, in Kleč habe ihn ihr der Rettungsschwimmer zurückgegeben, als sie mit Vedral zum Kurs kam, während Jiří nach Prostějov gemusst habe, sah er dies nicht als glückliches Zeichen. Im Gegenteil, er war sich sicher, dass er nichts mehr wie bisher verschließen würde.

Er schrieb nach Rážov, und in Severka wartete nun er. Doch aus dem Schleicher stiegen zwei Genossenschaftlerinnen aus, eine trug einen Bottich Marmelade. Das gefiel ihm nicht. Der nächste nach Rážov adressierte Brief wurde ihm ungeöffnet ins Wohnheim zurückgeschickt. Er kam sich vor wie ein Vladik vom Vogelkot und warf das Briefchen in die Moldau. Die Elbe kam ihm heimtückisch vor.

(2011)

Elsa

PERSONEN:
ELSA
OLAF
ELSA I
OLAF I

Ich sehe vier absolut gleiche Türen, einen Tisch, einen Stuhl, einen Drehhocker, eine Nähmaschine und eine Kredenz.

Olaf sitzt am Tisch und isst.

OLAF Reich mir das Besteck, Mutter.
ELSA Iss und sprich mich nicht so an, du weißt, dass ich das nicht wünsche.
OLAF Das weiß ich, ich habe dir kein Kind gemacht, und du willst dich an mir rächen.
ELSA Ach was, larifari. Ein Messer gehört einfach nicht in deine Hand.
OLAF Dann gib mir zumindest eine Gabel.
ELSA Da müsste ich erst mal eine haben.
OLAF Als wir geheiratet haben, haben wir einen ganzen Kasten aus Edelstahl bekommen, es ist also unmöglich, dass keine Gabeln darin waren.
ELSA Iss mit dem Löffel.
OLAF Aber keine Pflaumenknödel.
ELSA Ich habe die Steine entfernt.
OLAF Das sagst du, doch das letzte Mal waren noch sieben mit Stein dabei.

ELSA Du musst sie auch jedes Mal zählen. Ich habe dir gesagt, iss oder lass es.
OLAF Es ist wenig Mohn drauf.
ELSA Der Mohn steht auf dem Tisch.
OLAF Auf dem Tisch steht Zimt.
ELSA Zimt ist auch gesund.
OLAF Aber ich mag keinen Zimt. Und die Butter hättest du zerlassen sollen.
ELSA Die Knödel sind heiß genug, die zerläuft von selbst.
OLAF Sie zerläuft nicht, sonst wäre sie schon längst zerlaufen.
ELSA Sie zerläuft schon noch, sie hätte längst zerlaufen sein sollen.
OLAF Sie ist nicht zerlaufen, weiß Gott, nein.
ELSA Wie kann sie nicht zerlaufen sein, wenn sie schon fast zerlaufen war.
OLAF Mein Gott, sie zerläuft nicht, schau nur.
ELSA Sie zerläuft, aber eben langsam, man kann es kaum sehen.
OLAF Wie lange soll ich denn warten, bis zu sehen ist, ob sie zerläuft oder nicht.
ELSA Du musst mehr Geduld haben.
OLAF Ich halte das nicht aus, ich kann nicht nur untätig zusehen.
ELSA Schau, hier am Rand, am Rand ist sie schon recht gelb.
OLAF Ranzig!
ELSA Nun sag nur noch, dass ich dir ranzige Butter gegeben habe.

OLAF   Ich sage nicht, dass du mir absichtlich ranzige Butter gegeben hast, aber sie ist ranzig. Mir dreht sich der Magen um. Du weißt, dass ich das nicht ertrage …
ELSA   Ich weiß, dass du ranzige Butter und knirschende Schuhe nicht ertragen kannst …
OLAF   Ja, das sind zwei Sachen, die ich nicht ertrage.
ELSA   Dann schau einfach nicht hin. Schließ die Augen und überwinde dich.
OLAF   Und was ist, wenn die Butter wirklich ranzig ist, wie soll ich mich dann überwinden. Nein, das mache ich nicht.
ELSA   Es ist nichts anderes zu essen im Haus.
OLAF   Gar nichts?
ELSA   Absolut nichts.
OLAF   Ich … ich hänge mich auf.
ELSA   Mach keine Witze. Über so was macht man keine Witze.
OLAF   Wer hat gesagt, dass ich Witze mache? *[Pause]* Wer hat dir gesagt, dass ich Witze mache? Gib mir den WC-Schlüssel.
ELSA   Olaf!
OLAF   Elsa!
ELSA   Es ist offen.
OLAF   Du lügst. Ich weiß, dass du wie immer abgeschlossen hast. Ich sag dir, gib mir den Schlüssel.
ELSA   Ich weiß nicht mehr, wo ich ihn hingelegt habe.
OLAF   Du lügst. Ich weiß, dass er in den Krümeln hinter der Brotschneidemaschine liegt.
ELSA   Der Schlüssel hinter der Maschine ist nicht der WC-Schlüssel.

OLAF Verflixt.
ELSA Hast du verflixt gesagt?
OLAF Verflixt, Elsa.
ELSA Ich habe den Schlüssel bei mir.
OLAF Oha, du hast den Schlüssel bei dir, und dabei war ich noch gar nicht auf dem Klo.
ELSA Deine Zeit ist schon verstrichen.
OLAF Du vergisst, dass ich mich aufhängen will.
ELSA Du vergisst, dass du schon mal auf dem Klo warst.
OLAF Gestern.
ELSA Nein, heute, den Kehrbesen holen.
OLAF Das zählt nicht.
ELSA Ich konnte nicht ahnen, dass es dich überkommt.
OLAF Ach. Und wie es mich überkommen hat. So. Schau hin.
ELSA Du hast den Stuhl umgeworfen.
OLAF Ich bin wie aus wilden Eiern.
ELSA *[Trägt den Teller ab.]* Vor dir ist nichts sicher.
OLAF Und ich rauche …
ELSA Wo?
OLAF Ich werde es tun.
ELSA Du willst dich aufhängen.
OLAF Sicher, aber vorher stecke ich mir eine an. Bring mir die Stummelpfeife und Streichhölzer. Und Tabak. *[Versucht, eine der Türen zu öffnen.]* Verdammt, der Schlüssel passt nicht ins Schloss.
ELSA Kann er auch nicht, das ist die Tür zur Kammer.
OLAF Rede dich nicht raus, dass kein Tabak da ist.
ELSA Glaub mir, die Tür ist wirklich die Kammertür.
OLAF Spuck den aus, den du im Mund hast.

ELSA Ich werde auf dich hören, und auf die Kammertür klebe ich dann einen Aufkleber, wie du mir vorgeschlagen hast. Damit man das nicht verwechselt.

OLAF Weich mir nicht aus und spuck den Tabak aus, den du im Mund hast.

ELSA Wie soll ich ihn ausspucken, wenn du den Schlüssel hast.

OLAF Gut, dann spuck ihn nicht aus und bring mir neuen.

ELSA Ich kann mich nicht erinnern, wo ich ihn hingelegt habe, solange ich den nicht ausgespuckt habe, den ich kaue.

OLAF Siehst du. Geh und spuck ihn aus. *[Reicht ihr den Schlüssel.]*

ELSA Bist du unbeugsam?

OLAF Ja, es ist in mich gefahren.

ELSA Was soll ich nur machen. *[Sie geht und holt die Stummelpfeife, Streichhölzer und Tabak.]*

OLAF *[Schließt die WC-Tür auf.]*

ELSA Aber versprich mir, dass du hinter dir zumachst. Nein, ich könnte das nicht mit anschauen.

OLAF *[Stopft die Pfeife.]* Keine Angst, ich rauche sie erst dort.

ELSA Wirklich?

OLAF Wirklich ... Der Tabak ist feucht.

ELSA Nein, das Streichholz ist feucht.

OLAF Der Tabak. Ich ziehe und ziehe mir fast die Lunge aus dem Leib.

ELSA Überzeug dich, gib mir die Schachtel.

OLAF   Du willst mir Feuer geben?
ELSA   Ich gebe dir Feuer, wenn du mir versprichst, dass du die Tür hinter dir zumachst. Ich könnte das nicht mit anschauen.
OLAF   Ich würde auch so zumachen, glaubst du's?
ELSA   Du warst immer nett.
OLAF   Erst heute. Ich weiß nicht, was in mich gefahren ist.
ELSA   Jedem kann etwas Unvorhergesehenes passieren. Ich verstehe dich. Siehst du, sie brennt. Nimm einen Zug. Ganz tief. Ich klebe Aufkleber auf die Kammertür.
OLAF   Kleb die Osteraufkleber drauf. Das ist mein vorletzter Wunsch.
ELSA   Der vorletzte?
OLAF   Ja, denn ganz zuletzt wünsche ich mir, dass du … Elsa, Elsachen … dass du den Tabak ausspuckst.
ELSA   Gut, ich gehe und spucke ihn in eine Schüssel, wenn es denn sein muss.
OLAF   Und spülst ihn weg, ja?
ELSA   Warum?
OLAF   Keine Angst, ich bin nicht so zimperlich, dass mich dieser Anblick stören würde. Aber es würde mich stören, wenn es wieder so einen Lärm machte, wenn …
ELSA   Ich verstehe. Aber schwöre, dass du dich umdrehst und dir die Augen zuhältst, wenn …
OLAF   Ich verstehe. Also schwöre ich.
ELSA   Und schwöre noch, dass du nicht hinschaust, wenn … dass du nicht durch die Finger schaust, wenn …

OLAF Ich schwöre.
ELSA *[Tritt ein, will hinter sich zumindest etwas die Tür schließen.]*
OLAF Lehne die Tür nicht an. Ich stehe zu meinem Wort.
ELSA *[Geht hinein.]*
OLAF Kann ich?
ELSA Es schwelt.
OLAF Kann ich jetzt?
ELSA Es brennt.
OLAF Danke, Elsa.
ELSA Dank mir nicht, ich habe es gern getan.
OLAF Das hat mich gestärkt. Nun bin ich dran. Nehmen wir Abschied.
ELSA Ich habe Tränen in den Augen.
OLAF Ach, wenn du nur nicht so aus dem Mund riechen würdest!
ELSA Wenn du einen Moment wartest, kannst du mir in die Augen schauen.
OLAF Ich glaube, dass Tränen in ihnen stehen, doch die Pflicht ruft.
ELSA Ach ihr Männer. Ihr Männer mit euren Pflichten. Wir Mütter sind immer die Leidtragenden.
OLAF Elsa, du hattest so viel Verständnis, mach mir nicht meine so schon schwere Aufgabe noch schwerer, wirf mir nicht vor, dass ich dir kein Kind gemacht habe.
ELSA Ich habe es nicht so gemeint. Ich sage nichts mehr.
OLAF Winke mir zu.
ELSA Gott will es.

OLAF   Winke mir zu.
ELSA   Ich winke dir zu, Olaf!
OLAF   Elsa!
ELSA   Mein Käferchen!
OLAF   Mein Marienkäferchen!
ELSA   Mein Seelchen.
OLAF   Liebling.
ELSA   Schlingelchen.
OLAF   Tschüss.
ELSA   Mach's gut.
BEIDE Adieu.
OLAF   Keine Angst, ich knalle nicht.
ELSA   Ach, knalle nur.
OLAF   Ich knalle.
ELSA   Ach, so ein Knall?
OLAF   *[Hinter der Tür.]* Bist du nicht erschrocken?
ELSA   Doch.
OLAF   Du darfst dich nicht quälen.
ELSA   Ich schaue weiter nach oben.
OLAF   So ist es richtig, Tränen sind nicht angebracht.
ELSA   *[Schluchzt.]*
OLAF   Erzähl mir was.
ELSA   Was möchtest du denn hören?
OLAF   Ein Märchen. Wie als ich klein war. Erzähl mir vom Rotkäppchen, wie es den Kuchen und die Flasche Wein gebracht hat und durch den Wald gelaufen ist.
ELSA   Aber wie erkenne ich, wann ich aufhören soll?
OLAF   Du siehst das, wenn ich die Stummelpfeife aus der Hand lege.

ELSA	Leg sie lieber auf die Fliesen, damit ich das nicht überhöre.
OLAF	Ich lasse sie fallen, soll sie ruhig kaputtgehen.
ELSA	Lass sie fallen, wie du meinst.
OLAF	Fang schon an.
ELSA	Vom Rotkäppchen.
OLAF	Vom Roten. Genau.
ELSA	Es war einmal ein Mädchen, und zu Hause auf dem Hof hatten sie Hühner. Die Mutter sagte zu ihr, Mädchen, du heißt Rotkäppchen, weil du so ein rotes Käppchen hast, und deine Oma hat heute gerade Geburtstag. Hier hast du Buchteln, eine Flasche Wein und einen Korb und einen Napfkuchen. Nein, Buchteln hat sie ihr nicht gegeben. Sie packte ihr einen Napfkuchen ein. Sie wickelte den Napfkuchen in eine weiße Serviette und legte ihn in einen Korb aus Weidenruten und sagte noch zu ihr, – Rotkäppchen, mach einen Bogen um die Lichtung, auf der Lichtung lebt der Wolf, und der ist böse.
OLAF	Das hat sie nicht zu ihr gesagt. Sie sagte – sei vorsichtig und sprich mit niemandem.
ELSA	Sei vorsichtig … sagt die Mutter … und sprich mit niemandem, denke daran, dass du das Körbchen unversehrt hinbringst, es ist ein Rührkuchen, der würde kaputtgehen, die Ameisen würden ihn fressen.
OLAF	Elsa?
ELSA	Jetzt.

OLAF Fällt dir nichts ein?
ELSA Nein.
OLAF Das ist komisch, mir auch nicht.
ELSA Soll ich weitererzählen?
OLAF Ja.
ELSA Und so verabschiedete sich die Mutter vom Rotkäppchen, umarmte sie, zeichnete ein Kreuz auf ihre Stirn, und Rotkäppchen machte sich auf den Weg. Olaf?
OLAF Was ist, Liebling?
ELSA Fällt dir nichts mehr ein?
OLAF Nein.
ELSA Aber mir ist etwas eingefallen.
OLAF Wirklich?
ELSA Mir ist eingefallen, dass wir uns nicht verabschiedet haben.
OLAF Wir haben uns nicht verabschiedet? Und wer hat »Marienkäferchen« zu dir gesagt?
ELSA Ich weiß, Olaf, du. Ich habe ja auch »Käferchen« zu dir gesagt. Aber meinst du, dass wir uns in Würde verabschiedet haben?
OLAF Darum geht es gar nicht, ich hätte Hunger.
ELSA Hunger, Hunger. Darum geht es doch gar nicht, Olaf. Denk daran, dass wir uns nicht verziehen haben.
OLAF Nicht verziehen? Was?
ELSA Ich weiß nicht. Aber etwas sollten wir uns verzeihen. Ich könnte nicht mit dem Gefühl leben, dass wir das nicht getan haben. So mir nichts, dir nichts

	einander nicht verzeihen, das macht man nicht, das ist unwürdig.
OLAF	Ich sehe nichts Unwürdiges daran, Elsalein. Warum sollte das überhaupt unwürdig sein, wenn du nichts gebacken hast.
ELSA	Olaf?
OLAF	Ich höre, Elsa.
ELSA	Ich muss dir was gestehen.
OLAF	Ich höre, Elsa.
ELSA	Ich gestehe dir, dass ich gebacken habe.
OLAF	Sicher. Der Napfkuchen steht in der Kredenz.
ELSA	Du weißt davon?
OLAF	Ich habe dich nur auf die Probe gestellt. Als ich gesagt habe, dass du nichts gebacken hast, wusste ich, dass du gebacken hast.
ELSA	Du bist aber schlau. Dann können wir ja voneinander Abschied nehmen.
OLAF	Abschied nehmen vielleicht, aber aus dem Verzeihen wird nichts.
ELSA	Warum denn?
OLAF	Das habe ich mir in den Kopf gesetzt.
ELSA	Mein Gott, warum?
OLAF	Weil du immer noch etwas vor mir verbirgst.
ELSA	Olaf, da gibt es nichts, was ich vor dir verbergen würde.
OLAF	Also können wir nicht voneinander Abschied nehmen.
ELSA	Auch nicht, wenn ich niederknie und dich bitte?
OLAF	Auch nicht, wenn du niederkniest.

ELSA Olaf, du hast mich doch nicht gesehen, wie ich knie.
OLAF Doch, das habe ich, und du gehst richtigerweise davon aus, dass ich das von ganzem Herzen gern sehen würde, aber du verheimlichst etwas vor mir.
ELSA Du meinst doch hoffentlich nicht die Flasche unter der Nähmaschine?
OLAF Doch, die.
ELSA Aber Olaf, diese Flasche halte ich doch nicht vor dir geheim. Ich halte sie nur so geheim.
OLAF Sagst du die Wahrheit?
ELSA Nichts als die Wahrheit.
OLAF Und kniest du immer noch?
ELSA Immer noch.
OLAF Dann war das also von meiner Seite aus ein Irrtum. Vielleicht sogar überflüssiger Argwohn.
ELSA Du gibst es zu?
OLAF Ich gebe es zu und komme raus.
ELSA Wir sind vielleicht dickköpfig, stimmt's?
OLAF *[Draußen]* Nun, das sind wir … wir käppeln uns und käppeln uns …
ELSA … und können uns nicht mal einigen, welche Gäste wir einladen.
OLAF Ich würde hier nur ungern zu viele Leute sehen.
ELSA Die Feier sollte vielleicht in einem etwas privateren Rahmen stattfinden.
OLAF Aber eine weiße Decke legst du auf.
ELSA Das mach ich, Olaf.
OLAF Gut. Und über dieser weißen Tischdecke werde ich den ganzen Abend rauchen.

ELSA   Das Mittagessen ist doch gerade erst vorbei. Olaf, so viel Zeit bleibt uns nicht mehr. Du hast zu Mittag gegessen, Olaf.

OLAF   Dann lässt du die Rollos runter, Elsa, dann ist es ein Abendessen.

ELSA   Ich lasse die Rollos herunter, und wir fallen uns in die Arme.

OLAF   Zieh die Rollos runter, Elsa, und wir fallen uns in die Arme.

ELSA   *[Zieht die Rollos herunter, die beiden umarmen sich.]* Was für eine gesunde Farbe du hast.

OLAF   Ja, das Blut ist mir in die Schläfen gestiegen, es pulsiert hier. Fühl mal.

ELSA   Das pulsiert so, als hättest du dein Herz da.

OLAF   Wen laden wir ein?

ELSA   Wir laden Olaf und Elsa ein.

OLAF   Wenn sie noch leben.

ELSA   Sie leben noch, ich habe sie vorgestern gefüttert.

OLAF   Und fressen die nicht zu viel? Du hast immer gesagt, was sie alles fressen.

ELSA   Sie würden uns das wegfressen, was sie finden.

OLAF   Sie fressen den Napfkuchen auf und trinken den Wein weg.

ELSA   Olaf, ich glaube nicht, dass sie das wagen würden. Sie wissen doch, dass ich schon gelernt habe hauszuhalten, die wissen, dass ich anständig mit dem Haushalt auskomme.

OLAF   Ich mache ihnen also auf.

ELSA   Klopf so bald wie möglich bei ihnen an.

OLAF   Sie zucken sich nicht, sicher trotzen sie.

ELSA	Sie trotzen, so lange ich denken kann. *[Sie ruft in Richtung der einen Tür.]* Olaf!
OLAF	Er schweigt. *[Er ruft in Richtung der anderen Tür.]* Elsa!
ELSA	Sie schweigt.
OLAF	Sie müssen das doch alles gehört haben.
ELSA	Das haben sie, aber sie konnten es nicht glauben.
OLAF	Das ist aber nicht nett von ihnen.
ELSA	Umsonst essen, dafür sind wir gut, aber wenn man was von ihnen braucht, dann zucken sie sich nicht und rühren keinen Finger.
OLAF	Jag sie raus!
ELSA	Ich öffne die Kammer und du machst die Vorratskammer auf.
OLAF	Und was ist, wenn sie so trotzen, dass sie sich nicht von der Stelle rühren?
ELSA	O nein, so sehr trotzen sie dann auch wieder nicht, sie glauben lieber nur nicht.

[Elsa nickt Olaf zu, beide öffnen die Tür. Es fahren zwei Sessel mit Invaliden heraus.]

OLAF	*[Zu der im Sessel.]* Elsa, was hast du nur für große Augen.
ELSA	Sie ist eigen, das hat keine Wirkung mehr auf sie.
OLAF	*[Zu dem im Sessel.]* Olaf, was hast du nur für große Ohren.
ELSA	Er ist radzahnig. Auch er widersetzt sich schon, und es hat keine Wirkung mehr auf ihn.
OLAF	Soll ich also von ihrem Hochzeitshut sprechen?

ELSA   Sprich darüber.
OLAF   Elsa, dein Hochzeitshut muss schon als štumpna sehr teuer gewesen sein. Als du ihn aufgesetzt hast, ging das nicht, wegen des Dutts. Stimmt's, du musstest ihn mit einer Hutnadel feststecken? Erinnere dich, wie erschrocken du warst, als du dich gestochen hast ... So sehr bist du erschrocken.
ELSA I Fick dich.
ELSA   Siehst du, sie hat es schon aufgedröselt.
ELSA I Aber ich bin nicht so erschrocken. Ich bin ... so erschrocken.
OLAF   Aber du hast trotzdem geheiratet.
ELSA I Noch am selben Tag.
ELSA   Am Morgen des nächsten Tages, ich weiß das, da bin ich dir doch geboren worden.
ELSA I Ich muss es doch am besten wissen, wann du geboren wurdest, du bist am selben Tag geboren worden, gleich nachdem ich mich mit der Hutnadel gestochen habe.
OLAF   *[Wenn sie ihren Streit noch weiter fortsetzen, wartet er noch eine Weile, wenn sie nicht weitermachen, unterbricht er sie sofort.]* Lasst doch den Streit und hört, was ich euch zu sagen habe.
ELSA I Was sagt man denn dazu, mich zu maßregeln? Eine Schlange wärme ich an meiner Brust, Schlangen nähre ich an meiner Brust, und ich soll dazu noch schweigen. *[Zu dem im Sessel.]* Ach Olaf, Olaf, da haben wir vielleicht Freuden auf unsere alten Tage. Sicher haben sie dich mit etwas vollgepumpt, damit du dich nicht bewegen kannst.

	Sicher haben sie dir was angetan. Olaf, sag mir, dass sie dich gequält haben.
ELSA	Mutter, seien Sie nicht hysterisch, er trotzt.
OLAF	Soll ich von seinen großen Ohren erzählen?
ELSA	Nein, erzähle von seiner großen Glatze.
ELSA I	Und jetzt wollen sie dich noch auslachen. Das sind Leute ohne ein Stück Gefühl im Bauch. Olaf, schenk ihnen kein Gehör.
ELSA	Du hast ihm selbst die Haare ausgerissen, und auf einmal regst du dich auf, dass wir uns daran erinnert haben.
OLAF	Ich werde dir etwas von deiner Hochzeitsglatze erzählen.
ELSA I	Habt ihr hier nichts zu essen?
OLAF	Olaf, erinnere dich, wie du an dem Tag geheiratet hast, als dir Elsa das letzte Haar mit der Pinzette rausgezogen hat. Wie das gezuckt hat, als sie dir das Haar ausrupfte und du gleich aufgeblüht bist. So hat das geziept, Olaf. Erinnerst du dich?
OLAF I	Fick dich.
ELSA	Siehst du, er hat es schon aufgedröselt.
OLAF I	Aber so hat es nicht gezuckt. Es hat … so gezuckt.
OLAF	Der Unterschied in meinem und deinem Zucken besteht in unseren unterschiedlichen Charakteren. Ich wurde dir erst geboren, nachdem es gezuckt hatte, ich kann also nicht so zucken wie du.
OLAF I	Du bist mir gleich bei diesem Zucken geboren worden. Kaum dass es gezuckt hatte, bist du aus mir herausgekommen.

OLAF	Es ist nicht möglich, dass ich schon beim Zucken aus dir herausgekommen bin, zuerst musstest du zucken, damit ich geboren werden konnte, das versteht sich doch, oder? Dafür gibt es Zeugen.
ELSA I	Zieh mich da nicht mit rein. Ich habe das Zucken und die Geburt gesehen. Aber ob du erst geboren wurdest und es dann zuckte oder umgekehrt, das kann ich nicht beschwören. Ich habe da nicht so sehr drauf geachtet.
OLAF I	Und er will das ausnutzen, er wagt es, deine Unaufmerksamkeit auszunutzen, um mir die eigene Geburt abzusprechen. Das ist der Dank, den man von seinen eigenen Kindern bekommt.
ELSA	Mein Gott, streitet euch doch nicht. Olaf will doch seinem Vater nichts absprechen. Er sagt ja nicht, dass er nicht geboren wurde, ihr seid euch ja nur über die Abfolge nicht einig.
OLAF I	Doch wenn er erst nach dem Zucken geboren worden wäre, dann müsste ich ein Posthumus sein, und ihr könnt nicht von mir wollen, dass ich glaube, dass er ein Posthumus ist, ich müsste ihn verstoßen.
ELSA	Das wird dir nicht mal einfallen, wenn du hörst, was Olaf auf dem Herzen hat.
OLAF	Hört mich an.
ELSA I	Aber habt ihr nichts zu essen?
OLAF I	Mutter meint, damit sich der Magen aufwärmt, sonst würden wir eine solch lange Geschichte nicht ertragen.
ELSA	Ihr würdet gleich anfangen zu futtern, doch ihr habt euch noch keinen Bissen verdient. Hört Olaf

	an, und dann schau ich mich um, was sich hier findet.
OLAF	Hört mich an.
OLAF I	Meinst du, Elschen, etwas zu finden wie unter der Nähmaschine?
OLAF	Ich möchte euch sagen, warum wir hier zusammengekommen sind.
ELSA I	Meinst du, Elschen, etwas in der Kredenz zu finden, nicht?
OLAF	Ich habe nämlich beschlossen, mit allem Schluss zu machen.
ELSA I	Wie bitte?
OLAF	Schauen wir mal?
ELSA I	Aber! Womit denn?
OLAF I	Aber womit denn?
ELSA	Bei meiner Seele – womit?
OLAF	… Womit … Womit? Womit?
ELSA I	Ha, siehst du, er zögert schon.
OLAF I	Ich habe es sofort geahnt.
ELSA I	Es ist dein Kind.
OLAF I	Ein Posthumus ist das, kein Kind. Er hat selbst zugegeben, ein Posthumus zu sein.
ELSA I	Ach was, das ist ein Kind – ein Kindchen. Ich kann mich daran erinnern, dass er geboren wurde. Er ist dir ähnlicher, als du denkst.
OLAF I	Er ist mir überhaupt nicht ähnlich, ich mag Mehliges überhaupt nicht.
ELSA	Doch, gern, Vater, denk nur nicht, dass man das nicht von dir weiß. Aber ich sage dir nur so viel: Das ist nicht nett von dir, gleich derart über ihn

	den Stab zu brechen. Das hätte ich nicht von dir gedacht.
OLAF	Ich bin ganz du, Vater, schon von Geburt an. Ich habe die Hörnchen in Milch eingeweicht.
OLAF I	Bekenne dich nicht zu mir, wer weiß, wen man mir untergeschoben hat. Denkst du etwa, ich bin auf den Kopf gefallen, dass ich nicht merke, dass ihr mich betrügen wollt? Dass ihr mich in die Irre führt? Dass ihr mich schon jahrelang betrügt?
ELSA I	Jetzt schieb das noch auf mich.
OLAF	Vater, du verstößt mich?
ELSA	Willst du ihn enterben?
OLAF I	*[Zu der im Sessel.]* Elsa, du warst mir untreu, du hast mir Hörner aufgesetzt.
ELSA I	Er wurde dir und mir geboren.
OLAF I	Aber du hast mir versprochen, dass es ein Mädchen wird.
ELSA I	Ich habe ein Mädchen bekommen. Schon wieder lügst du. Da seht ihr ihn, einen streitsüchtigen Opa. Da hängt er mir noch seinen Bastard an.
OLAF	Elsa, achte auf deine Worte, der Bastard bin ich.
OLAF I	Wie könnte es auch anders sein, sie hat dich mir doch untergeschoben.
ELSA	Mutter, wärest du dazu fähig?
OLAF I	Sag nicht Mutter zu ihr, verstehst du denn gar nichts?
ELSA I	Dieser Alte hier ist frech, Elschen, er ist frech wie ein Äffchen, jetzt, wo er sich in seinem Söhnchen getäuscht hat, würde er dich meinem Mutterherzen entreißen.

OLAF	Vater, das ist doch gar nicht möglich. Lass dir erzählen. Alles lässt sich erklären. Vielleicht irrst du dich, vielleicht kommt das daher, dass ich jünger bin. Ich habe doch immer Kleidchen von Elsa getragen, vielleicht hast du dich von der Kleidung täuschen lassen. Aber ein Mädchen war ich nie.
OLAF I	Aber du hättest eines sein sollen.
ELSA I	Das war er nicht.
OLAF I	Ich sage ein Mädchen. *[Er fährt abrupt hinter ihr los.]*
ELSA I	Ein Junge. *[Sie fährt vor ihm weg.]*
OLAF I	Ach, du untreue Untreue.
ELSA I	Mein Gott, er wird mich wohl erschlagen.
OLAF I	Rajda, sag, dass es ein Mädchen war.
ELSA I	Ich sage doch, ein Junge. Du kannst mich auch foltern – aber es war ein Junge.
OLAF I	Dann mal langsam, schauen wir mal.
ELSA I	Ein Junge.
OLAF I	Ein Mädchen.

[Sie streiten sich ad libitum und verfolgen sich.]

ELSA	Bleibt stehen!
OLAF	Sie sind wie kleine Kinder.
ELSA	Auch das noch, sie schämt sich für dich.
OLAF	Wieso denn? Du weißt doch, dass ich ein Junge bin.
ELSA	Du musst es beweisen.
OLAF	Ihnen … stimmt's, ihnen.
ELSA	Wenigstens ihnen.

OLAF	Bleibt stehen.
ELSA I	
OLAF I	*[Bleiben stehen.]*
OLAF	Dass ihr euch nicht schämt. Dass du dich nicht schämst, Vater, du würdest auch meine Nase verleugnen.
ELSA	Olaf, sei nicht doppeldeutig, du hast doch sowieso keine.
OLAF	Liebling, ich weiß, ich habe dir kein Kind gemacht. Aber was ist, wenn alles, wenn alle Probleme ihre Ursache darin haben, weil ich deine Kleider aufgetragen habe.
ELSA	Alles ist möglich. Olaf, irgendeine Ursache muss es geben.
OLAF	*[Zu Elsa I]* Was meinst du dazu?
ELSA I	Gerne würde ich dir das bestätigen, aber mir ist schwindlig.
OLAF	*[Zu Olaf I]* Und du?
OLAF I	Ich sehe Kreise vor meinen Augen, mir ist schwindlig, wahrscheinlich sterbe ich.
ELSA	Du stirbst nicht, du bekommst Napfkuchen.
OLAF	Überprüfen wir das mit einem Versuch, praktisch.
OLAF I	Ha!
ELSA I	Ja, er hat Hunger, er würde mich noch auffressen, er würde noch mein Elschen auffressen. Er braucht etwas Warmes in den Magen.
OLAF I	Ha!
ELSA	Er braucht weniger etwas Warmes, sondern vielmehr etwas Mehliges.
OLAF I	Der Napfkuchen ist in der Kredenz!!

OLAF	Toll. Ach, toll! Siehst du, Elschen, kaum dass es um was Mehliges geht, bekennt er sich zu mir!
ELSA I	Sage Vater zu ihm.
OLAF	Vater!
OLAF I	… wie willst du das anstellen … mein Sohn?
OLAF	Was?
OLAF I	Na das. Das mit dem Versuch. Praktisch.
ELSA I	Du darfst deinen Vater nicht enttäuschen, Junge, denk nach, was du antwortest.
ELSA	Denk daran, was wir uns versprochen haben.
OLAF	Ihr macht mich verlegen.
ELSA	Er hat recht, wir bringen ihn in Verlegenheit. Schließlich verspäten wir uns auch nicht groß, wenn wir unsere Sorgen beiseitelassen. Soll der Junge auf andere Gedanken kommen, er soll sich etwas umschauen. Und wird sich amüsieren.
ELSA I	Elsa spricht mir aus der Seele. Und putzt ihr das Porzellan, wenigstens einmal pro Woche? Zwischen die Teller soll eine Serviette kommen. Ein Teller, eine Serviette. Und die Gläser mit Zeitungen auswischen. Das Service kann man zwar nachkaufen, aber das heißt nicht, dass ihr es zerschlagen solltet. Stimmt's, Vater?
OLAF I	Mutter ist heute in Stimmung, sicher kriegen die Gardinen was von diesem Gestank ab.
ELSA	Na ja, sie kriegen was ab, aber wieder nicht so viel, als wenn Olaf Habana rauchen würde.
OLAF	Habana? Da würde mir am Gaumen so ein Nachgeschmack haften bleiben, und mir würde sich die Kehle zusammenschnüren, ein Wunder, wenn

	sich die Zungenwurzel nicht an die Eustachische Röhre klebte.
ELSA I	Das würde ich nicht sagen, Olaf. Warum an die Eustachische, wenn die erst ganz da unten am Blinddarm ist. Ich glaube nicht, dass du so eine lange Zunge hast.
OLAF I	Na, ich würde wiederum nicht behaupten, dass er keine lange Zunge hat, Mutter. Doch was die Eustachische Röhre betrifft, so denke ich, dass die sich nicht dort ankleben würde. Die Röhre mündet doch in den Rachen, oder? Das müsste über die Speiseröhre gehen, und das geht leider nicht so leicht.
ELSA	Ach was! Wenn sie in den Rachen mündete, ginge das ganz gut. Ich würde mir eher vorstellen, dass das nicht geht, weil sie überhaupt nicht in den Rachen mündet. Eher würde ich denken, dass das … na, dass das so eine Röhre ist, die man benutzt, wenn jemand nicht kann … wenn jemand nicht kann …
OLAF	Klein. – Ich weiß, Elsalein, ich habe dir kein Kind gemacht, und du vergisst nicht, es mir immer wieder vorzuhalten …
ELSA	Ich halte dir nichts vor, Olaf. Bezieh nicht immer alles auf dich. Ich habe nie daran gedacht, dir die Eustachische Röhre vorzuhalten, du hast selbst damit angefangen.
OLAF	Ich sage doch schon nichts mehr.
ELSA I	Warum solltest du schweigen! Sag nur, was du auf dem Herzen hast.

OLAF I   Schäm dich nicht, du magst doch auch Mehliges.
ELSA   Zerstreu dich! Man sollte dir einen Stuhl reichen.
OLAF I   Zuerst sollte der Napfkuchen serviert werden.
ELSA   Habt ihr etwa schon alles aufgegessen?
OLAF   Ihr erzählt und wisst nicht mal, was ihr alles schon verdrückt habt.
ELSA I   … Kinder, es ist richtig, dass ihr spart, aber es steht euch nicht, so absolut zu sparen. So ein Sparen bringt eigentlich keine Freude. Zuerst muss ich den Gästen etwas anbieten, um zu wissen, woran ich gespart habe.
ELSA   Mutter, du hast mich nicht verstanden.
ELSA I   Ich habe verstanden, aber ich sehe doch, dass Vater abnimmt.
OLAF I   Ich nehme ab, aber das heißt noch lange nicht, dass ich dümmer werde.
ELSA   Du hast mich doch nicht verstanden.
OLAF I   Ich werde doch wohl noch erkennen, ob ich esse oder rede. Nichts habt ihr eurem Mütterchen und auch mir gegeben, und euer Mütterchen ist so gutherzig, dass sie das am liebsten einfach so übergehen würde.
ELSA   Du hast mich doch nicht verstanden. Ich will nämlich, dass du einen Nachschlag bekommst.
OLAF   Elsalein denkt, wenn ihr es nicht anders wollt, dass ihr einen Nachschlag bekommt.
ELSA I   Was für einen Nachschlag, wenn ihr das Hauptgericht ausgelassen habt.
OLAF   Unsere Feier ist bescheiden.

ELSA Mutter, du hast immer gesagt: keine großen Festmahle, die Leute bereden einen dann nur, und die Gäste bekommt man doch nicht satt.
ELSA I Ich verstehe nichts, zu unserer Zeit wurde umgekehrt gespart.
OLAF I Wenn ich nicht so hungrig wäre, weiß ich nicht, wie ich mit euch schimpfen sollte.
ELSA *[Bringt Napfkuchen und Wein.]*
ELSA I Wenn ich das gewusst hätte, wäre ich nicht hierher gefahren.
OLAF *[Schneidet und raucht.]* Wir essen ordentlich und sprechen nicht.
OLAF I Ich würde auf einmal einen ganzen Laib Brot aufessen.
ELSA I Ich könnte auf einmal einen ganzen Ochsen verdrücken.
ELSA *[Bringt eine Eieruhr.]* Ich würde ihn mit Haut und Haaren verspeisen.
OLAF *[Reicht ihnen kleine Teller.]* Lass nur. Ehe eine Katze Eier legt, ist alles verheilt.
ELSA *[Reicht ihnen die Gläser.]* Guten Appetit.
ELSA I
OLAF I Vielen Dank.
ELSA *[Dreht die Eieruhr um.]* Ihr habt zehn Minuten.
OLAF *[Sitzt auf einem Stuhl, isst, raucht, starrt vor sich hin.]*
ELSA I
OLAF I *[Essen nach Art der Variaténummer »vier Hände«.]*
ELSA *[Kaut wieder Tabak, schaut auf die Uhr.]*

OLAF I   [*Kaum ist der Sand durchgelaufen, bekreuzigt er sich und brummelt ein Gebet, die anderen wiederholen es.*]
O unser guter Gott,
wir sind von unserem Lager aufgestanden
und bitten dich artig,
gib, dass wir dich fürchten,
dich fürchten und dir gehorchen
und uns dabei lieben.
[*Zieht seinen Gürtel aus der Hose und reicht ihn Olaf.*]
ELSA   Olaf, dann komm dem Vater doch entgegen, siehst du nicht, dass er sich nach dir ausstreckt?
ELSA I   Nun, das ist ganz er, der Apfel fällt nicht weit vom Stamm.
OLAF   [*Nimmt den Gürtel.*]
OLAF I   Pst. [*Zu der im Sessel.*] Lass die Sticheleien. Und du, Olaf, du schau jetzt bitte auf die Löcher. Es sind dreizehn, stimmt's?
OLAF   Ja, Vater, dreizehn.
OLAF I   Und daran siehst du, wie ich gewachsen bin.
ELSA I   Vater war größer, als du dich an ihn erinnerst.
ELSA   Dicker.
OLAF I   Aber auch größer.
ELSA I   Er hat abgenommen und ist eingegangen, bis er in den Sessel passte.
ELSA   Aber ... Mutter, da hätte er dich doch erdrücken müssen ... mit den dreizehn Löchern. Absolut erdrücken!

OLAF I	Ich habe sie ja auch erdrückt. Ich habe sie ganz zugedeckt – wenn ich wollte.
ELSA I	Das war vielleicht ein Typ. Ein Kerl wie eine Eiche. Ein richtig strammer Kerl.
OLAF I	Ein Kerl wie ein Berg.
OLAF	Ich habe mich immer danach gesehnt, dir zu ähneln.
ELSA	*[Stellt den Stuhl mit der Lehne an den Tisch.]* Ich schwöre, er hat sich danach gesehnt. Er sprach immer mit einer solchen Faszination von dir.
OLAF	*[Stellt sich auf den Stuhl, aber zögert, auf den Tisch zu klettern.]* Vielleicht sollte ich das wiederholen, wie ich immer von dir gesprochen habe.
ELSA	Und wenn schon. Wir wissen das. Wir hören hier alles, Olaf.
OLAF I	Ich habe oft daran gedacht, dass man einen solch dankbaren Sohn mit der Lupe suchen kann. Du bist dankbar. Hörst du?
OLAF	*[Schweigt.]*
ELSA	*[Steigt langsam auf den Tisch.]* Ja, ich bin dankbar.
ELSA I	Ich habe nie im Geringsten daran gezweifelt.
OLAF	Aber ich habe daran gezweifelt.
ELSA I	Jeder hat eben seinen Spleen.
OLAF I	Auch ein Zimmermann schneidet mal daneben.
OLAF	Ich habe aber oft daran gezweifelt.
ELSA I	Aber dass dir das erst jetzt einfällt.
ELSA	Das wird daher kommen, dass er nicht heranreicht.
OLAF I	Wirklich! Er reicht nicht heran. Auch als ich so groß war, dass ich dich, Mutter, erdrückt habe,

	reicht er nicht. Der Gürtel müsste noch länger sein.
OLAF	*[Versucht, den Gürtel zu werfen, damit sich dieser an einem gedachten Nagel über dem Tisch verfängt.]*
ELSA	Er reicht nicht hin.
OLAF I	Aber vielleicht … vielleicht will er nicht.
ELSA I	Er kann nicht. Wenn er nicht wollte, würde ich ihm das von den Augen ablesen, ich kann in ihn hineinsehen.
ELSA	Wie die Kinder doch wachsen, aber nicht so, dass es übermäßig wäre. Das erschien mir immer wie ein Wunder.
OLAF I	Von wegen Wunder. Das können höchstens du und Olaf sagen. Weil ihr nie irgendein Kind wolltet.
OLAF	Wir hatten keins. Wir wollten eins, hatten aber keins.
ELSA I	Wenn du nicht willst, ist das so, wie wenn du nicht hast. Oder eigentlich: wenn du nicht hast, ist das so, wie wenn du nicht willst.
OLAF	Wenn du nicht willst, hast du nicht, aber wenn du willst, solltest du haben …
ELSA	Nur du würdest vielleicht nicht wollen.
OLAF	Mein Gott. Was habe ich geheult, was habe ich gebetet, habe alles gegessen, was du mir gekocht hast.
ELSA	Vielleicht hast du gewollt, aber insgeheim nicht gewollt.
OLAF I	Und dabei sind Kinder die Blüten des Lebens.

ELSA I	Kinder sind das Salz des Lebens.
ELSA I	Ach, wie ist es doch schön, wenn es zuckt.
OLAF	Wenn es sticht. Mich hat es gezuckt.
ELSA I	Wenn es sticht und zuckt.
OLAF I	Das ist so, als würde man noch einmal neu geboren.
ELSA I	Als du, Elsalein, den ersten Schritt getan hast, bist du auf den Sitz gepoltert, dass mir schwarz vor Augen wurde.
OLAF I	Als du, Olaf, das erste Mal auf dem Tisch gelandet bist, hast du ein Würstchen mit Senf über dich gekippt, und ich habe gedacht, dass du so … haha.
OLAF	So habe ich also …?
ELSA	Dass du fragst, schau nur, wie Vater lacht.
OLAF	Was hast du nur für große Zähne, Vater.
ELSA I	Soll er sie doch haben, wie sie sind, er kann sich damit durch so manches durchbeißen.
OLAF I	Auch wenn es mich vielleicht kneift, dass es in mir nagt.
ELSA I	Auch wenn er das nicht mit anschauen kann, Kinder, wie ihr euch hier abrackert … für nichts.
OLAF I	Aber das ist nun mal so, ihr habt nun schon euer eigenes Leben, da dürfen wir uns nicht mehr einmischen.
ELSA	Soll ich das so verstehen, dass ihr mir vorhaltet, dass er mir kein Kind gemacht hat?
OLAF I	Nimm es, wie du es für richtig hältst. Aber ich sage dir, mein Blut wäre sonst anders in Wallung gekommen, wenn ich einen Enkel auf meinen Knien hätte wippen können.

OLAF	Aber Vater, glaubst du denn, wir hätten das nicht gern getan? Aber es ist uns nicht zuteilgeworden. Alles stellt sich gegen uns.
ELSA I	Weil du es von ihr verlangst und sie von dir.
ELSA	Ich weiß nicht, wovon du sprichst, Mutter.
ELSA I	Wie solltest du es auch wissen, wenn du dabei an Gemeinheiten denkst.
OLAF I	Und Kinder, Enkel – keine.
ELSA I	Sie wissen nicht, was ihnen entgangen ist.
OLAF I	Ach, wie schön es ist, wenn es sticht.
ELSA I	Wenn es zuckt! Mich hat es gestochen.
OLAF I	Wenn es sticht und zuckt.
ELSA I	Das ist so, als würde man neu geboren.
OLAF I	Als du, Elsalein, hier den ersten Schritt auf die Mutter zu gemacht hast, bist du auf das Stühlchen geprallt, dass ihr schwarz vor Augen geworden ist.
ELSA I	Als du, Olaf, das erste Mal auf dem Tisch gelandet bist, hast du ein Würstchen mit Senf über dich gekippt und hier – Olaf – der Ärmste, hat gedacht, dass du so … na … dass du so, haha.
ELSA	Der Tisch muss niedriger gewesen sein als der hier.
OLAF	Aber ja doch, er war niedriger, ich sehe das wie heute.
OLAF I	Aber auch du, Olaf, warst kleiner, das darfst du nicht vergessen.
OLAF	*[Zögert.]* Warten wir also einen Moment.
ELSA I	Na, du bist schon ein ganz schöner Lulatsch, du wirst kaum mehr etwas zunehmen.
ELSA	Du trägst schon Mutters Schuhe.

OLAF I	Alles an dir brennt nur. Es ist besser, dich zu ernähren, als dich einzukleiden.
OLAF	Was soll ich also machen?
ELSA I	Er fragt noch.
OLAF I	Das musst du selbst am besten wissen.
OLAF	Ich frage nur, weil ich mir keinen Rat weiß.
OLAF I	Und wegen des Zuckers, der dich ernährt hat, wusstest du schon Rat. Du konntest dir immer den Hocker heranrücken.
ELSA	*[Reicht ihm einen Stuhl.]*
OLAF	*[Steigt auf den Stuhl.]*
ELSA I	Er war immer ein Leckermaul. Nichts konnte einfach nur so herumstehen.
OLAF I	Mutter hat den Zucker immer mit einer Käseglocke abgedeckt.
ELSA I	Das war aber sinnlos, wenig später hatte er so viel Kraft, dass der die Käseglocke anheben konnte.
ELSA	Aber wenn der Zucker um seinen Mund herum angetrocknet ist.
ELSA I	Wenn es nur um den Mund herum gewesen wäre, er hat sich damit aber auch die Augenbrauen verklebt.
OLAF I	Und dann hat er geschrien, wenn ich das entfernt habe.
OLAF	*[Auf dem Stuhl.]* Das hat geziept.
OLAF I	Aber du warst ja auch besonders empfindlich.
ELSA	Das ist ihm geblieben.
ELSA I	Ja, das scheint so. An einigen Bräuchen hält man fest, auch wenn man nicht will.
OLAF	*[Wirft ohne Erfolg die Gürtelschlinge in die Luft.]*

ELSA I	Na – was habe ich gesagt?
OLAF I	Schon wieder. Er hat sie nicht hoch genug geworfen.
ELSA	Der Stuhl ist nicht hoch genug.
OLAF I	Er kann nicht noch höher sein.
OLAF	Auch wenn ich mich auf die Zehenspitzen stelle. Auch wenn ich hochhüpfe.
ELSA	Spring nicht, mein Gott. Du fällst noch herunter.
ELSA I	Das sieht ihm ähnlich. Er hat immer, was er mit den Händen aufgebaut hat, mit dem Hintern wieder eingerissen. Alles schnell, schnell und dann: dann gefror ihm das Blut in den Adern. Wie damals, als er auf den Tisch geklettert ist. Haben, haben, ohne zu überlegen, kein Nachdenken … einfach so drauflos.
OLAF I	Er hat sich Vaters Würstchen mit Senf über den Leib gekippt.
ELSA I	Er muss vorsichtig sein.
OLAF I	Du musst vorsichtig sein, Olaf! Ich stehe richtig, recke mich! Keine Kapriolen.
OLAF	*[Steht in Habtachtstellung.]*
ELSA	*[Nach einer Pause.]* Er kommt nicht hin.
OLAF I	
ELSA I	*[Fahren nervös hin und her und betrachten die Pyramide.]*
OLAF	*[Wirft noch einmal erfolglos den Gürtel hoch.]*
ELSA	Stopp.
OLAF I	
ELSA I	*[Bleiben stehen.]*
ELSA	Olaf, komm runter.
OLAF I	Du machst Scherze, Elsalein.

ELSA I Das meinst du nicht ernst.
ELSA Ich mache keine Scherze und meine das todernst.
OLAF I Das ist Verrat.
ELSA I Wenn er runterkommt, müssen wir noch eine Portion bekommen.
ELSA Ihr bekommt nichts, ihr Knauser! Olaf?
OLAF Ja, Käferchen?
ELSA Komm her, du hast noch einen Rest hier.
OLAF Habe ich ausgetrunken?
ELSA I Saufkopf.
OLAF I Verräter.
OLAF *[Kommt herunter.]* Was haben sie gegen mich?
ELSA Lass sie, die beiden Neider. Sie beneiden uns um unsere Freude.
ELSA I Pfui.
OLAF Ich habe die Stummelpfeife durchgebissen.
OLAF I Pfui.
ELSA Das entschuldigt dich nicht.
OLAF Ich habe sie vor Freude durchgebissen. Ich spürte so eine Kraft in mir.
ELSA Wir fallen uns in die Arme.
OLAF Ich drücke dich an meine Brust.
ELSA Au. Du bist wie Tarzan.
OLAF Ich spüre so eine Kraft in mir, dass ich vielleicht auch das Kind, dass ich wohl auch das Kind, dass ich mich wohl an das Kind heranwagen könnte.
ELSA Aber den Vater kannst du nicht anheben.
OLAF Von wegen. Ich hebe ihn an wie eine Feder.
OLAF I Wenn du mich anfasst, spucke ich dich an.
OLAF Du hast einen trockenen Hals, du bist so knausrig, dass dir der Hals ausgetrocknet ist.

OLAF I   *[Wehrt sich, schimpft.]*
OLAF   Wo soll ich ihn aufprallen lassen?
ELSA   Lege ihn vorsichtig unter den Schrank.
ELSA I   *[Weint.]* Ach Vater, das ist der Dank für unsere Anstrengungen, für unsere Arbeit, unsere Sorgen, unsere Leiden und unseren Jammer.
OLAF   *[Legt Olaf I unter die Kredenz.]*
OLAF I   Mutter, ich fühle mich wie ein Greis.
ELSA   I wo, Olaf hat nur so viel Kraft.
OLAF   Ich spüre sie hier ... und hier ... und hier ... ach, ich spüre, dass ich vielleicht auch ein Kind, dass ich vielleicht auch für ein Kind ...
ELSA   Aber deine Mutter kannst du nicht anheben.
ELSA I   O weh!
OLAF   Ich hebe sie ganz einfach an und lege sie ...
ELSA   ... unter die Kredenz.
ELSA I   Ich kratze dich, Olaf, wenn du mich auch nur anfasst.
OLAF   Die Nägel hast du dir doch abgebissen.
ELSA I   Aber nicht die an den Füßen.
OLAF   *[Er bringt die sich wehrende und schimpfende Elsa I unter die Kredenz.]*
OLAF I   Haben sie dir nichts getan, Elsa?
ELSA I   Doch, die Elenden, sie haben mir was getan. Und dir?
OLAF I   Ach, wie der mich auf den Boden geknallt hat.
ELSA I   Wir werden sie nicht mehr stören, ich werde ihnen nicht einmal mehr auf einen Gruß antworten.
ELSA   Olaf, du bist ein Teufelskerl.
OLAF   Elsa, ich werde ein Teufelskerl sein.

ELSA	Aber den Tisch könntest du nicht anheben.
OLAF	Ich hebe ihn an wie eine Feder.
ELSA	Aber du kannst ihn nicht auf den Sessel stellen.
OLAF	Ich stelle ihn sofort darauf.
	[Olaf hebt den Tisch an und stellt ihn auf die frei gewordenen Sessel.]
ELSA I	Siehst du was, Vater.
OLAF I	Ich sehe nichts, Mutter.
ELSA I	Ich habe dickes Glas, stimmt's?
OLAF I	Du hast dickes Glas, aber nimm deinen Ellbogen weg, damit ich wenigstens durch eine Ritze schauen kann.
OLAF	Kusch!
ELSA	Lass sie, sollen sie nur sehen, was für eine Kraft du hast.
OLAF	So als wenn sich jetzt alles sammeln würde, so als wenn ich nun nur durch diese Kraft …
ELSA	Olaf?
OLAF	Was ist, mein Seelchen?
ELSA	Kraft ist noch nicht alles.
OLAF	Ich weiß, ich muss es auch hier haben … und hier … und hier … und ich muss auch flink sein.
ELSA	Und zäh.
OLAF	Flink und zäh. Ich bin flink und zäh. Soll ich es dir beweisen?
ELSA	Beweise es.
OLAF	*[Klettert auf den Tisch.]*
ELSA I	Ich würde sagen, er ist kaum fleißig, Vater.
OLAF I	Er hat Angst aufzustehen.
OLAF	*[Er richtet sich auf dem Tisch auf.]* Was meinst du?

ELSA   Du bist zäh.
OLAF I   Es ist kein Ehrgeiz in ihm.
ELSA I   Nun, wem nicht von oben gegeben ist, der kauft auch in der Apotheke nichts.
OLAF   Elsa?
ELSA   Ich verstehe dich, Olaf. *[Reicht ihm den Stuhl.]*
OLAF   Ich wollte dir etwas sagen …?!
ELSA   Wir haben nicht mehr so viel Zeit.
OLAF   Ich wollte dir etwas Wichtiges sagen.
ELSA   Ich weiß, du wolltest mir sagen, dass du mir dankst. Aber solche großen Worte sind nicht nötig. Der Stuhl wackelt.
OLAF   *[Steigt auf den Stuhl.]* Ich wollte dir sagen, dass ich so eine Kraft habe, dass ich mich auch an das Kind, dass ich so stark und so flink bin …
ELSA I   Stark und flink. Aber hat nicht genug in der Hose.
OLAF I   Er denkt langsam. Was man nicht übers Knie legen kann, das wirft er weg.
ELSA I   Was sich nicht übers Knie brechen lässt, das wirft er weg.
OLAF I   Er zerbricht es, biegt es und wirft es weg.
OLAF   *[Wirft wieder erfolglos nach einer kleinen Pause den Gürtel in die Höhe.]*
OLAF I   Ach!
ELSA I   Ach!
ELSA   Olaf?
OLAF   Ja, Elsa?
ELSA   Sie sind enttäuscht.
OLAF   Ich weiß nicht, was ich noch machen soll.
ELSA   *[Reicht ihm den Drehhocker.]*

OLAF *[Versucht vergebens, sich nach oben zu schrauben.]*
ELSA I Seine Arme sind zu kurz.
OLAF I Nicht, dass er so schlecht gewachsen wäre, vielmehr ist er vernachlässigt.
ELSA I Er hat nicht auf sich geachtet. Immer nur ein Leben im Sitzen. Wenn er wenigstens Spaziergänge gemacht hätte – an der frischen Luft.
OLAF I Oder sich um den Garten gekümmert.
ELSA I Oder Frühsport gemacht.
ELSA Olaf?
OLAF Ja, Elsa.
ELSA Ich helfe dir.
OLAF *[Greift nach dem Hocker.]* Ich danke dir, Elsa.
ELSA *[Setzt sich auf den freien Sessel.]* Erinnerst du dich, wie ich dir Pflaumenknödel gekocht habe?
OLAF *[Stellt den Hocker auf den Stuhl.]* Ich erinnere mich, Elsa.
ELSA Und weißt du noch, dass zu wenig Zimt darauf war?
OLAF *[Steigt auf den Drehhocker.]* Ich erinnere mich, dass zu wenig Mohn darauf war.
ELSA *[Fährt langsam um die Pyramide herum.]* Mohn? Ja. Mohn. Und die Butter war ranzig.
OLAF *[Beobachtet Elsa, und der Hocker schraubt sich langsam in die Höhe.]* Ich erinnere mich daran, dass sie ranzig war, nachdem sie zerlaufen ist.
ELSA *[Fährt immer noch.]* Du hast recht, ranzig. Ranziges könntest du nicht sehen.
OLAF Nein, Elsa, das könnte ich nicht.

ELSA   Ich mache das nie mehr, Olaf.
OLAF   Wirklich, Elsa?
ELSA   Wirklich, Olaf.
OLAF   Das ist lieb von dir, Elsa.
ELSA   Meinst du das ernst, Olaf?
OLAF   Glaubst du mir nicht, Elsa?
ELSA   Doch, Olaf. Denn würde ich dir nicht glauben, könnte ich dich nicht um Verzeihung bitten. Hast du es mir schon verziehen?
OLAF   Ich habe es dir verziehen, Elsa.
ELSA   Und weißt du was?
OLAF   Nein.
ELSA   Na, dass ich dir nicht erlaubt habe, mit dem Messer zu essen.
OLAF   Ach ja! Ja ... ja ... ja.
ELSA   Ich könnte nicht damit leben, dass du mir nicht verziehen hast.
OLAF   Ich habe es dir verziehen, Elsa.
ELSA   Ich danke dir, Olaf.
OLAF   Ach, das ist doch gar nicht der Rede wert.
ELSA   *[Bittet ad libitum um Verzeihung und bedankt sich.]*
OLAF   *[Verzeiht ad libitum und lehnt den Dank ab.]*

[Der Hocker dreht sich, und Olaf verschwindet langsam aus dem Blickfeld.]

OLAF I   Siehst du, Mutter?
ELSA I   Nein, Vater.

OLAF I Ich habe dickes Glas, stimmt's?
ELSA I Ja, das hast du, aber ich verübele es dir nicht. Ich könnte es nicht mit ansehen, er ist doch hinuntergestürzt.
OLAF I Meinst du?
ELSA I Ich habe so eine schlimme Vorahnung.
OLAF I Nimm mal den Ellbogen weg, ich schaue mal, wie die das dort ohne uns machen.

Bibliografie der ausgewählten Texte

Die Leseprobe
Čítacia skúška. *Slovenské pohľady* 81, 1965, Nr. 3, S. 55–70, übersetzt von V. Zacharová, unter Berücksichtigung des maschinenschriftlichen Manuskripts des Autors »Čtená zkouška« im Umfang von 34 Blättern im Format A4, erhalten im Nachlass Jiří Grušas im Eigentum der Familie des Schriftstellers. Übersetzt von Silke Klein.

Verräter
Zrádcové. *Sešity pro mladou literaturu* 1, 1966, Nr. 1, S. 7. Übersetzt von Silke Klein.

Aus dem Roman Fragebogen
Z románu Dotazník. *Sešity pro mladou literaturu* 1, 1966, Nr. 1, S. 8. Übersetzt von Silke Klein.

Identitätsfindung
Shledání totožnosti. Maschinenschrift im Umfang von 3 Blättern, Format A4, im Eigentüm der Familie des Schriftstellers. Abgedruckt in Jiří Gruša: *Prózy I. Povídky a novely*. Brno: Barrister & Principal 2014, S. 63–66. Übersetzt von Silke Klein.

Damengambit. Il ritorno d'Ulisse in Patria
Dámský gambit aneb Il ritorno d'Ulisse in Patria. Dramma in Musica. Praha: Edition Petlice 1973 (Samizdat); gedruckt *Dámský gambit: Il ritorno d'Ulisse in patria. Dramma in musica*. Toronto: Sixty-Eight Publishers 1979 und Brno:

Větrné mlýny 2010. Hier nach einer Samizdat-Maschinenschrift aus der Prager Bibliothek Libri prohibiti MME 10813, die am Anfang späterer Editionen stand. Übersetzt von Silke Klein.

Onkel Antons Mantel
Kabát strýce Antona. In: *Hodina naděje. Almanach české literatury 1968–1978*. Hg. von J. Gruša u. a. Praha: Edition Petlice 1978, S. 487–494 (Samizdat), hier nach Onkel Antons Mantel. *Stunde namens Hoffnung. Almanach tschechischer Literatur 1968–1978*. Hg. von J. Gruša u. a. Frankfurt am Main: Fischer 1978, S. 236–39. Übersetzt von Alexandra und Gerhard Baumrucker.

Salamandra
Salamandra. *Listy* 12, 1982, Nr. 3–4, S. 5–9, bzw. *Život v pravdě aneb Lhaní z lásky*. Brno: Barrister & Principal 2011, S. 5–26. Hier nach der Maschinenschrift der Übersetzung der Erzählung ins Deutsche, die in einem Umfang von 16 Blättern im Format A4 im Nachlass des Schriftstellers im Eigentum des Moravské zemské muzeum in Brno erhalten geblieben ist.

Lebensversicherung
Životní pojistka. *Listy* 13, 1983, Nr. 3, S. 19–20. Hier nach der Maschinenschrift der Übersetzung der Erzählung ins Deutsche mit dem Titel »Lebensversicherung« mit handschriftlichen Korrekturen des Autors im Umfang von 12 Blättern im Format A4, die im Nachlass des Schriftstellers im Eigentum des Moravské zemské muzeum in Brno erhalten geblieben ist.

Schwerer Dienst in N.
Těžká služba v N. Die Maschinenschrift mit handschriftlichen Korrekturen Jiří Grušas in einem Umfang von 6 Blättern im Format A4 ist im Nachlass des Schriftstellers im Eigentum des Mährischen Landesmuseums in Brno erhalten geblieben. Abgedruckt in Jiří Gruša: *Prózy I. Povídky a novely*. Brno: Barrister & Principal 2014, S. 221–226. Übersetzt von Silke Klein.

Vögel zu Fuß
Pěší ptáci. *Listy* 15, 1985, Nr. 3, S. 60–63. Hier in der deutschen Fassung des Autors in *Sprache im technischen Zeitalter* 30, 1992, Nr. 121, S. 30–40.

Sanfte Landung am Dirigentenpult
Další let do horského města. *Listy* 16, 1986, Nr. 3, S. 33–34. Hier nach der Übersetzung ins Deutsche als »Sanfte Landung am Dirigentenpult«. *Die Welt* 41, 1. November. 1986, Anl. Geistige Welt, S. 2.

Leben in Wahrheit oder Lügen aus Liebe
Život v pravdě aneb Lhaní z lásky. *Život v pravdě aneb Lhaní z lásky.* Brno: Barrister & Principal 2011, S. 45–76. Übersetzt von Silke Klein.

Elsa
Elsa. *Sešity pro mladou literaturu* 2, 1967, Nr. 7, S. 55–64. Übersetzt von Silke Klein.

Kommentar

16
Fletschern – langsames und gründliches Kauen der Nahrung.

17
Löwenzahn – Anspielung auf das Märchenstück von Jaroslav Kvapil (1868–1950) *Princezna Pampeliška* (*Prinzessin Löwenzahn*; 1897), an deren Schluss die Titelprinzessin vom Herbstwind weggetragen wird.

21
tire-tête (fr.) – Geburtszange.

22
Rembrandts Anatomie des Dr. N. P. Tulp – Bild des holländischen Malers Rembrandt Harmenszoon van Rijn *Anatomie des Dr. Tulp* (1632), das die Obduktion eines Verbrechers durch den Arzt Nicolaes (Pieterszoon) Tulp zeigt.

22
Also haben sie uns Fürst Lutobor erschlagen – Anspielung auf den ersten Satz der *Abenteuer des braven Soldaten Schwejk im ersten Weltkrieg* (1921–1923) von Jaroslav Hašek (1883–1923).

32
Hlasatel – dt. etwa »Ausrufer«, in Namen von Zeitschriften wie z. B. »Mladý hlasatel« (Der junge Ausrufer).

33
Merenda – ital. für Imbiss, Snack, Familienname mehrerer Schauspieler und eines römischen Senators.

33
der hispanische König – eigentlich der böse Prinz von Hispanien, Figur aus Kvapils *Prinzessin Löwenzahn*.

33
Das ist kein der Wind, da singt jemand, da singt jemand über mich … – frei nach Kvapils *Prinzessin Löwenzahn*, siehe oben.

43
Tarantella – süditalienischer Tanz.

44
Andante cantabile (it.) – frei melodisch.

45
Excessus in Baccho et Venere (lat.) – übermäßiger Genuss von Wein und Liebe.

46
Prosektur – Obduktionsraum.

48
Sarkom – bösartiger Tumor des mesenchymalen Gewebes.

68
Damengambit – Beginn des Schachspiels mit möglicher Opferung des Läufers im sog. Damenflügel.

68
Consorte io sono / ma del perduto Ulisse / né incantesimo / o magie perurberan / la fé, le voglie mie (it.) – Ich bin eine Frau, doch des verlorenen Odysseus, kein Zauber und keine Magie können meinen Glauben, meine Sehnsucht brechen.

71
Sanssouci – nach dem Schloss Sanssouci der Hohenzollern in Potsdam.

74
virgo intacta (lat.) – unberührte Jungfrau.

76
de profundis (lat.) – aus der Tiefe (Psalm 130,1).

78
juicy cunt (angl.) – saftige Fotze.

84
Raglan – Kleidungstyp mit offenem Ärmel.

84
Das Auto unten ist voller Blumen … – Paraphrase des Gedichts »Mučení« (Folter) (»das Hochzeitsauto ist voller Kränze«) aus Grušas Sammlung *Cvičení mučení* (*Folterübungen*). Prag: Československý spisovatel 1969, S. 10–11.

88
Pluviale – liturgischer Umhang.

90
mesmerisch – hypnotisierend.

91
chaldäisch – aus Chaldäa, einem alten Reich auf dem Gebiet des heutigen Irak stammend.

93
Entepente – ist wohl eine Anspielung auf »Das große Lalula«, ein sinnfreies Lautgedicht von Christian Morgenstern, in dem es heißt:
Hontraruru miromente
zasku zes rü rü?
Entepente, leiolente
klekwapufzi lü?
Lalu lalu lalu lala la!

95
Underwood – Schreibmaschine der Marke Underwood, hergestellt ab 1896.

97
achtes Haus – Haus des Todes – Das achte Haus des Horoskops wird als Haus des Todes bezeichnet (das Motiv bearbeitete Jiří Gruša in dem Roman *Dotazník aneb Modlitba za jedno město a přítele* (*Der 16. Fragebogen*) aus dem Jahr 1975.

106
Tybalt – Gestalt aus dem Stück *Romeo und Julia* von William Shakespeare, Gegenspieler Romeos.

107
C. August Dupin, Paris – Gestalt des Amateurdetektivs in den Erzählungen von Edgar Allan Poe (1809–1849).

108
mare tenebrarum (lat.) – Meer der Dunkelheiten, das Europa umgibt, bzw. der heutige Atlantik.

109
circulus vitiosus (lat.) – Teufelskreis.

129
morda prosit kirpitscha (russ.) – unangenehmes Gesicht.

130
Coup de grâce (fr.) – Gnadenschuss.

139
coraggioso Ulisse … Di Penelope casta l'immutabil constanza (it.) – mutiger Odysseus … An der Tugendhaftigkeit der Penelope ändert sich nichts (nach der Oper von Claudio Monteverdi *Odysseus' Heimkehr*).

140
Laertes – König von Ithaka, Vater des Odysseus in der griechischen Mythologie.

140
Rochett – Chorhemd der Ministranten

140
suscipiat (lat.) – [Gott] nehme an, Replik im katholischen Gottesdienst.

143
Gehenna (hebr.) – Hölle.

149
DOMINE DIRIGE NOS (lat.) – Herr, leite uns.

150
Kysibelka – Ballon im Eigentum von Maxmilián Wolf, der 1891 auf der Jubiläumsausstellung in Prag vorgeführt wurde.

151
Damase Hobé et Cie, S. A. – Grande Distillerie Française Damase Hobé & Cie, Likörmarke, die Liköre wurden ab 1929 in der Spirituosenfabrik Pardubice in Ostböhmen, der Heimatstadt Jiří Grušas, hergestellt.

152
Herren Godard und Surcouf – Eugène Godard (1827–1890) und Édouard Surcouf (1862–1938), französische Pioniere der Luft-

fahrt, die ihre Ballons auf der Jubiläumsausstellung in Prag im Jahre 1891 präsentierten.

158

Wyandotte – Gattung eines Haushuhns.

181

Virilität – Männlichkeit, Fruchtbarkeit.

222

Genosse Stalin war gestorben – 5. März 1953.

222

auch Genosse Gottwald das Zeitliche gesegnet hatte – Klement Gottwald (23. November 1896 – 14. März 1953), tschechoslowakischer kommunistischer Politiker, zentrale Persönlichkeit des kommunistischen Putsches im Februar 1948 und in den Jahren 1948–1953 erster Präsident der kommunistischen Tschechoslowakei.

222

als der Präsident mit einem Festzug aus dem Exil heimgekehrt war – 16. Mai 1945, als der zweite tschechoslowakische Präsident Edvard Beneš nach seinem Londoner Exil mit einem Sonderzug aus dem südmährischen Blansko nach Prag reiste.

223

clavis mea (lat.) – mein Schlüssel.

224

Aktion P – Aktion zur Auflösung der Klöster und Männerorden in der Tschechoslowakei im April 1950 unter der Leitung der kommunistischen Partei.

225

»kosmisches Gedicht« – Gedicht aus der Sammlung *Kosmische Lieder* (1878) von Jan Neruda (1834–1891).

225

Alkione – Tochter des Herrschers der Winde Aiolos in der griechischen Mythologie, bekannt ist sie durch ihre tragische Liebe zu Keyx und ihre Verwandlung in einen Eisvogel.

227
ELK, einjähriger Lehrkurs – eigentlich neunte Klasse der Grundschule als vorübergehende Maßnahme im Rahmen der kommunistischen Schulreform im Jahre 1953.

227
Galizien – österreichischer Teil Polens (nach dem historischen Fürstentum Galizien-Wolynien) im Südosten des heutigen Polens und im Westen der Ukraine.

228
natürliche Auswahl – biologische Theorie über die Evolution der Arten in Abhängigkeit davon, wie sie sich den Bedingungen der Umgebung anpassen, basiert auf der Lehre vor allem von Charles Darwin.

228
Erfolgen des I. P. Pawlow bei der Verstümmelung von Hunden – Iwan Petrowitsch Pawlow (1849–1936), russischer Physiologe und Psychologe, Träger des Nobelpreises für Physiologie und Medizin aus dem Jahre 1904 u. a. für seine Versuche an Hunden; Pawlow bezog in Wirklichkeit eine kritische bzw. reservierte Haltung gegenüber der Politik der sowjetischen kommunistischen Partei.

229
Eiserner Sonntag – sonntägliche Sammlung von Eisenschrott.

232
Isola bella (it.) – Schöne Insel.

238
neue Währung – Die Währungsreform fand in der Kommunistischen Tschechoslowakei am 1. Juni 1953 statt und wertete die Krone im Verhältnis 5:1 ab, vor allem Betriebskapital und Ersparnisse, im Falle größerer Beträge noch in höheren Verhältnissen.

241
Ghasel – kürzere lyrische Gedichtform mit einem einzigen Reim, ursprünglich aus der orientalischen Poesie stammend.

242

Ganymed – Sohn des Königs Tros von Troja in der griechischen Mythologie, der sich durch seine Schönheit auszeichnet.

243

Otto-Konversationslexikon – klassische tschechische Enzyklopädie, herausgegeben in achtundzwanzig Bänden in den Jahren 1899–1909.

246

Atalanta – Tochter des böotischen Königs Schoineos in der griechischen Mythologie, bekannt als schöne Jägerin.

248

Orlando furioso (it.) – Der Rasende Roland, Renaissanceepos des italienischen Dichters Ludovico Ariosto (1474–1533) aus dem Jahre 1532.

249

Walther von der Vogelweide – das Gedicht stammt nicht von Walther von der Vogelweide, sondern von einer unbekannten Dichterin, nimmt man an.

250

Bruno Siebenschein – Anspielung auf den Germanisten Hugo Siebenschein (1889–1971), Professor an der Karlsuniversität Prag.

250

Orlando dubioso (it.) – Der Unentschlossene Roland, in einer Anspielung auf den Titel des Epos von Ludovico Ariosto, siehe oben.

Editorische Notiz

Der vorliegende Band enthält mit Ausnahme von drei kürzeren Texten aus Grušas Jugendzeit (»Salvito«, »Perpetuum mobile«, »Popis práce ředitele vodopádu«) vollständig die Erzählungen Jiří Grušas aus den Jahren 1965–2009, die gedruckt erschienen sind oder im Nachlass des Autors gefunden wurden, die Novelle *Dámský gambit aneb Il ritorno d'Ulisse in Patria* aus dem Jahre 1972 und den Dramentext »Elsa« aus dem Jahre 1967.

Bei der Vorbereitung des Bandes sind wir von unserer Edition Jiří Gruša: *Prózy I. Povídky a novely*. Brno: Barrister & Principal, 2014, ausgegangen, wo ein eventuell interessierter Leser auch einen detaillierteren Kommentar findet. Als Ausgangstext dienten deshalb die letzten vom Autor fertiggestellten Versionen der aufgenommenen Prosaarbeiten bzw. des Dramas. Dort, wo es diese gab, haben wir auf existierende deutschsprachige Übersetzungen zurückgegriffen, obwohl Gruša in einigen Fällen nicht als Autor direkt bekannt ist (»Salamandra«, »Lebensversicherung«, »Sanfte Landung am Dirigentenpult«).

Die Erzählungen und die Novelle im Band sind chronologisch nach ihrem Erscheinungsdatum, und zwar auch im Samizdat, angeordnet; die bisher noch nicht in gedruckter Form erschienenen Texte sind nach ihrer angenommenen Datierung eingegliedert. Der Dramentext »Elsa« befindet sich am Ende des Bandes.

Jiří Gruša

Werkausgabe

Deutschsprachige Ausgabe

Herausgegeben von Hans Dieter Zimmermann
und Dalibor Dobiáš

Gesammelte Werke in 10 Bänden

Die Bände 5 und 9 erschienen 2014, im Jahr 2018 soll die
Werkausgabe abgeschlossen werden.

Band 1 (2015)
Essays und Studien bis 1989
(Essays I)

Band 2 (2017)
Essays, Studien und Reden ab 1990
(Essays II)

Band 3 (2015)
Mimner oder Das Tier der Trauer
(Prosa I)

Band 4 (2016)
Erzählungen / Dramen
(Prosa II / Dramen)

Band 5 (2014)
Der 16. Fragebogen
(Prosa III)

Band 6 (2016)
Dr. Kokeš – Meister der Jungfrau
(Prosa IV)

Band 7 (2017)
Tschechische Gedichte
(Gedichte I)

Band 8 (2018)
Deutsche Gedichte
(Gedichte II)

Band 9 (2014)
Beneš als Österreicher
(Essays III)

Band 10 (2018)
Interviews und Gespräche
(Essays IV)

Parallel zur deutschen Ausgabe erscheint
eine tschechische Werkausgabe
bei Barrister & Principal.
www.barrister.cz